그러니 친구여,
바람이 흔들리고
하늘이 더 짙어지기 전에
우리 잠시 앉아 있지
웅얼거림과 빛의 가장자리
황소개구리 우는 고요한 물가 옆에
바다가 침묵과 맞닿아 있는 곳에

...Therefore,
Friend,
before the wind shakes
and the sky gathers
let us sit a moment
by the hum's edge
and the fringe of light,
the quiet water under
the bullfrog's assertion
where the finger of water
points into silence.

피지 시인 피오 마노아(Pio Manoa)의 시 "초대" 중에서

.

태평양
도서국
총서 03

The Republic of Fiji
피지

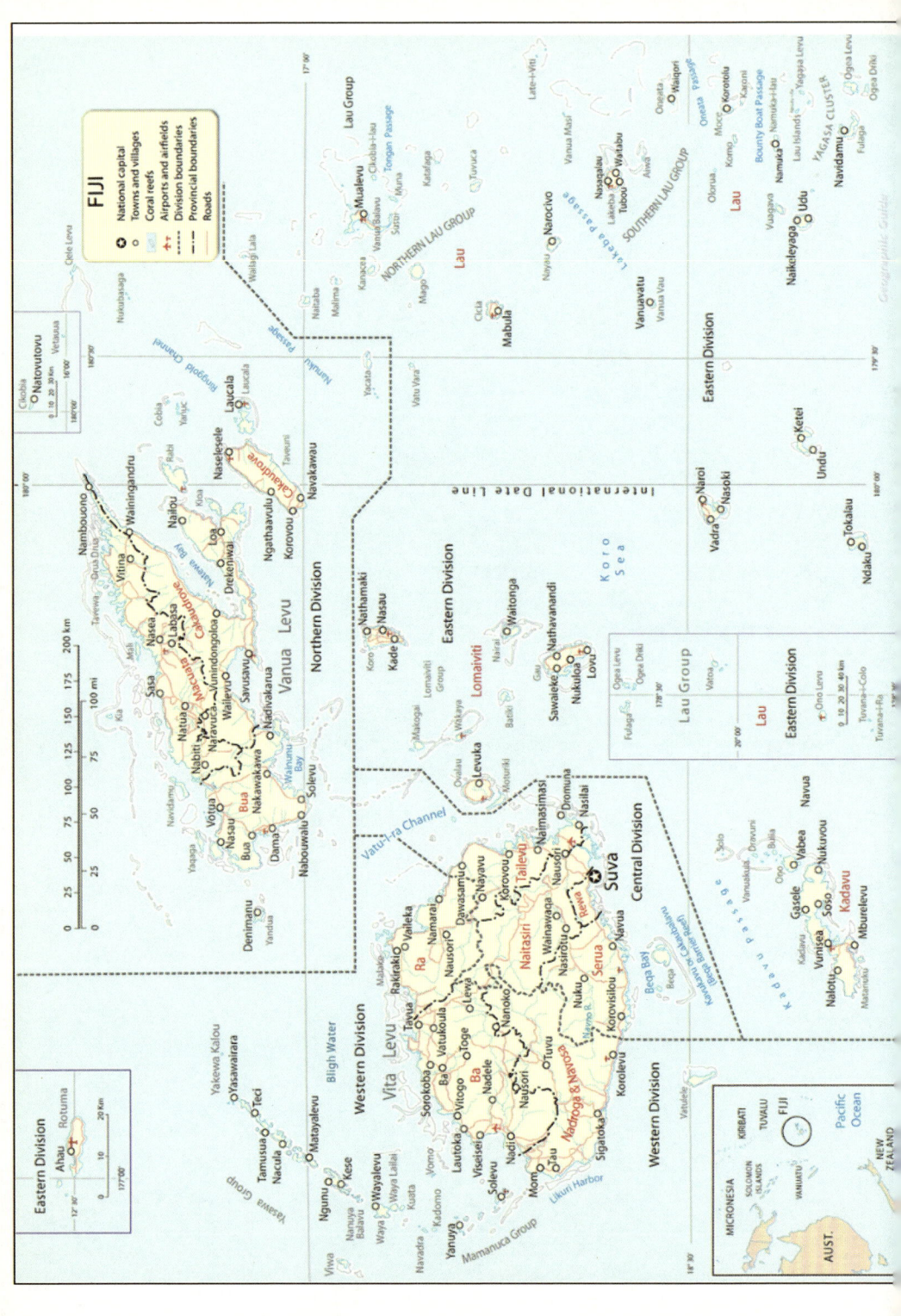

태평양 도서국 총서 발간취지

태평양은 단순한 대양 이상의 대양입니다. 세계 각국이 안보경쟁 및 패권 다툼을 벌이는 국제정치의 장이자 막대한 자연자원을 보유한 경제적 공간이면서, 동시에 기후변화·해양산성화 등의 전 지구적 문제에 극명하게 노출된 위기의 바다입니다. 또한 독특한 해양문화와 토착언어를 간직한 지구의 마지막 오지 중 하나이기도 합니다.

유럽 각국을 비롯하여 미국, 중국, 일본 등은 일찍이 태평양의 다면적 중요성을 인식하고 태평양에서의 영향력 확대 및 지역협력 강화를 위해 노력해 왔습니다. 이에 비해 우리나라는 아직 태평양의 위상에 대한 인식이 부족하고 관련 전문가나 인프라도 빈약한 상황이며, 국가 차원에서의 정책개발이나 전략수립도 이루어진 적이 없습니다.

이에 태평양 14개 도서국에 대한 기초적인 안내자료를 제공하고, 태평양사회 및 제반문화에 대한 대중인식을 제고하며, 향후 태평양 지역 진출 및 동 지역에서의 제반사업 추진에 필요한 기본 인프라를 마련하기 위해 본 총서를 발간하게 되었습니다. 향후 성실한 보완 및 업데이트를 약속 드리며 본 총서가 태평양 도서국에 대한 이해를 증진시키고, 궁극적으로는 우리나라의 태평양 진출과 현지 도서민들과의 가치공유에 조금이나마 기여할 수 있게 되기를 바랍니다.

2014년 10월 저자

Contents

chapter 01
멜라네시아 문화권의 형성과 발전

- 01_멜라네시아 지역 소개 ·················· 14
  - 명칭 ·················· 14
  - 지리적 범위 ·················· 16
  - 서구인들의 눈에 비친 멜라네시아 ·················· 18
- 02_멜라네시아 문화권의 특징 ·················· 21
  - 높은 언어다양성 ·················· 21
  - 교환제도의 발달 ·················· 28
  - 주술과 초자연적 힘에 대한 믿음 ·················· 29
- 03_멜라네시아인의 기원 ·················· 31
  - 멜라네시아인의 신체적 특징 ·················· 31
  - 멜라네시아인의 기원 ·················· 32

chapter 02
피지의 이해

- 01_피지 개요 ·················· 40
- 02_자연과 지리 ·················· 44
  - 피지의 자연환경 ·················· 44
  - 피지의 기후 ·················· 61
  - 피지의 지리와 주요 섬들 ·················· 64
- 03_정치와 사회 ·················· 98
  - 피지의 정치제도 ·················· 98
  - 피지의 정부구조 ·················· 113
  - 피지와 국제정치 ·················· 127

04_역사와 문화 ·· 159
　피지의 역사 ··· 159
　피지의 문화 ··· 177
　피지의 인종문제 ··· 204

05_피지의 경제와 산업 ·· 221
　피지의 경제구조 ··· 223
　피지의 산업구조 ··· 228
　피지 산업 인프라 ··· 231
　피지의 주요 산업 ··· 234

chapter
03
참고자료

별첨 1. 피지의 주요 경제지표 ·· 246
별첨 2. 피지에 위치한 국제기구 및 지역기구 ················ 254
별첨 3. 피지의 대학 ·· 263
별첨 4. 피지 방문정보 및 주의사항 ······························· 291
별첨 5. 피지 주요 정부기관 홈페이지 ···························· 295
별첨 6. 주 피지 대한민국 대사관 정보 ·························· 297
참고문헌 ·· 299
색인 ··· 302

일러두기

- 피지어의 경우 우리나라 외래어표기법이 적용되지 않는 경우가 많으므로 본 총서에서는 피지 현지의 관례를 존중하였다. 예를 들어 피지어에서는 자음 b, d, l 앞에서 'n' 소리가 따라오는데 Cakobau는 카코바우가 아니라 다콤바우, Nadi는 나디가 아니라 난디, Qarase는 가라세가 아니라 응가라세 등으로 발음된다.
- 책에 실린 사진과 지도, 그림 등은 저작권이 없거나 소멸된 공유 저작물(Public domain)을 주로 활용하였고 저작권이 있는 경우에는 저작자를 별도로 표기하였다.
- 본 총서는 한국해양과학기술원 "개발도상 연안 소도서국 해양개발 인프라 구축연구(PE99187)"의 일환으로 기획, 발간되었다.

chapter
01

멜라네시아
문화권의
형성과 발전

01 멜라네시아 지역 소개

명칭[1]

태평양은 일반적으로 폴리네시아, 멜라네시아, 마이크로네시아라는 세 지역으로 구분된다. 지역 구분의 근거는 지리적 위치였으나 이후 각 지역별로 언어, 풍습, 인종 등의 공통점이 있다는 해석이 덧붙여졌다. 현재는 태평양의 지리적·문화적 경계를 나누는 개략적인 틀로 자리 잡았지만 보편적으로 받아들여지는 것은 아니고 이러한 구분에 반대하는 학자들도 있다.

멜라네시아라는 명칭은 그리스어로 '검은 섬들' [멜라네시아("μέλας : melos"(검은) + "νῆσος : nesos"(섬들)] 을 의미한다. 1831년 프랑스 해군장교이자 탐험가였던 쥘 뒤몽 뒤르빌(Jules Dumont d'Urville)[2]은 태평양을 폴리네시아, 멜라네시아, 마이크로네시아로 나눌 것을 제안했고 이것이 오늘날까지 이어지고 있다. 뒤르빌의 구분에 따르면 멜라네시아라는 용어는 이 지역 주민들의 피부색이 검다는 데서, 마이크로네시아는 작은 섬들이 넓은 바다에 흩어져 있다는 데서, 폴리네시아는 섬이 많다는 데서 유래했다.

---

1) Brij V. Lal, Kate Fortune, The Pacific Islands : an encyclopedia, University of Hawai'i Press, 2000
2) 쥘 뒤몽 뒤르빌(Jules dumont d'Uurville),(1790~1842)
   태평양, 호주, 남극대륙 등을 탐험한 프랑스 해군 장교. 1826~1829년까지 피지, 뉴칼레도니아, 파푸아뉴기니, 솔로몬 제도, 마이크로네시아 등을 방문하고, 폴리네시아 지역과 구별되는 섬 그룹들을 지칭하기 위해 말레이시아(Malaysia), 마이크로네시아(Micronesia), 멜라네시아(Melanesia)라는 용어를 고안했다.

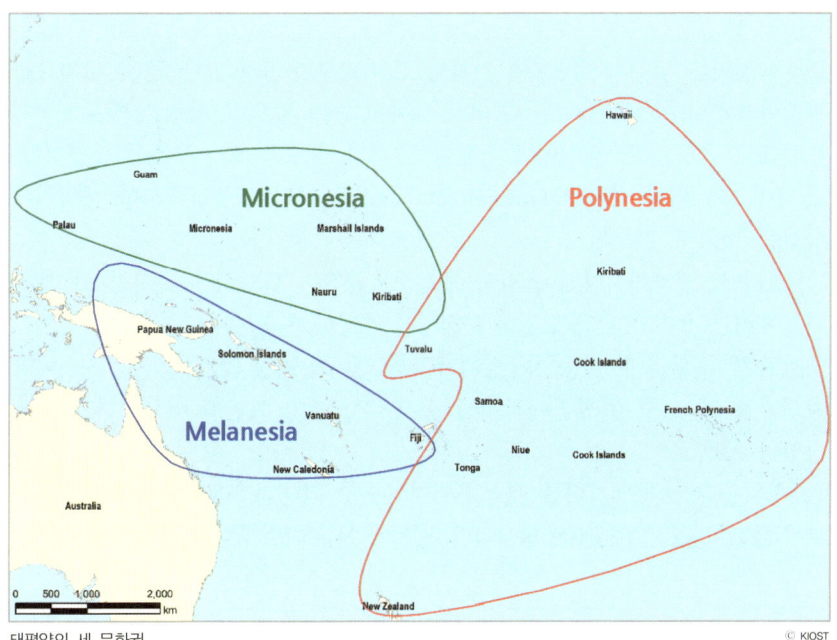

태평양의 세 문화권

멜라네시아〔("μέλας : melos")(검은) + "νῆσος : nesos"(섬들)〕

폴리네시아〔("πολύς : poly"(많은) + "νῆσος : nesos"(섬들)〕

마이크로네시아〔("μικρός : micros"(작은) +"νῆσος : nesos"(섬들)〕

 오늘날 멜라네시아 지역의 주요 국가로는 파푸아뉴기니, 솔로몬 제도, 바누아투, 피지 등이 있으며, 폴리네시아 주요 국가로는 사모아, 통가, 프랑스령 폴리네시아, 하와이 등이 있고, 마이크로네시아 주요 국가로는 팔라우, 마이크로네시아 연방국, 마셜 제도 등이 있다. 피지는 멜라네시아 지역에 속해 있지만 폴리네시아 지역과의 경계에 있어 양쪽 문화의 특징을 모두 지니고 있다고 평가받는다.

지리적 범위[3]

멜라네시아는 남서태평양상에 위치한 섬들로 이루어져 있다. 정식 국가로는 파푸아뉴기니, 솔로몬 제도, 바누아투, 피지 등이 있으며, 프랑스의 보호령인 뉴칼레도니아도 멜라네시아에 속한다. 그러나 솔로몬 제도 근해의 몇몇 섬은 '폴리네시아 외곽 섬들(Polynesian outliers)'로 불리며 폴리네시아 문화권에 속하는 것으로 간주된다.

그러나, 멜라네시아의 놀라운 문화적·환경적 다양성을 고려할 때 '멜라네시아'라는 용어가 과연 단일한 문화권을 지칭할 수 있을까 하는 의문이 제기되기도 했다. 멜라네시아는 지구상에서 토착 언어가 가장 많은 지역 중 하나이며, 자연환경 역시 높은 협곡에서부터 습지, 강, 열대 연안에 이르기까지 매우 다양하다.

학자들은 멜라네시아를 보통 두 지역으로 나눈다. 태평양 문화사학자인 로저 그린(Roger C. Green)은 약 3~4만 년 전에 인류 이주가 이루어진 파푸아뉴기니,

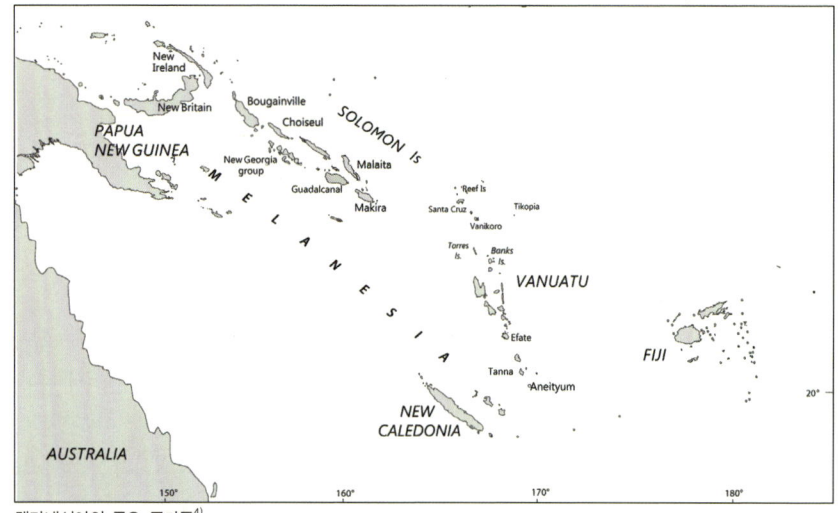

멜라네시아의 주요 국가들[4]

---

3) Andrew Pawley, Explaining the Aberrant Austronesian Languages of Southeast Melanesia: 150 Years of Debate, Journal of the Polynesian Society, vol. 115, no. 4, pp. 215-257, 2006
4) A map of Island Melanesia, http://alex.francois.free.fr/AlexFrancois_Melanesia_map-e.htm (지도 출처)

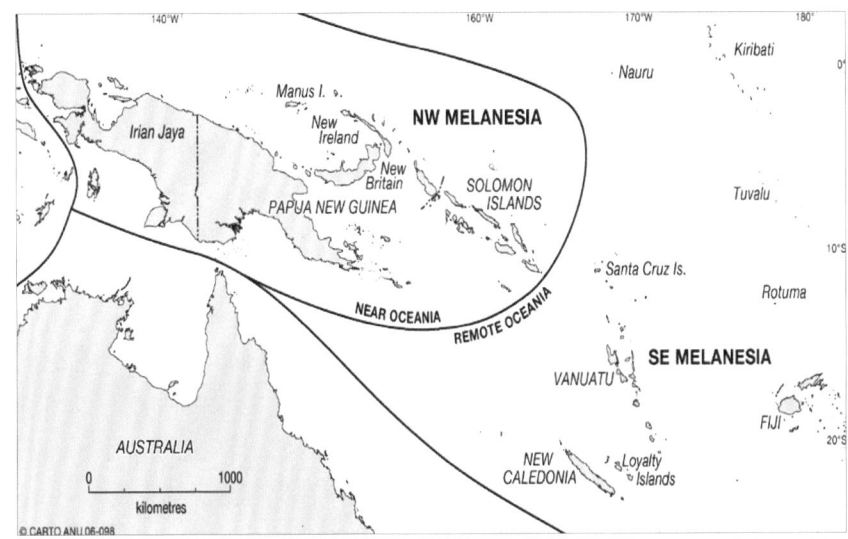

멜라네시아의 세부 지역 구분[5] 학자들은 멜라네시아를 약 3~4만 년 전에 인류 이주가 이루어진 지역(파푸아뉴기니, 솔로몬 제도 등)과 약 3,000~4,000년 전에 인류 이주가 이루어진 지역(뉴칼레도니아, 바누아투, 피지 등)으로 나누기도 한다.

솔로몬 제도 등지를 '가까운 오세아니아(Near Oceania)', 약 3,000~4,000년 전 라피타 문화(Lapita Culture)의 확산과 더불어 인류 이주가 이루어진 바누아투, 뉴칼레도니아, 피지 등을 '먼 오세아니아(Remote Oceania)'라고 부를 것을 제안했다. 또 호주 언어학자인 앤드루 파울리(Andrew Pawley)는 멜라네시아를 '북서 멜라네시아'와 '남동 멜라네시아'로 나누었는데 이는 로저 그린의 '가까운 오세아니아'와 '먼 오세아니아'의 구분과 일치한다.

그 밖에 영토의 크기나 토착 언어의 숫자 면에서 파푸아뉴기니가 다른 멜라네시아 국가들을 압도하기 때문에, 멜라네시아를 '육지 멜라네시아'와 '섬 멜라네시아(Island Melanesia)'로 나누기도 한다. 여기서 '육지 멜라네시아'는 파푸아뉴기니이고 '섬 멜라네시아'는 파푸아뉴기니를 제외한 다른 모든 멜라네시아 섬들을 지칭한다.

---

5) Andrew Pawley, Explaining the Abberrant Austronesian Languages of Southeast Melanesia: 150 years of debate, *Journal of the Polynesian Society*, Vol. 115, No. 3, pp. 215~257, 2006.(지도 출처)

서구인들의 눈에 비친 멜라네시아[6]

18세기부터 유럽인들은 타히티, 하와이 등의 폴리네시아 섬들을 "지구상의 낙원"이라며 낭만적으로 바라보는 경향이 있었다. 그러나 멜라네시아는 미개하고 원시적인 땅으로 여겼다. 멜라네시아인은 흑인처럼 검은 데다가 주술이나 부족 전쟁, 식인 같은 미개한 풍습에 사로잡혀 있고, 석기시대의 생활양식을 그대로 유지하고 있다는 것이다.

폴리네시아와 대비되는 멜라네시아의 '미개성'에 대한 인식은 여러 탐험가나 선교사의 기록에서 발견된다. 이렇듯 멜라네시아를 열등하게 보는 경향은 20세기 학계에까지 이어져 멜라네시아 사회와 폴리네시아 사회를 비교한 고전적인 인류학 연구(마셜 살린즈, 1963)에서도 멜라네시아는 폴리네시아보다 뒤처진 것으로 간주되고 있다. 폴리네시아는 복잡하고 정교한 정치 체제를 갖춘 반면, 멜라네시아는 단순하고 원시적인 정치 체제를 가졌다는 것이다.

1993년 6월 26일, 영국 인디펜던트 신문에는 다음과 같은 기사가 실렸다. 이는 서구 언론에 비친 멜라네시아인의 이미지를 잘 보여준다. "파푸아뉴기니 정부 순찰대가 내륙 산악지방에서 아직 외부 문명과 접촉하지 않은 듯한, 석기시대 수준의 유목 부족을 발견했다. 약간의 나뭇잎을 걸친 것을 제외하면 거의 나체로 살아가는 이 리아웹(Liawep) 부족 사람들은, 지난 달 자신들이 신으로 모시는 거대한 바위 아래 움집에서 생활하고 있는 모습이 처음으로 밝혀졌다."

멜라네시아에 대한 부정적 인식은 어떤 면에서 유럽인들이 멜라네시아에서 겪은 일련의 사건과 관련이 있다. 19세기에 존 패터슨(John Paterson), 찰스 고든(Charles Gordon)과 같은 선교사가 파푸아뉴기니, 바누아투 등에서 죽임을 당한 적이 있고, 그중 일부는 잡아먹힌 것으로 추정되기도 했다.

또 유럽인들은 체격이 유럽인과 비슷하고 피부색이 옅은 폴리네시아인을 선호하는 경향이 있었다. 키가 작고 피부색이 검으며, 곱슬머리에 입과 턱이 돌출된 멜라네시아인의 용모는 유럽인들에게 다소 이질감을 불러일으켰던 것이다. 원주민들의 신체적 특징에 대한 이러한 호불호 역시 멜라네시아는 '미개한 땅'이라는 편견에 일조했다.

---

[6] Kiste, R. C. 1985. The Pacific Islands: Images and Impacts. In The Pacific Islands in the Year 2000, edited by Robert C. Kiste and Richard A. Herr, 1–21. Working Paper series [1985]. Honolulu, Hawaii: Pacific Islands Studies Program, Center for Asian and Pacific Studies, University of Hawaii at Manoa

멜라네시아에는 여전히 수많은 부족이 살고 있고 주술이나 부족 전쟁, 자본주의 이전의 교환제도 등이 발견되지만 '발달된 폴리네시아/미개한 멜라네시아'라는 식의 이분법이 과연 옳은가에 대해서는 의문의 여지가 있다.[7] 20세기 후반의 고고학 연구에 따르면 멜라네시아에도 폴리네시아와 같은 추장제 및 정교한 위계사회가 존재했던 듯하다. 광범위한 노동력 동원의 흔적을 보여 주는 관개 수로나 경작지의 흔적, 돌로 쌓은 정교한 기념물 등이 뉴칼레도니아, 로열티 제도(Loyalty Islands) 등에서 발견되기 때문이다. 또 파푸아뉴기니 내륙에서는 약 7,000년~1만 년 전의 것으로 추정되는 독자적인 농경지 유적이 발견되었는데, 이 유적의 연대는 인류 최초의 농경 출현 시기와 거의 일치한다.

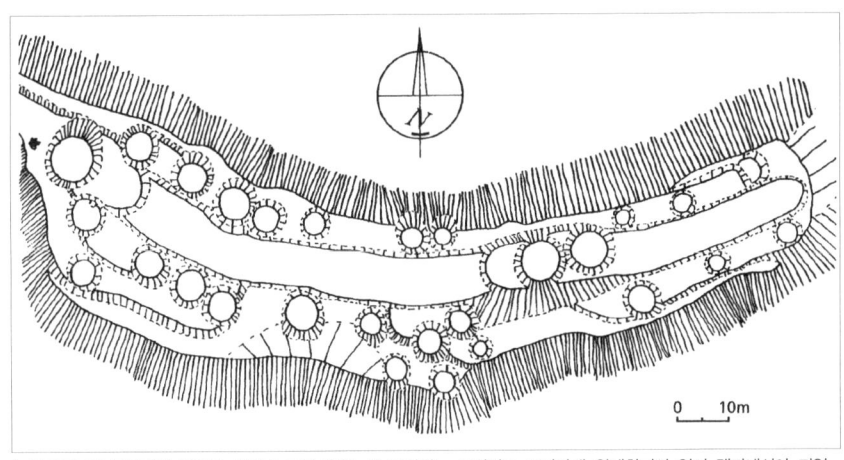

뉴칼레도니아 본섬에서 발견된 주거지 군락 유적. 각 주거지는 구역별로 뚜렷하게 위계화되어 있어 멜라네시아 지역에서도 과거 계층분화가 존재했음을 보여준다.[8]

---

7) Christophe Sand, Melanesian Tribes vs. Polynesian Chiefdom: Recent Archaeological Assessment of a Classic Model of Sociopolitical types in Oceania, *Asian Perspectives*, 41(2), Fall 2002.
8) Sand, C. 2002. Melanesian Tribes vs. Polynesian Chiefdoms: Recent Archaeological Assessment of a Classic Model of Sociopolitical Types in Oceania, Asian Perspectives 41 (2): 284-96 (그림 출처)

쿡 초기 농경지 유적[9] (Kuk Early Agriculture Site)
파푸아뉴기니 내륙에 위치한 초기 농경지 유적으로 약 7,000년 ~ 1만 년 전의 관개, 배수 흔적을 보여 준다. 2008년 유네스코 세계문화유산으로 지정되었다.

---

9) http://whc.unesco.org/en/list/887/ (사진 출처)

02 멜라네시아 문화권의 특징[10]

멜라네시아는 하나의 단일한 문화권으로 분류하기가 힘들 만큼 문화적·언어적·환경적 다양성이 높은 지역이다. 멜라네시아에는 1,000개 이상의 토착언어가 존재하며 그보다 더 많은 부족이 자신들의 구역에서 살아가고 있다. 또 멜라네시아는 세 태평양 문화권 중에서 육지 면적이 가장 넓으며, 연안에서부터 열대 우림, 습지, 강, 호수, 협곡, 산맥 등 다양한 생태환경을 보유하고 있다. 여기서는 멜라네시아 문화권의 압도적인 이질성과 다양성에도 불구하고 멜라네시아인들의 사회적 삶에 존재하는 몇 가지 공통점을 소개하기로 한다.

높은 언어다양성

멜라네시아는 언어적·문화적 다양성이 높은 지역이다. 특히 언어가 몇 안 되는 폴리네시아와 뚜렷한 대조를 이루는데, 멜라네시아의 언어 다양성이 왜 이렇게 높은가 하는 점은 오랫동안 많은 사람의 궁금증을 불러일으켰다. 유네스코 산하의 세계 언어다양성 연구기관인 실 인터내셔널(Sil International)의 <2014

---

10) Paul Sillitoe, An Introduction to the Anthropology of Melanesia : Culture and Tradition, Cambridge University Press, 1998
Paul Sillitoe, Social Change in Melanesia : Development and History, Cambridge University Press, 2000
Andrew Pawley, Explaining the Aberrant Austronesian Languages of Southeast Melanesia: 150 Years of Debate, Journal of the Polynesian Society, vol. 115, no. 3, pp. 215-257, 2006
Andrew Pawley, Why do polynesian island groups have one language and Melanesian island groups have many? Patterns of interaction and diversification in the Austronesian colonization of Remote Oceania, Workshop on Migration, Ile de Porquerolles, France, Sept. 5-7 2007
Andrew Pawley, Malcolm Ross, The Austronesians: Historical and Comparative Perspectives, Chapter 3: The prehistory of Oceanic languages : A current view, Australian National University, 2006

세계 언어보고서(Ethnologue : Langauges of the World>[11]에 따르면, 2014년 7월 기준 멜라네시아 지역의 총 토착언어 수는 1,054개, 폴리네시아 지역의 총 토착언어 수는 19개이다.

　태평양 지역에서는 크게 두 종류의 언어가 사용되는데 하나는 파푸아 어족이고 다른 하나는 오스트로네시아 어족이다. 파푸아 어족은 멜라네시아 지역, 즉 파푸아뉴기니 내륙 지방(연안 지방은 제외)과 인근 섬들, 솔로몬 제도, 티모르 및 동부 인도네시아의 몇몇 지역에서 쓰이는 언어이다. 파푸아 어족에 속하는 언어들의 친족관계는 아직 자세히 밝혀지지 않았는데, 약 750개 언어가 미분류된 상태로 남아 있다. 그러므로 파푸아 어족 안에서도 여러 다른 언어군 또는 어족이 존재할 가능성도 있다.

　한편, 파푸아 어족이 사용되는 멜라네시아 지역을 제외한 태평양의 거의 모든 지역에서는 오스트로네시아 언어(Austronesian Language)들이 사용된다. 이 거대한 언어군의 범위는 멜라네시아, 마이크로네시아, 폴리네시아는 물론 동남아시아 연안, 그리고 마다가스카르에까지 이른다. 학자들의 추산에 따르면 오스트로네시아 어족에는 약 1,200개의 언어가 존재하며 그중 40%가 멜라네시아, 마이크로네시아, 폴리네시아 지역에서 사용된다. 나머지 60%는 인도네시아,

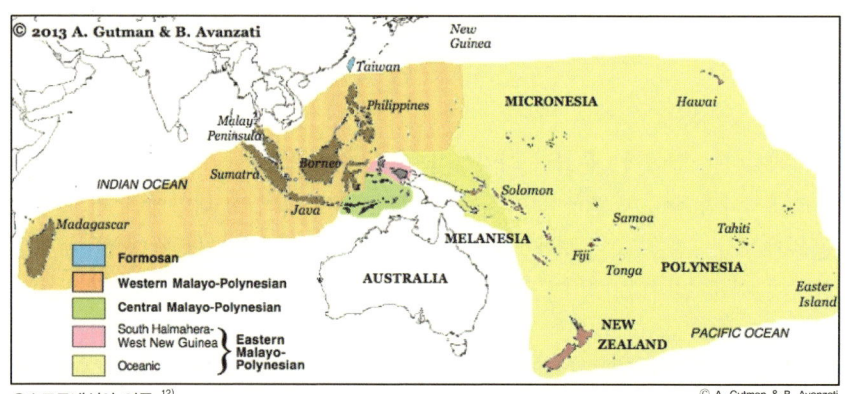

오스트로네시아 어족 [12]
오스트로네시아 어족은 그 사용범위가 태평양에서 동남아, 인도양에까지 이르는 방대한 언어군이다. 여기서 멜라네시아, 마이크로네시아, 폴리네시아 지역 태평양 도서국들의 언어는 모두 오세아니아 어군(oceanic)으로 묶인다.

---

11) http://www.ethnologue.com/region/Pacific
12) http://www.languagesgulper.com/eng/Austronesian.html (지도 출처)

태평양 지역별 언어 현황[13]

멜라네시아		폴리네시아[14]	
국가	토착언어 개수	국가	토착언어 개수
파푸아뉴기니	838	통가	3
바누아투	110	사모아	2
솔로몬 제도	71	니우에	2
뉴칼레도니아	38	쿡 제도	5
피지	10	프랑스령 폴리네시아	9

필리핀, 대만, 마다가스카르 등에서 사용된다.

폴리네시아 언어는 오스트로네시아 어족에 속하며 동일한 조상언어에서 기원했기 때문에 어휘들이 대부분 비슷한 편이다. 그래서 오늘날 폴리네시아 지역에 속하는 사모아, 통가, 토켈라우, 투발루, 쿡 제도 등에서는 지역 방언을 포함해 2~3개의 언어만 사용되며, 프랑스령 폴리네시아에서는 9개 정도의 언어가 사용된다.

그렇다면 멜라네시아의 토착언어가 이렇게 다양한 이유는 무엇일까? 이를 이해하기 위해서는 멜라네시아 지역으로의 인류 정착사를 살펴볼 필요가 있다.

멜라네시아 지역으로의 인류 이주는 크게 두 차례 있었던 것으로 보인다. 첫 번째는 약 4~5만 년 전 동남아시아를 거쳐 파푸아 언어를 사용하던 사람들이 유입된 것이고, 두 번째는 약 3,000년 전 남중국 및 동남아 지역에서 오스트로네시아 언어를 사용하는 라피타인들이 이주한 것이다.

언어학자들의 연구에 따르면 오스트로네시아 언어들의 기원지는 약 6,000년 전의 대만으로 추정된다. 초기 오스트로네시아 언어는 여러 개의 방언으로 구성되어 있었는데, 약 6,000년 전 남중국의 농경민들이 처음 사용한 것으로 보인다. 그러다 약 4,000~5,000년 전 이들이 대만으로 이주하면서 오늘날의 오스트로네시아 언어가 탄생하게 되었다.

대만이 오스트로네시아 어족의 발원지로 여겨지는 가장 큰 이유는 오스트로네시아 어족에 포함된 10개의 하위 어족 중 9개의 하위 어족이 대만에서 발견되기

---

13) http://www.ethnologue.com/region/POL
14) https://www.ethnologue.com/region/Pacific

때문이다. 이 9개의 어족에 속한 언어들은 오직 대만 원주민들만 사용하고 있다. 그리고 대만 바깥에서 사용되는 나머지 1개 어족이 말레이-폴리네시아 어족(malayo-polynesian)인데, 이 1개 어족에서 오늘날 태평양, 인도양, 동남아 지역의 모든 언어가 발원했다. 현재 대만에서 사용되는 언어들은 타이완 어족(Formosan Languages)이라 해서, 말레이-폴리네시아 어족과는 별도로 분류된다. 오스트로네시아 어족의 계통도는 다음와 같다.

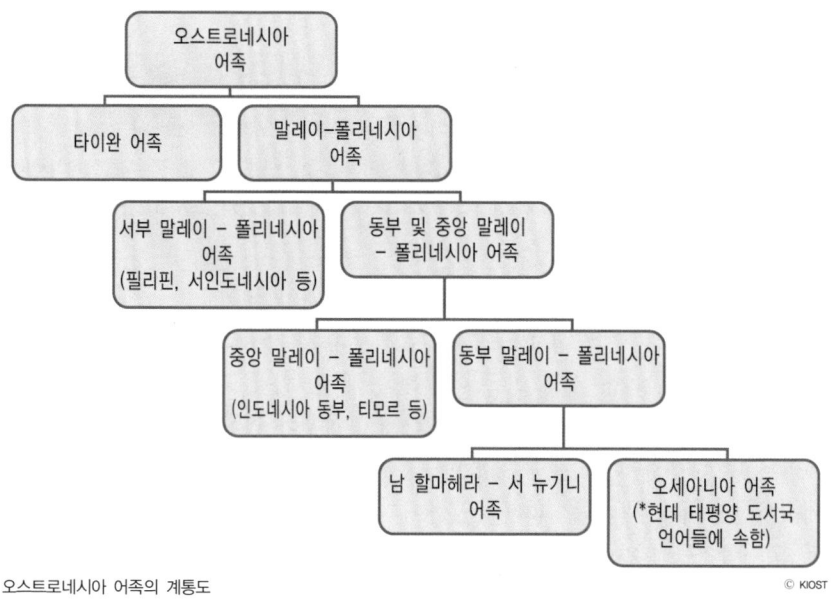

오스트로네시아 어족의 계통도 © KIOST

남중국 또는 대만에서 기원한 오스트로네시아 언어는 오늘날 '라피타 문화(Lapita Culture)'라 불리는 문화의 전파와도 관련이 있다. 라피타 문화는 지금으로부터 약 3,600~2,500년 전에 멜라네시아, 서폴리네시아 지역에 존재했던 문화로 정교한 빗금무늬가 있는 도기 유적으로 유명하다. 라피타 유적들은 서쪽으로는 파푸아뉴기니의 뉴브리튼 섬, 동쪽으로는 사모아, 통가에 이르는 넓은 지역에 걸쳐 발견되는데, 이 문화는 오늘날의 파푸아뉴기니 근해에서 불과 몇백 년이라는 짧은 기간 안에 빠르게 중앙 태평양 지역으로 전파되었고 그 후 약 1,000년쯤 유지되다가 소멸했다. 현재는 라피타 문화의 존재를 알려 주는 각종 도기, 유물, 집터 등을 라피타 문화 복합군(Lapita Culture Complex)이라고 한다.

태평양으로 진출했던 라피타인들은 동남아 및 멜라네시아를 거쳐 매우 빠르게 태평양으로 나아갔던 것으로 보인다. 라피타인들이 아시아 내륙에서 기원했음을 보여 주는 언어학적 증거들이 있는데, 고대 오스트로네시아 언어에는 농업 및 목축과 관련된 어휘가 다양하게 존재한다. 쌀(rice)과 조(millet)를 지칭하는 용어가 매우 많고, 돼지, 개, 닭, 물소, 나무로 지은 집, 도자기, 베짜기 등과 관련된 어휘들도 존재한다. 그러나 오늘날의 태평양 언어에는 벼나 조처럼 알갱이로 이루어진 곡물을 지칭하는 용어가 없으며, 물소와 관련된 언어도 없다.

오스트로네시아 언어와 파푸아 언어의 융합

언어학자들이 멜라네시아 언어다양성의 원인으로 꼽는 것 중 하나는 오스트로네시아 언어와 파푸아 언어의 융합이다. 파푸아 어족과 오스트로네시아 어족은 기원과 역사가 다른 언어이다. 파푸아 언어를 사용하는 사람들은 약 4~5만 년 전에 호주 및 파푸아뉴기니 지역으로 건너왔고, 오스트로네시아 언어를 사용하는 사람들은 약 4,000년 전에 아시아에서 동남아 및 태평양 지역으로 진출했다. 학자들은 약 4,000년 전 오스트로네시아 언어를 사용하는 라피타인들이 태평양으로 진출할 때, 파푸아뉴기니 및 멜라네시아 지역에 살던 파푸아 언어 사용자들과

파푸아 언어와 오스트로네시아 언어의 특징

파푸아 언어	오스트로네시아 언어[15]
동사가 끝에 옴(주어+목적어+동사)	동사가 처음에 옴(주어+동사+목적어)
후치사가 발달	전치사가 발달
교착어[16]에 속함	교착어에 속하지 않음
발음이 조금 복잡함	발음이 평이함 (음소가 간단하고 받침이 없는 단어들이 많음)
2진법에 기초한 숫자언어 발달	5진법 또는 10진법에 기초한 숫자언어 발달

15) Andrew Pawley, Why do polynesian island groups have one language and Melanesian island groups have many? Patterns of interaction and diversification in the Austronesian colonization of Remote Oceania, Workshop on Migration, Ile de Porquerolles, France, Sept. 5-7 2007

문화적·언어적 뒤섞임을 일으켰고, 이것이 오늘날의 멜라네시아 언어다양성에 기여했다고 본다. 실제로 오늘날의 파푸아뉴기니, 솔로몬 제도 등지에서는 파푸아 언어와 오스트로네시아 언어가 모두 사용되는(bilingual) 지역이 많고, 두 언어 사이에 문법적·어휘적 상호작용이 있었다는 증거가 있다.

그렇지만 이 설명은 오스트로네시아 언어를 사용하는 라피타인들이 파푸아 언어 사용자들과 직접 접촉한 것으로 보이는 '북서 멜라네시아'에는 적용되지만, 오스트로네시아 언어만 존재하지만 언어다양성이 높은 '남동 멜라네시아'(뉴칼레도니아, 바누아투 등) 지역에는 적용되지 않는다. 여기에는 또다른 설명이 필요하다.

정주(定住)로 인한 언어다양성 증가

약 4만 년 전에 인류 정착이 이루어졌던 '북서 멜라네시아'와 달리 '남동 멜라네시아'는 인류의 항해기술이 충분히 발달한 후에야 접근이 가능했다. '남동 멜라네시아', 즉 '먼 오세아니아' 지역은 라피타 문화의 전파와 더불어 약 3,000년 전에 인류 정착이 이루어진 것으로 보인다.

이 지역에서도 오스트로네시아 언어가 사용되는데, 다른 지역의 오스트로네시아 언어와는 구별되는 특이한 점들이 있다. 그래서 이 지역의 오스트로네시아 언어를 "변칙적 오스트로네시아어(Aberrant Austronesian Languages)"(George Grace, 1981)라 부르기도 한다. 비교언어학자 조지 그레이스 (George Grace)는 이 '변칙 언어'의 특징으로 ① 타 지역 오스트로네시아 언어와 겹치는 동족어휘가 드물다는 점, ② 동족 어휘라도 그 발음이 알아듣기 힘들 만큼 크게 차이가 난다는 점, ③ 비전형적인 문법구조가 발견된다는 점, ④ 복수의 음운대응(sound correspondence)이 존재해 비교언어학적 방법론을 사용하기 힘들다는 점 등을 들었다.

그 이유는 무엇일까?

호주 언어학자인 앤드루 파울리는 라피타인들의 농경 및 정주 문화에서 그 해답을 찾고 있다. 역사적으로 태평양 섬 주민들에게 이주(migration) 또는 이동이라는 요소는 매우 중요하다. 태평양 여러 지역에서 카누를 이용한 섬들 간

---
16) 어근(語根)에 접사(接辭)를 붙여 단어를 파생시키거나 문법적 관계를 나타내는 언어. 대표적인 교착어로는 한국어, 일본어, 몽골어, 터키어, 헝가리어, 핀란드어, 스와힐리어, 타밀어, 자바어, 타갈로그어 등이 있다.

교류 네트워크가 존재했다는 증거는 매우 많다.
  약 3,000년 전, 라피타인들은 '남동 멜라네시아'에 정착하고 나서 농경문화를 발전시켰다. 이 지역에서는 인구가 증가하고 농업이 발달하면서 사람들이 특정 지역에 집중적으로 모여 살기 시작했음을 보여 주는 고고학 증거들이 많다. 이렇게 마을이나 씨족 영역을 중심으로 한 정주적 삶의 양식이 발달하자 외부 섬들과의 교류가 줄어들었고 카누 제작기술이나 항해술 역시 쇠퇴했다.
  앤드루 파울리는 정주적 삶의 양식이 도입되고 외부와의 교류가 줄어든 것이 언어다양성에 일조했다고 보고 있다. 비교언어학에서는 동일한 기원을 가진 동족 언어라도 서로 교류가 없는 상태에서 긴 시간이 흐르면 서로 다른 언어가 된다고 본다. 시간이 흐르면 처음에 같았던 언어라도 상호 이해가 불가능한 완전히 다른 언어가 된다는 것이다. 학자들의 추정에 따르면 처음에 같았던 언어라도 고립된 채 약 100년의 시간이 흐르면 2~50% 정도의 어휘가 변이를 일으키거나 새로운 어휘로 교체된다.
  파울리의 분석에 따르면, '남동 멜라네시아' 지역의 오스트로네시아 언어 역시 고립된 채로 긴 시간이 흘렀기 때문에 지금과 같은 특이하고 다양한 모습을 띠게 된 것이다.

교환제도의 발달

멜라네시아인들의 삶에서 '교환'은 매우 중요하다. 멜라네시아인들은 끊임없이 다른 사람들 또는 집단과 무언가를 주고받는다. 이들이 중요하게 여기는 특정한 범주의 물건들이 존재하는데, 돼지나 얌, 타로와 같이 실용적 가치를 갖는 것도 있지만, 조개껍질로 만든 목걸이나 팔찌처럼 실용적 가치가 거의 없는 것도 있다. 전자의 물건들을 교환하는 관습으로는 파푸아뉴기니 내륙의 하겐 산 지역에서 행해지는 모카 교환(주기적인 돼지의 교환)이 있고, 후자의 물건들을 교환하는 관습으로는 파푸아뉴기니 동부 트로브리앤드 군도에서 행해지는 쿨라 교환(주기적인 조개껍질 목걸이 및 팔찌의 교환)이 있다.

후자의 물건들은 상징적 가치를 지닌 것으로 교환 동기는 경제적인 것이 아니다. 그래서 이러한 경제 시스템을 선물 경제, 즉 선물을 주고받는 경제라고 말하기도 한다. 이것은 자본주의에서처럼 이윤이 아니라 호혜성(reciprocity)과 의무에 기반한 경제이다. 그러나 실용적으로는 거의 쓸모 없는 물건을 주고받는 경우에도 그 안에는 사람들의 속셈과 계산이 깔려 있기 때문에, 이들이 주고받는 것이 단순히 순수한 '선물'이라고 하기는 어렵다. 받으면 주어야 하고, 주고 난 후에는 나중에 다시 받을 것을 기대하기 때문이다.

그래서 멜라네시아인들의 교환양식을 자본주의 사회의 '경제적 교환'이 아니라 '사회정치적 교환'으로 부르자는 제안도 있다. 이들이 물건을 교환하는 동기가 경제적인 것은 아니지만, 그 안에는 어떤 정치적인 계산이 깔려 있다는 것이다.

학자들은 멜라네시아 사회에서 교환 제도가 매우 중요한 사회적 역할을 수행한다고 본다. 전통 멜라네시아 사회에는 국가가 존재하지 않았다. 정치 시스템 역시 강력한 우두머리가 없고(acephalous) 의사결정이 여러 사람에 의해 이루어지는 비교적 평등한 사회였다. 이러한 상황에서 물건의 '교환'은 사회적 질서 유지에 매우 중요한 역할을 했다. 국가도 절대적 우두머리도 없는 사회에서 사람들 사이의 관계를 조율하고 질서를 잡아 주는 원리가 교환이었던 것이다. 그래서 이러한 교환체계는 나중에 거의 제도로 정착된다.

교환이 어떻게 사회질서 유지에 기여할 수 있을까? 사회구성원들 사이의 지속적인 '주고받음'에는 사회구성원들의 행동을 통제하는 기능이 있기 때문이다. 사람들이 서로 무언가를 주고받는다면 그들은 우호적인 관계를 유지해야 한다. 또 그 사회가 인정하는 규범과 가치를 준수해야 한다. 그래야 교환이 이루어질 수 있다. 서로 간의 규칙을 어기거나 제멋대로 행동하는 사람은 신뢰를 잃게 되고, 다음번에 있을 교환에 참여하지 못할 것이다. 받은 사람은 주어야 하고 준 사람은 받게 된다. 그 호혜성의 과정 속에서 사람들은 자신도 모르는 사이에 사회적 질서를 확립하고 이를 지키게 되는 것이다.

주술과 초자연적 힘에 대한 믿음

또한 멜라네시아 전역에서는 초자연적 힘에 대한 믿음이 널리 퍼져 있다. 멜라네시아인들은 사람이 죽고 나면 정령이 되어 산 자들의 세계와 끊임없이 소통한다고 생각한다. 또 종종 살아 있는 친족들을 아프게 하거나 때로는 죽게 한다고 믿는다. 사람이 병이 났을 경우에도 외부에서 해로운 영이 그 사람 속으로 들어가서 떠나가지 않기 때문이라고 믿는다. 이러한 것들이 조상숭배 신앙의 기초가 된다.

멜라네시아에서는 주술에 대한 두려움이 공통적으로 발견된다. 주술(sorcery)이란 특정한 개인에게 질병이나 피해를 일으키기 위해 사물 또는 사건을 의식적으로 조작하는 것을 말하는데, 보통 피해자가 어떤 물건과 접촉하거나 연루되면서 그 효력이 나타난다.

파푸아뉴기니 내륙 지역에서는 기대했던 일이 실패로 돌아가거나 나쁜 일이 터졌을 경우, 다른 누군가가 악의를 가지고 행한 주술의 결과라고 본다. 특히 강력한 주술사가 건 주문이나 저주는 상대방을 죽일 수도 있다고 여기며, 많은 사람이 주술에 대한 두려움 속에서 살아간다. 이러한 주술은 사회통제의 수단으로 활용되거나 사회적 불만을 표출하는 창구가 되기도 한다. 마을 내 누군가가 지나치게 이기적으로 행동하면 그는 다른 사람들의 불만과 앙심을 사게 되고 그에게 해로운 주술이 가해질 수 있다. 사람들은 자신에게 그러한 주술이 가해질지도 모른다는 두려움 때문에 사회적 규범을 지키며 함부로 행동할 수 없게 된다. 어떤 사회에서는 주술사들이 일종의 정치적인 영향력까지 갖는 경우도 있다.

오늘날 현대인의 시각에서 주술의 효능이나 신빙성을 검증하기는 어렵다. 주술은 '물증'이 아니라 '심증'의 영역을 다루는 것이고, 그 논리구조상 언제나

빠져나갈 수 있는 변명의 여지가 있기 때문이다. 누군가 절벽 아래로 떨어져 죽었을 때, 사람들은 그것이 A라는 주술사의 나쁜 주술 때문이라고 말할 수 있다. 그러나 이를 증명할 방법은 없으며 복수를 위해 A라는 주술사를 죽이기 위한 역주술을 구사한다 해도 그 성공 여부는 확실하지 않다. 역주술을 통해 A라는 주술사를 죽이지 못했을 경우에도 '단지 이번은 운이 좋지 않았다'는 식으로 얼버무릴 수 있다. 따라서 주술을 과학적 또는 실증적으로 이해하는 것은 쉽지 않다.

19세기에 제임스 프레이저는 주술이 원시적 형태의 과학이며 '근대과학'의 수준에 도달하지 못한 비합리적인 세계 설명방식의 하나로 보았다. 세계를 객관적으로 이해하고 기술하지 못하기 때문에 비합리적인 설명을 끌어들인다는 것이다. 이러한 설명은 유럽 문명이 원시 문화보다 우월하다는 진화주의적 사고를 바탕에 깔고 있는 것이었다.

그러나 영국 인류학자인 메리 더글러스는 아프리카 아잔데족의 주술체계를 연구했던 자신의 스승 에번스 프리처드의 연구를 평가하면서 주술은 세상에 일어나는 수많은 사건이 왜 일어나는가를 설명해 준다고 해석했다. 즉, 주술은 납득하기 힘든 불행이나 비극적 사고 등이 왜 일어났는지를 해명해 준다는 것이다.(책임해명 이론) 이러한 시각에서 보면 주술은 원시과학이라기보다 일종의 종교에 가까운 것인데, 이성의 영역이 아닌 믿음의 영역, 의미의 영역에 있기 때문이다.

03 멜라네시아인의 기원[17]

멜라네시아인의 신체적 특징

멜라네시아는 지역이 넓고 지리가 다양해서 사람들의 외모와 신체적 특징도 지역마다 다른 모습을 띤다. 그러나 이 지역에서 확률적으로 많이 발견되는 신체적 특징도 존재한다.

대체로 멜라네시아인은 키가 작은 편이다. 남성의 평균 신장은 165cm, 여성의 평균신장은 160cm 정도이며 이 때문에 과거에 탐험가들은 멜라네시아인을 '피그미'라고 기록하기도 했다. 이들은 키는 작지만 체형은 다부진 편으로 특히 파푸아뉴기니 내륙 지역 사람들이 그러하다. 또 '멜라네시아(Melanesia)'라는 용어의 어원이 말해 주듯이 이들은 피부색이 검은 편인데 짙은 갈색에서부터 검정색까지 다양하다. 끝으로 '파푸아(papua)'라는 용어는 말레이어인 papuwah에서 왔는데 '곱슬머리'라는 뜻이다. 이 용어대로 멜라네시아인들은 곱슬 머리가 많다.

그 밖에 얼굴의 형태는 굴곡이 꽤 있는 편으로 코와 입이 상당히 돌출되어 있고 눈은 깊숙이 들어가 있으며 눈 색깔은 짙은 갈색을 띤다. 남성들은 대부분 구레나룻이나 수염을 기르고 있다.

---

17) Geoffrey Irwin, The Prehistoric Exploration and Colonisation of the Pacific, Cambridge University Press, 1992
Paul Sillitoe, An Introduction to the Anthropology of Melanesia : Culture and Tradition, Cambridge University Press, 1998
P.V.Kirch, W.I.Weisler, Archaeology in the Pacific Islanders: An Appraisal of Recent Research, Journal of Archaeological Research, Vol.2, No. 4, 1994

멜라네시아 문화권에 속하는 파푸아뉴기니인의 용모.
파푸아뉴기니 13개 내각 장관들.   (출처 : 파푸아뉴기니 정부 홈페이지)

학자에 따라서는 멜라네시아 주민들의 신체적 특징을 멜라네시아로 이주해 온 순서에 따라 구분하기도 한다. 약 4~5만 년 전 호주와 파푸아뉴기니 등지에 정착한 최초의 이주민 그룹은 오스트랄로이드(Australoid) 인종의 특징을 여실히 보여 준다. 이것이 위에서 언급한 작은 키, 탄탄하고 다부진 몸, 검은 피부색 등이다. 반면 약 3,000~4,000년 전 아시아 등지에서 유입된 주민들은 키가 더 크고, 체구가 호리호리하며, 피부색이 상대적으로 엷은 색을 띤다. 이것은 몽골 인종의 신체적 특징이라 할 수 있다.

멜라네시아인의 기원

태평양 지역으로의 인류 정착사는 '태평양 도서국 총서' 1권 및 2권에서 소개했으므로 여기서는 멜라네시아 지역으로의 인류 이주사를 간략히 소개하려고 한다.

고고학 및 체질인류학 연구 결과에 따르면 오늘날의 멜라네시아지역으로는 크게 두 번의 인류 이주가 있었다. 첫 번째는 약 5만 년 전 플레이스토세에 일어났는데, 당시 일군의 주민들이 동남아시아를 거쳐 오늘날의 호주 및 파푸아뉴기니 지역으로 유입되었다. 당시는 빙하기였고 지구의 해수면이 지금보다 훨씬 낮았다. 그래서 호주와 파푸아뉴기니, 그 밖의 많은 섬이 육지로 연결되어 사훌(Sahul)이라 부르는 거대한 대륙을 이루고 있었다. 또 인도네시아의 많은 섬이 아시아 본토와 육지로 연결되어 순다(Sunda)라고 불리는 거대한 대륙을

약 5만 년 전의 서태평양

이루었다. 그러나 두 대륙 사이에는 깊은 해협이 있었으며(오늘날의 월러스선 지역), 최초의 멜라네시아인들은 짧은 항해를 거쳐 순다 대륙에서 사훌 대륙으로 넘어왔던 것으로 추정된다. 이 시기에 멜라네시아로 이주했던 사람들은 호주 원주민과 인종이 같은 오스트랄로이드 그룹에 속했고 파푸아 언어(Papuan Language)를 사용했다.

멜라네시아로의 대거 이주는 약 3,000~4,000년 전에 다시 일어났다. 이들은 오늘날의 남중국 및 동남아시아에서 멜라네시아로 이주하며 신석기 농경문화를 함께 가지고 왔다. 이 문화는 정교한 무늬를 가진 도기로 유명한데 이 도기가 발굴된 지역의 이름을 따서 라피타 문화라 불린다.

5만 년 전 처음 멜라네시아로 이주한 오스트랄로이드 선조들과 달리 라피타 인들은 몽골 인종(Mongoloid)에 속했고 오스트로네시아 언어를 사용했다. 이들은 황색 또는 올리브색의 피부색을 띠며, 광대뼈가 발달했고, 털이 별로 없는 편이었다.

이 두 인종은 언어, 문화, 신체적 특징이 크게 다른데 이러한 차이점은 오늘날의 멜라네시아에서도 발견된다. 주민들의 거주범위나 인구분포를 볼 때 오늘날 멜라네시아인의 주류를 이루는 것은 첫 번째 이주집단의 후손인 파푸아인이며, 오스트로네시아인은 상대적으로 그 수가 적은 편이다. 하지만 두 인종 간의 문화적·생물학적 뒤섞임이 오늘날 멜라네시아의 다채로운 언어적·문화적 풍경을 만들어 냈다는 사실은 의심할 여지가 없다.

라피타 문화(Lapita pottery)란?

라피타 문화의 존재는 정교한 '라피타 도기(Lapita pottery)'들이 발굴되면서 처음 알려졌다. 지역과 시대에 따라 조금씩 다르지만 대체로 이 라피타 도기들은 문신용 바늘처럼 작고 뾰족한 도구로 작업을 한 것 처럼, 정교한 문양을 갖추고 있다. 또 얇은 점토가 도기에 보통 붉은색 점토를 주변에 바르고, 그 사이에 찰흙이나 석회질로 된 하얀 문양을 상감해 넣은 것이 특징이다.

이 도기는 1909년 파푸아뉴기니 북동부 뉴브리튼 섬 근처의 와톰(Watom) 섬에서 가톨릭 사제를 지낸 파더 메이어(Father Meyer)에 의하여 처음 보고되었다. 1917년에는 뉴칼레도니아의 라피타(Lapita) 지역에서 더 많은 도기가 발굴되었다(현재 라피타라는 이름도 이곳 지명을 딴 것이다). 그러다 1948년 뉴칼레도니아의 파인스(Pines) 섬에서 비슷한 도기들이 발견되면서, 이 도기들 사이에 연관성이 있다는 사실이 밝혀졌다. 이후 1952년, 글리포드(Glifford) 및 셔틀러(Shuttler)와 같은 고고학자들이

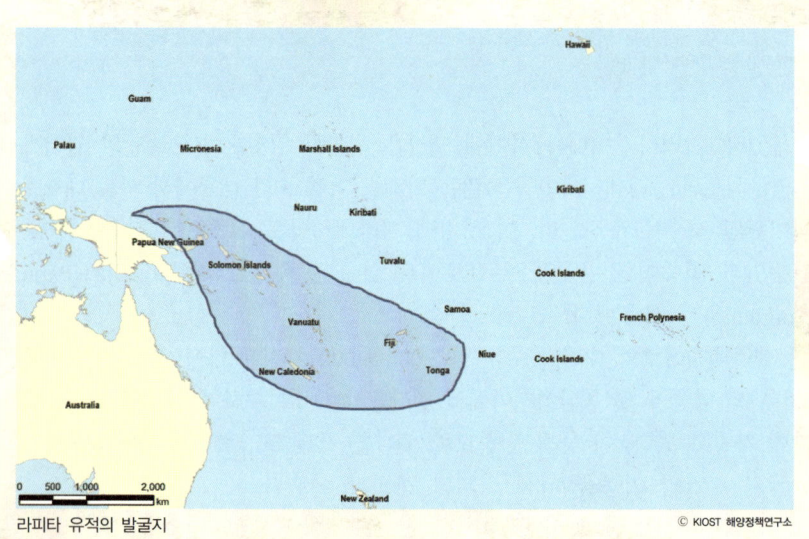

라피타 유적의 발굴지

바누아투에서 발견된 라피타 도기
(포트빌라 박물관 소장)

뉴칼레도니아에서 발굴작업을 벌였고, 이것이 1920~1921년, 통가에서 수집된 도자기들과 비슷하다는 사실이 확인되면서 '라피타 양식'이라는 도자기 양식이 태평양 전역에 퍼져 있었다는 내용이 처음 확립되었다.

이 도기가 널리 퍼져 있던 시기는 대략 기원전 1,500~기원전. 500년 사이로 추정되면 18세기에 서양 선교사들이 태평양을 방문 했을 무렵에는 라피타 도기의 명맥이 거의 끊겨 있었다.

현재 라피타 유물들은 서쪽으로는 파푸아 뉴기니 마누스 섬과 비스마르크 제도부터 동쪽의 사모아 통가에서까지 발견된다. 현재 이러한 라피타 문화의 전파와 오스트로네시아 언어의 전파 사이에 긴밀한 연관성이 있다는 사실은 학계에서 널리 인정되고 있다. 오늘날 폴리네시아 언어는 라피타 문화가 동쪽으로 전파되면서 형성된 것으로 추정된다.

라피타 문화는 정교하고 아름다운 도기뿐 아니라, 태평양 지역에서 발전된 농경문화의 증거들을 보여 준다. 라피타 유적지에서는 경작용 텃밭 또는 작물을 길렀을 것으로 추정되는 토지 구역이 발견되었다. 그 외에도 태평양에서 가축화된 세 가지 동물, 즉 돼지, 개, 닭의 흔적이 발견되어 태평양 지역에서 최초로 가축을 기른 사실을 알려 준다. 또 돌로 만든 손도끼, 조개껍데기 장식, 고리, 원반형 유물 등이 발견되었고, 파푸아뉴기니의 뉴 브리튼 섬 및 어드미럴티 제도에서만 발견 되는 검은 흑요석이 라피타 문화권 전역에서 발견되었다. 이러한 것이 과거 인류의 이주 및 정착역사를 보여 주는 광대한 라피타 문화권의 증거가 되고 있다.

'태평양 정체성'과 폴리네시아의 위상

드넓은 대양에 광대하게 펼쳐져 있는 태평양의 섬 주민들 사이에서 '태평양 도서민(Pacific Islander)'으로서의 정체성이 싹트기 시작한 것은 유럽인들이 진출한 이후이다. 유럽인들이 태평양으로 진출하면서 '도서민(Islander)'과 '비도서민(Non-Islander)'이라는 개념 구분이 생겼고, 서구 열강들의 식민지배가 끝난 뒤에도 이러한 구분은 이어졌다.

제2차 세계대전이 끝날 무렵에도 태평양 도서민들 사이에 공유되는 정체성은 아직 없었다. 오히려 에펠리 하우오파(Epeli Hau'ofa) 같은 학자들이 지적하듯 서구 열강들의 식민지배는 태평양 도서민들을 서로 고립시키는 효과를 낳았다. 그러다 1947년 당시 태평양 지역을 식민통치하던 6개의 서구 열강, 즉 호주, 프랑스, 네덜란드, 뉴질랜드, 영국, 미국이 '남태평양 도서민들의 복지 증진 및 사회경제적 개선을 위한 국제적 협력강화'를 목표로 남태평양위원회(South Pacific Commission)를 창설했다. 1950년에 위원회에서 개최한 제 1회 남태평양학회가 열렸는데, 여기서 그동안 한 번도 한자리에 모인 적이 없는 여러 태평양 국가의 대표가 서로 얼굴을 맞대고 모이게 되었다. 범태평양적인 어떤 것, 우리가 태평양 정체성이라 부르는 무엇인가가 처음으로 싹을 틔운 것이다.

폴리네시아와 멜라네시아

유럽인들과의 접촉으로 범태평양적인 정체성이 막 싹트기 시작하면서 동시에 태평양 지역 간의 알력다툼도 불거졌다. 주요 대상은 폴리네시아와 멜라네시아였고, 여전히 마이크로네시아는 약 20~30년간 태평양 지역의 전체적 정치적 구도 속에서 제외되어 있었다.

폴리네시아인들은 오랫동안 자신들이 멜라네시아인보다 우월하다고 생각했다. 그것은 유럽인들과의 접촉에서 생겨난 상대적인 자기상(self-image)이었는데, 유럽인들은 얼굴색이 멜라네시아인들보다 밝고, 덩치도 훨씬 더 큰(쉽게 말해 유럽인들과 조금 더 닮은) 폴리네시아인들을 선호했고, 폴리네시아 지역 특유의 문화와 엄격한 추장 통치 시스템을 높이 평가했다. 마리아나 제도의 차모로 주민들(Chamorro)을 제외하면 태평양에서 가장 먼저 기독교로 개종한 지역도 폴리네시아였다. 그래서 유럽인들이 멜라네시아 지역에 기독교를 전파할 때 폴리네시아 원주민들을 데려간 것도 이러한 우월감의 근거가 되었다.

서구 열강들로부터의 독립도 폴리네시아가 한 발 빨랐다. 1962년 폴리네시아에 속한 웨스턴 사모아(오늘날의 사모아)는 태평양 지역 최초의 독립국이 되었다. 그 뒤 약 10년 사이에 5개 나라가 독립했는데 그 중 3개가 폴리네시아 지역(쿡 제도-1965, 통가-1970, 니우에-1974)이었고, 1개가 마이크로네시아 지역(나우루-1968)이었으며, 나머지 하나는 폴리네시아와 멜라네시아의 경계에 있는 피지(1970)였다. 그 뒤 1970년대에 들어서면서 대부분의 멜라네시아 국가들이 독립했다(파푸아뉴기니-1975, 솔로몬 제도-1978, 바누아투-1980).

마이크로네시아는 독립도 가장 늦었는데 마이크로네시아 연방국(FSM)은 1986년, 팔라우는 1994년이 되어서야 미국과의 자유연합협정을 체결한 자치국이 되었다.

독립 후 각 지역별 연합체 창설 움직임도 활발해졌는데 여기서도 제일 빠른 것은 폴리네시아였다. 1940년대에 만들어진 남태평양위원회가 시대에 뒤처지자 갓 독립한 폴리네시아 국가들은 호주와 뉴질랜드를 끌어들여 1971년 남태평양포럼(South Pacific Forum)을 창설했다. 창립 멤버는 피지, 나우루, 통가, 사모아, 호주, 뉴질랜드였고 그 후 멜라네시아 국가들이 대거 참석했다. 이 포럼은 곧 태평양의 가장 중요한 지역기구로 부상했는데 오늘날 태평양 지역의 가장 영향력 있는 지역기구인 태평양도서국포럼(PIF)의 전신이 바로 이 남태평양포럼이다.

1986년에는 파푸아뉴기니, 솔로몬 제도, 바누아투의 수상들이 모여 멜라네시아 선진 그룹(Melanesian Spearhead Group)을 창설했다. 이들은 남태평양포럼과 같은 태평양 지역의 장에서 멜라네시아 국가들끼리의 연대를 표현하고 그들의 이익을 수호하고자 했다.

태평양 문화권의 특징

	멜라네시아	폴리네시아	마이크로네시아
신체적 특징	- 키가 작고 피부색이 검어 아프리카 흑인들과 흡사함 (남성 평균 신장이 약 160cm) - 머리칼이 곱슬곱슬함	- 골격과 덩치가 크고(특히 통가, 사모아, 하와이 인들) 피부색이 태평양 도서민 중 제일 밝음 - 머리칼은 직모이거나 곱슬곱슬함	- 멜라네시아인들보다 키가 크고 피부색이 옅음 - 팔라우나 마이크로네시아 압주의 주민들은 멜라네시아인과 용모가 비슷함 - 마리아나 제도 주민들은 아시아인과 용모가 비슷함
	현 솔로몬 제도 수상 고든 다르시 릴로 (Gordon Darcy Lilo)	현 사모아 수상 아이오노 투일라에파 (Aiono Tuilaepa)	현 팔라우 대통령 토미 레멩게사우 (Tommy Remengesau)
지리적 특징	- 국토면적이 넓고 다양한 지형 존재 - 풍부한 광물자원 존재	- 외딴 태평양상에 위치 - 화산기원 및 산호기원섬들로 구성됨	- 크기가 작은 섬들이 넓은 바다에 흩어져 있음 - 작은 환초섬들이 많음
문화적 특징	- 다양한 부족과 언어 - 주술, 마나 등 초자연적 힘에 대한 믿음이 강함	- 강력한 추장제와 엄격한 위계적 사회 - 혈통과 가문의 중시	- 뚜렷한 모계사회 전통 - 섬들 간의 느슨한 연대
주요 국가	파푸아뉴기니, 솔로몬 제도, 바누아투 등	사모아, 통가, 하와이 등	팔라우, 마이크로네시아 연방국, 마셜 제도 등
총인구	500만 이상	약 50만	약 20만
토착어	1,000개 이상	약 20여 개	약 10여 개
지역기구	멜라네시아 선진그룹(Melanesian Spearhead Group, 1986)	남태평양포럼(South Pacific Forum, 1971)	마이크로네시아 정상위원회 (Council of Micronesian Chief Executives, 1996)
독립시기	1970년대	1960~1970년대	1980~1990년대
공통점	\multicolumn{3}{l}{1. 토지 및 친족, 마을 커뮤니티가 개인의 삶에 매우 큰 영향을 미침(개인의 정체성은 그 자신의 것이 아니라, 그가 거주하는 지역과 그가 다른 사람들과 맺고 있는 관계의 산물이라는 인식이 강함) 2. 전통적 권력 시스템(추장제)과 서구적 정치제도(의회 또는 공화제)가 공존하며, 때로 갈등을 일으킴(전통적 권력이 서구 정치제도에 서서히 흡수되는 경향) 3. 영국, 미국, 프랑스 등 서구 열강들의 식민 지배를 경험(통가는 예외) 4. 광대한 해양관할권 및 해양수산자원 보유(열수광상, 망간단괴 등 심해저 자원의 개발 가능성이 막대할 것으로 예상되며, 오늘날 전 세계 참치 생산량의 약 60%가 태평양에서 생산됨[Western and Central Pacific Fisheries Commission 통계(2012)[18]] 5. 국제적 기준으로 볼 때 대부분이 저개발된 국가들로, 주요 경제수입원은 해외원조 및 참치 조업권 판매임}		

---

18) http://www.daff.gov.au/fisheries/international/wcfpc

chapter
02

피지의 이해

01 피지 개요[19)]

일반사항

- 국 명 : 피지공화국(Republic of Fiji)
- 수 도 : 수바(Suva)
- 독 립 : 1970.10.10
- 인 구 : 83만 7,271명(2007년 인구조사)
- 면 적 : 1만 8,333㎢(우리나라 경상북도 크기, 약 330개 도서로 구성)
- 민 족 : 피지인(56.8%), 인도인(37.5%), 기타(로투만, 중국인, 유럽인)
- 언 어 : 영어, 피지어, 힌디어, 로투만어 등
- 종 교 : 기독교(64%), 힌두교(28%), 이슬람교(6%)
- 기 후 : 열대해양성
- 시 차 : GMT+12시간(한국보다 3시간 빠름)
  - 서머타임 기간(보통 10월 말~익년 1월 말)에는 4시간 빠름
- 화 폐 : 피지 달러(FJD) (1FJD=약 600원)
- 정부형태 : 의원내각제(대통령제)
- 의회구성 : 단원제(2013.8 신헌법 개정 이후 양원제에서 단원제로 변경)

---

19) 외교부 "피지 개황", 피지 정부 2013 예산안, ADB "Key Indicators 2012"

- 주요 정부인사(2014년 기준)
  - 대통령 : 라투 에펠리 나일라티카우(Ratu Epeli Nailatikau)
  - 총리 : 조세이아 보렝게 바이니마라마(Josaia Voreqe Bainimarama)
  - 외교장관 : 라투 이노케 쿰부암볼라(Ratu Inoke Kubuabola)
- GDP : 41억 5,600만 달러(2011)
- 1인당 GDP : 4,876달러(2011)
- 경제성장률 : 2.5%(2012, 추정치)
- 물가상승률 : 3.5%(2012, 추정치)
- 수출입 현황
  - 수출 4억 7,900만 달러, 수입 9억 9,300만 달러(2011)
- 주요 자원 : 관광자원, 사탕수수, 생수, 금, 수산자원, 코코넛

지리적 특징

- 피지는 약 330개의 섬으로 구성되어 있으며, 수도 수바(Suva)가 위치한 본섬(Viti Levu), 북섬(Vanua Levu) 및 주변의 섬들로 구성됨.
- 피지는 서편의 멜라네시아 국가와 동편의 폴리네시아 국가 사이에 위치하고 있어 '멜라네시아의 끝, 폴리네시아의 시작'이라고 불리기도 함.
  - 이에 따라 피지는 멜라네시아 국가이면서도 폴리네시아의 영향도 받아 인종·문화적으로 복합적 특징을 보임.

주요 일지

1643 : 아벨 타스만(네덜란드인)에 의해 발견
1774 : 제임스 쿡 선장 상륙
1874 : 영국 식민지로 병합
1879 : 인도인 고용계약노동자 유입 개시
1963 : 유엔 A. A. 그룹, 영국에 대해 피지 독립 부여 요청
1965 : 유엔 신탁통치이사회, 피지의 조속독립 결의
1966 : 헌법 제정
1970 : 영국으로부터 독립(영연방 일원)

1987 : 제1차, 제2차 쿠데타(피지 원주민 강경세력의 도움으로 람부카 중령 주도, 헌법 폐지), 피지공화국 선포 및 영연방 탈퇴
2000 : 피지계 비즈니스맨 스페이트 주도하에 쿠데타 발생(영연방 자격 부분 정지), 응가라세 과도정부 구성
2006 : 바이니마라마 군 사령관이 쿠데타 감행, 군사 정부 수립
　　　- 세닐라가칼리(J. B. Senilagakali) 박사(군사병원장)가 12월 6일 임시 과도총리로 취임
2009 : 피지 항소법원이 쿠데타 불법성 판결, 남태평양도서국포럼(PIF)으로 부터 자격 정지, 영연방 자격 정지
2014 : 피지 최초의 민주적 총선 실시. 과도정부 수상이었던 바이니마라마가 재집권

피지의 국가

피지 국가는 1970년 피지의 독립과 함께 채택되었다. 멜로디는 1911년 마일스(Charles Austin Miles)가 작곡한 찬송가 '베울라의 땅에 거하며(Dwelling in Beulah Land)'에서 따왔으며, 가사는 1970년 공모전에서 프레스콧(Michael Francis Alexander Prescott)의 가사가 채택되었다. 피지 국가는 중요한 국경일에 부르며, 영어와 피지어 버전이 있는데 영어 버전이 더 유명하다.

신이여 피지를 축복하소서 (Meda Dau Doka / God Bless Fiji)

피지어	영어	한국어
1절 Meda dau doka ka vinakata na vanua E ra sa dau tiko kina na savasava Rawa tu na gauna ni sautu na veilomani Biu na i tovo tawa savasava 후렴 Me bula ga ko Viti Ka me toro ga ki liu Me ra turaga vinaka ko ira na i liuliu Me ra liutaki na tamata E na veika vinaka Me oti kina na i tovo ca 2절 Me da dau doka ka vinakata na vanua E ra sa dau tiko kina na savaseika Rawa tu na gauna ni sautu na veilomani Me sa biu na i tovo tawa yaga 3절 Bale ga vei kemuni na cauravou e Viti Ni yavala me savasava na vanua Ni kakua ni vosota na dukadukali Ka me da sa qai biuta vakadua	1절 Blessing grant oh God of nations on the isles of Fiji As we stand united under noble banner blue And we honor and defend the cause of freedom ever Onward march together God bless Fiji 후렴 For Fiji, ever Fiji, let our voices ring with pride. For Fiji ever Fiji her name hail far and wide, A land of freedom, hope and glory to endure what ever befall. May God bless Fiji Forever more! 2절 Blessing grant oh God of nations on the isles of Fiji Shores of golden sand and sunshine, happiness and song Stand united, we of Fiji, fame and glory ever Onward march together God bless Fiji	1절 만국의 신이시여, 피지에 축복을 내리소서 여기 우리 푸른 깃발 아래 모여 섰으니 우리는 자유를 기리고 보호하며 함께 전진할 것입니다 신이여 피지를 축복하소서 후렴 피지를 위해 언제까지나 우리의 목소리가 긍지와 함께하기를 피지를 위해 언제까지나 피지의 이름이 멀리까지 뻗어가기를 자유와 희망, 영광의 이 땅이 모든 것을 이겨 내기를 신이여 피지를 축복하소서 만만세세까지 2절 만국의 신이시여, 피지에 축복을 내리소서 황금빛 모래해안과 햇살, 행복과 노래 위에 여기 우리 피지는 명성과 긍지로 일어나 전진할 것입니다 신이여 피지를 축복하소서

02 자연과 지리

피지의 자연환경[20]

피지는 남태평양에 있는 도서국가로 약 330개의 섬으로 이루어져 있다. 섬들은 대부분 화산성 기원이며 약 100여 개의 섬에 사람이 산다. 국토의 총 면적은 1만 8,274㎢로 우리나라 제주도의 10배 정도이며, 배타적 경제수역은 약 130만㎢로 바다 면적이 피지 전체 영토면적의 약 98%를 차지한다.

가장 큰 섬인 비티 레부(Viti Levu)는 피지 전체 면적의 57%를 차지하며 피지 인구의 약 70%가 이 섬에 산다. 비티 레부 섬에는 수도인 수바(Suva)와 대도시 라우토카(Lautoka)가 있으며, 그 외에 음바(Ba), 나시누(Nasinu), 그리고 국제공항이 있는 난디(Nadi) 등의 주요 도시가 있다.

피지에서 두 번째로 큰 섬인 바누아 레부(Vanua Levu)는 비티 레부 섬에서 약 64km 북쪽에 있다. 바누아 레부 섬은 피지 전체 면적의 약 30%를 차지하며, 피지 인구의 15% 정도가 거주한다. 비티 레부 섬과 바누아 레부 섬이 피지 국토의 90% 정도를 차지하는 셈이다. 바누아 레부 섬의 주요 도시는 람바사(Labasa)와 사부사부(Savusavu)이며, 이 섬의 북동쪽에는 로아(Loa) 반도 안쪽으로 깊숙하게 형성된 나테와 만(Natewa Bay)이 있다.

---

20) http://en.wikipedia.org/wiki/Geography_of_Fiji
   Encyclopaedia Britannica, http://preview.britannica.co.kr/bol/topic.asp?article_id=b24p1280b001
   IUCN Report, Marine Protected Areas Policy and Legislation Gap Analysis: Fiji Islands, 2009
   http://cmsdata.iucn.org/downloads/mpa_legislation_gap_analysis_final.pdf
   http://www.nationsencyclopedia.com/geography/Congo-Democratic-Republic-of-the-to-India/Fiji.html

피지는 2개의 본섬과 및 약 300여 개의 작은 섬으로 이루어진 태평양 도서 국가다.[21]

    비티 레부 섬과 바누아 레부 섬 중앙부에는 열대우림이 형성되어 있고, 연안 평야로 흘러가는 몇 개의 강이 있다. 피지에서 가장 높은 곳은 비티 레부섬에 있는 토마니비(Tomanivi) 산으로 해발고도가 1,323m이다.
    피지의 기후는 열대해양성 기후로 기온이 높고 일정하며 다습·다우하고 가끔 태풍이 분다. 연평균 기온은 약 27℃이며, 수도인 수바(Suva)의 여름 최고 평균기온은 29℃, 겨울 최저 평균기온은 20℃이다. 연평균 강우량은 지역마다 다른데, 바람이 불어 가는 쪽(leeward : 북서쪽)은 1,780㎜이고 바람이 불어오는 쪽(windward: 남동쪽)은 3,050㎜이다. 이로 인해 무역풍이 불어오는 쪽인 섬들의 동부 지역은 강수량이 많아 빽빽한 열대우림이 형성되어 있다.

---

21) http://museumvictoria.com.au/fiji/map.aspx (지도 출처)

한편, 바람이 불어 넘어가는 쪽인 섬들의 서부는 건조한 날씨를 띠며, 목초지와 관목지대가 펼쳐져 있다. 피지 최대의 산업 중 하나인 사탕수수 재배는 대부분 일조량이 풍부한 섬들의 서부에서 행해진다.

2개의 본섬 외 나머지 섬들은 피지 전체 면적의 약 12.5%를 차지하며, 피지 전체 인구의 약 16%가 거주한다. 2개의 본섬 다음으로 큰 섬으로는 칸다부(Kadavu) 섬, 타베우니(Taveuni) 섬 등이 있다. 나머지 소도서들은 몇몇 군도를 이루고 있는데, 비티 레부 섬 서부에는 마마누카(Mamanuca) 제도가 있고, 거기서 북쪽으로 가면 휴양지로 유명한 야사와(Yasawa) 제도가 있다.

또 수도인 수바 근해에는 로마이비티(Lomaiviti) 제도가 있으며, 그중 오발라우(Ovalau) 섬의 렘부카(Levuka) 시는 영국 식민통치 시기 피지의 수도로서 소도서군에 위치한 유일한 주요 도시라고 할 수 있다.

한편 코로 해(Koro Sea)의 동쪽, 통가 인근에는 라우(Lau) 제도가 있다. 라우 제도의 육지면적은 160㎢에 불과하지만, 해양 면적은 11만 2,000㎢에 달하며, 폴리네시아 문화권의 영향을 받아 매우 독특한 풍습과 언어가 보존되어 있다.

피지 본토에서 북쪽으로 약 500km 떨어진 곳에는 피지 영토에서 가장 외딴 섬인 로투마(Rotuma) 섬이 있다. 로투마 섬은 피지 본토와는 다른 문화적·인종적 특성을 보여 주며, 약 44㎢의 면적에 2,000명의 주민이 살고 있다. 지리적으로는 폴리네시아권에 더 가까이 있는 로투마 섬은 현재 피지 유일의 자치주로, 다른 14개의 주에 비해 상대적으로 훨씬 더 강한 자치권을 가지고 있다.

육지환경[22]

피지의 가장 큰 두 섬인 비티 레부 섬과 바누아 레부 섬에는 험준한 산악지형이 존재한다. 피지에서 가장 큰 섬인 비티 레부 섬에는 섬을 남북으로 가로지르는 중앙산맥이 있는데, 이 중앙산맥에 피지에서 가장 높은 산인 토마니비 산(해발고도 1,323m)과 아름다운 나우소리(Nausori) 고원지대가 있다. 비티 레부 섬의 중앙산맥은 피지 동부와 서부를 문화적, 지리적으로 가르는 경계선이 된다.

문화적으로 피지 동부와 서부는 큰 차이를 보이며, 언어학자들은 피지 동부의

---

22) http://www.go-fiji.com/volcanoes.html

비티 레부 섬의 지형[23]
비티 레부 섬 중앙에는 섬을 남북으로 가로지르는 높은 중앙산맥이 있다. 이 산맥은 비티 레부 섬의 동부와 서부를 지리적, 문화적으로 가르는 경계가 된다.

피지의 토지 현황[24] (단위 : km²)

토지 종류	비티 레부	바누아 레부	기타 섬들
평 지	1,664(16%)	831(15%)	366(15.5%)
구 릉 지	1,768(17%)	720(13%)	354(15%)
험준한 산지	6,968(67%)	3,989(72%)	1,640(69.5%)
총 합	10,400	5,540	2,360

방언군과 피지 서부의 방언군을 별개의 것으로 구분한다.
  피지에서 두 번째로 큰 섬인 바누아 레부 섬에도 중앙 산맥이 있다. 피지의 산들은 대부분 화산폭발에 의한 사화산이나 휴화산이며 현재 활화산은 없다.

---

23) NASA, http://photojournal.jpl.nasa.gov/catalog/PIA02732 (이미지 출처)
24) D. C. Macfarlane, Country Pasture/Forage Resource Profiles - Fiji, 1999.
    http://www.fao.org/ag/agp/AGPC/doc/Counprof/southpacific/fiji.htm

피지의 육로 현황[25]
피지의 주요 섬인 비티 레부 섬이나 바누아 레부 섬에는 산악지형이 발달해 있다. 그러나 내륙의 산악지형에도 불구하고 피지의 도로 인프라는 잘 갖추어져 있는 편이다. 피지 제 1, 2의 도시인 수바와 라우토카(Lautoka) 사이에는 고속 도로가 깔려 있고, 현재 비티 레부 섬의 거의 모든 지역은 육로로 접근이 가능하다. 주요 도시나 소도시(town)들 사이로는 버스가 정기적으로 운행되며, 섬들 간을 잇는 배편도 존재한다. 세계은행이 발표한 각국별 기간시설 현황자료를 보면[26], 2010년 기준 피지의 도로 포장률은 약 49.2%이며, 피지 내 도로 길이는 약 3,440km이다.

그중 몇몇 산은 석회암 기원이기도 하다.
피지에서 세 번째로 큰 섬인 타베우니(Taveuni) 섬은 해저에서 솟구친 커다란 순상화산으로, 섬에서의 마지막 화산폭발은 1658년에 있었다.

---

25) Exploration Opportunities in Fiji. Fiji - General Background
http://www.mrd.gov.fj/gfiji/download/FijiInGeneral2008.pdf (지도 출처)
26) The World Bank, Data, Roads, Paved (% of Total Roads), 2010.
http://data.worldbank.org/indicator/IS.ROD.PAVE.ZS?page=2

해양환경[27) 28)]

피지는 약 330개의 섬으로 구성되어 있다. 이 섬들은 유럽과 아프리카 대륙이 지중해를 둘러싸듯이, 피지 중앙부의 코로 해를 둘러싸고 있다. 피지의 배타적 경제수역은 너비가 약 130만㎢이며, 피지의 총 해안선 길이는 1,129km이다. 피지의 섬들 주변에는 환초, U자 형태의 산호초, 보초 등 넓은 산호초 구역이 형성되어 있으며, 비티 레부 섬과 바누아 레부 섬 연안에는 맹그로브 습지가 발달되어 있다.

피지의 해저지형을 살펴보면 피지 근해는 태평양판, 호주판 및 기타 국지적 판들로 둘러싸여 있다. 태평양판은 서쪽으로 이동하다 통가 해구에서 호주판 아래로 침강하는데, 1년에 약 77mm의 속도로 움직인다. 한편, 호주판의 동쪽 끝에는 여러 국지적 판이 모여 있는데, 이 판들은 태평양판 또는 호주판과 인접하여 움직인다. 특히 태평양판과 호주판의 경계 지역은 세계에서 지진이 가장 많은 곳 중 하나로, 지진은 두 판의 경계부 가장자리에서 빈번히 일어난다.

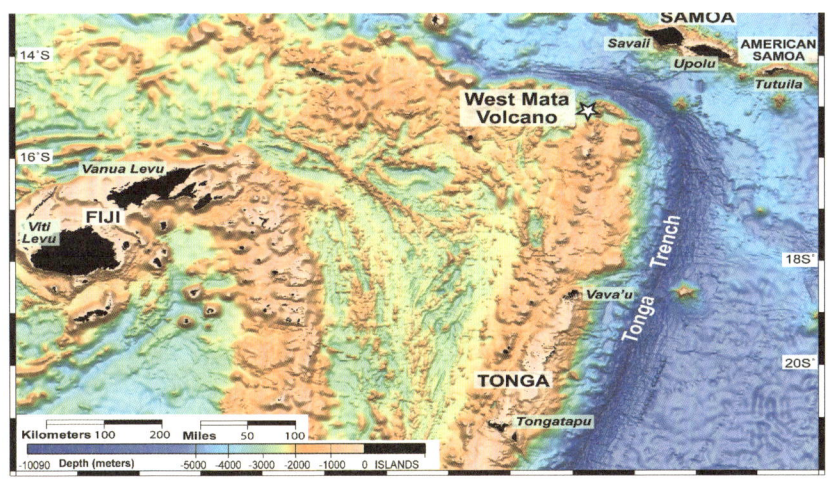

피지 근해의 해저지형[29)]

---

27) USGS, http://neic.usgs.gov/neis/eq_depot/2006/eq_060503_mgas/tonga.pdf
28) WWF Report, Vulnerability of Fiji's mangroves and associated coral reefs to climate change, 2010. http://awsassets.panda.org/downloads/review_of_fiji_s_mangroves_web_version.pdf,
29) http://www.noaanews.noaa.gov/stories2009/images/map_satellite_altimetry_labeled.png (지도 출처)

피지 근해의 유명한 해협으로는 비티 레부 섬과 바누아 레부 섬 사이의 바투이라(Vatu-i-Ra) 해협, 바누아 레부 섬과 타베우니 섬 사이의 소모소모(Somosomo) 해협이 있다. 한편, 비티 레부 섬과 칸다부 섬 사이에는 칸다부 항로가 있고, 라우(Lau) 제도의 군도들 사이에 통가항로(Tongan Passage), 라케바항로(Lakeba Passage), 왜타항로(Oneata passage) 등의 항로가 존재한다.

비티 레부 섬과 바누아 레부 섬 주변의 대륙붕 지역을 제외하면 피지 근해는 대부분 수심이 3,000m가 넘는 깊은 바다이다. 피지 동쪽 통가 해구 근방의 수심은 1만m가 넘는다.

전반적으로 바누아 레부 섬의 해안선이 비티 레부 섬의 해안선보다 더 깊숙하게 만곡되어 있으며, 바누아 레부 섬의 동남부에는 투눌로아(Tunuloa) 반도가 길다랗게 삐져나와 매우 좁고 깊은 만이 형성돼 있다.

피지 연안에는 넓은 맹그로브 습지가 형성되어 있다. 이는 태평양에서 세번째로 크며 너비는 약 517km² 이다. 피지 연안에 서식하는 맹그로브 중 8종은 피지 고유종이며 나머지 1종은 혼합종이다.

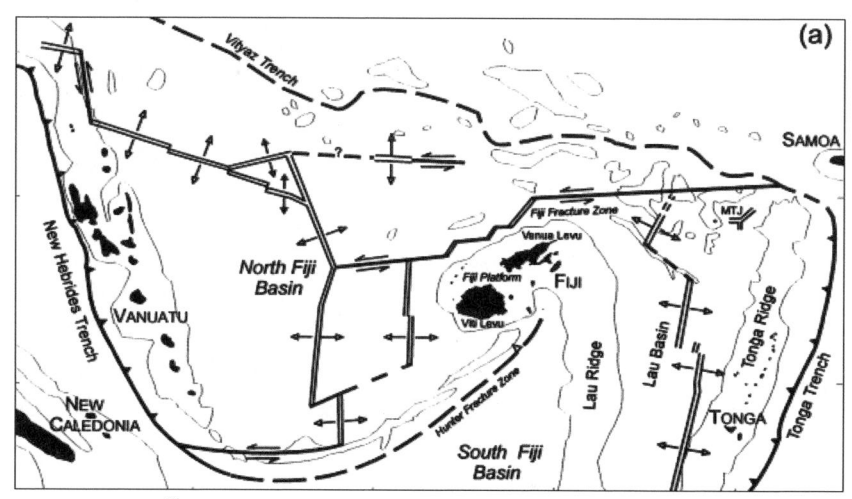

피지 근해의 지질구조[30]
피지 근해는 태평양판, 호주판, 기타 국지적 판들로 둘러싸여 있다.

---

30) http://origin-ars.els-cdn.com/content/image/1-s2.0-S0031018200001097-gr2.gif (그림 출처)

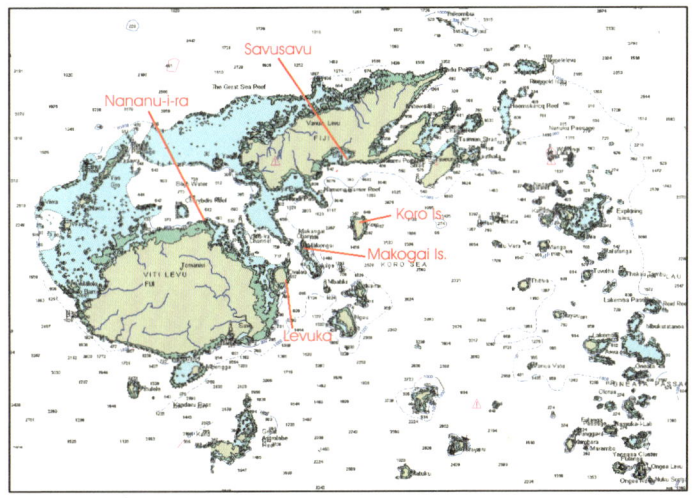

피지 연안 해도[31]
피지 연안의 환초 지대는 수심이 50m 이내로 낮으며, 조금 더 외해로 가면 수심 1,000~2,000m 사이의 깊은 바다가 펼쳐진다.

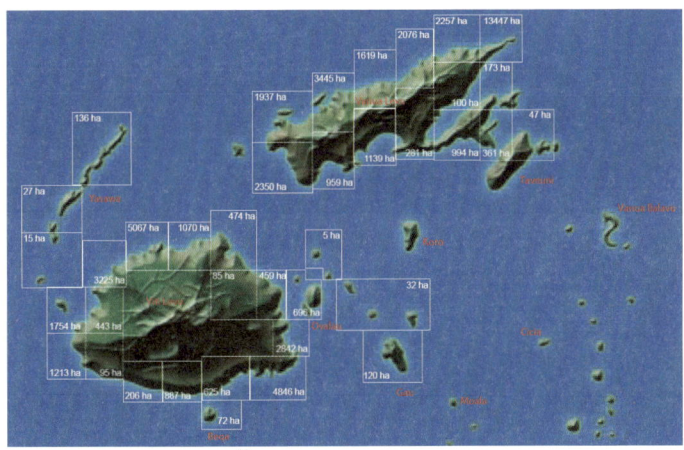

피지 연안의 맹그로브 습지 현황[32]
피지 연안 전역에는 넓은 맹그로브 습지가 펼쳐져 있다. 특히 비티 레부 섬 남동부와 북서부, 바누아 레부 섬 북부에 넓은 맹그로브 습지가 펼쳐져 있다.

---

31) http://www.svfreya.ca/maps/fiji_annot.png (지도 출처)
32) WWF Report, Vulnerability of Fiji's mangroves and associated coral reefs to climate change, 2010.
http://awsassets.panda.org/downloads/review_of_fiji_s_mangroves_web_version.pdf (지도 출처)
OECD Report, DEVELOPMENT AND CLIMATE CHANGE IN FIJI: FOCUS ON COASTAL MANGROVES, 2003.
http://www.oecd.org/env/cc/21056315.pdf

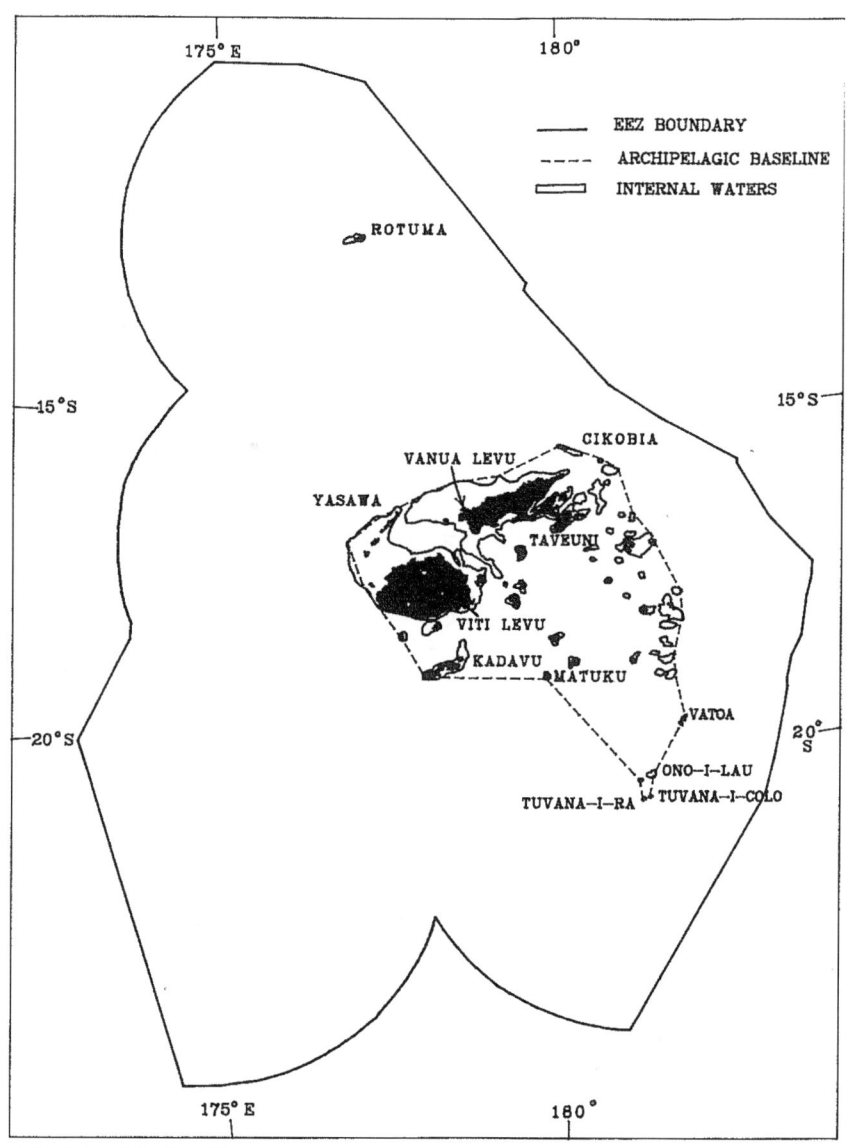

피지의 배타적 경제수역(EEZ)[33]

---

33) An Atlas of Fiji, Department of Geography, University of South Pacific, 1998, p. 29(지도 출처)

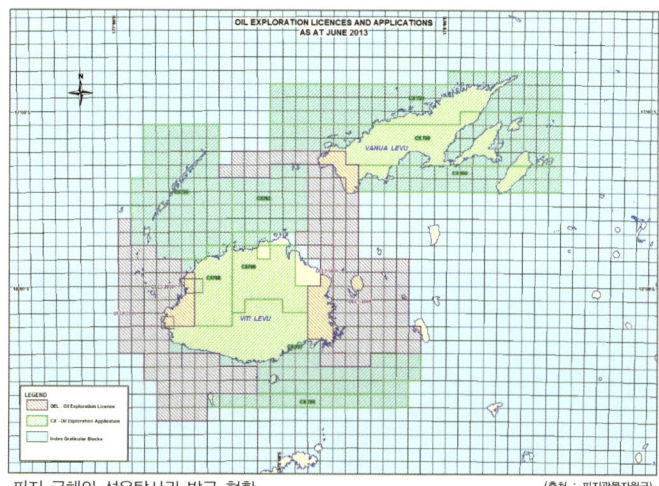

피지 근해의 석유탐사권 발급 현황.
붉은색 지역이 발급지역(2013년 기준)[34]

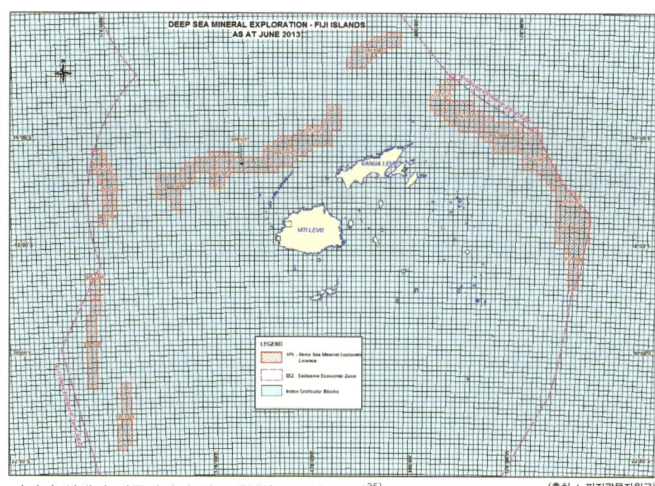

피지의 심해저 광물탐사권 발급 현황(2013년 기준)[35]

피지 정부는 2013년 기준 총 17개의 심해저 탐사허가권을 각국 정부와 민간기업에 발급했다. 여기에는 세계적인 심해저 탐사기업인 (주)노틸러스 미네랄사(Nautilus Minerals)사와 블루워터 메탈사(Blue Water)가 포함되어 있으며, KIOST 역시 2013년 11월 1일, 피지 연안해양과학 조사 허가를 취득했다. 지도에서 붉게 표시된 지역이 심해저 광물 탐사권이 발급된 지역이다.

---

34) http://www.mrd.gov.fj/gfiji/tenements/OilExplorationJune2013.JPG (지도 출처)
35) http://www.mrd.gov.fj/gfiji/tenements/DeepSeaMineJune2013.JPG (지도 출처)

비티 레부 섬 남해안의 맹그로브 습지[36]

---

36) http://coraltriangle.blogs.panda.org/wp-content/uploads/sites/3/2013/06/1053144.jpg (사진 출처)

민물환경[37]

피지에는 큰 강이 여러 개 있다. 본섬인 비티 레부 섬에서 가장 큰 강은 레와(Rewa) 강으로 길이는 약 140km이다. 이 외에도 난디(Nadi) 강, 바(Ba) 강, 싱가토카(Sigatoka) 강 등이 주요 강이며 모두 비티 레부 섬의 중앙산맥에서 발원한다. 한편, 바누아 레부 섬에서 제일 큰 강은 드레케티(Dreketi) 강이다.

비티 레부 섬의 레와(Rewa) 강은 피지에서 가장 길고 중요한 강으로, 피지에서 가장 높은 토마니비 산 기슭에서 발원하여 남동쪽으로 140km를 흘러와 수바 근처의 라우칼라(Laucala) 만으로 흘러든다. 레와 강은 비티 레부 섬에 있는 모든 강의 수량의 1/3을 차지하며, 레와 강의 강가 및 삼각주 지역에는 채소, 쌀, 기타 작물 등이 재배된다. 소규모 증기선의 경우 강을 따라 약 80km 정도 항행이 가능하다.

한편, 싱가토카 강은 중앙산맥 토마니비 산에서 발원하여 서쪽으로 약 120km를 흘러 비티 레부 서해안으로 흘러든다. 이 강은 내륙 주민들에게 중요한 운송로이며, 이 강의 어귀에는 싱가토카 모래사구가 있다.

한편 바누아 레부 섬에서 가장 큰 드레케티 강은 길이가 65km이며, 수심이 피지의 강들 중 가장 깊다. 드레케티 강에서는 하류 쪽 약 35km 구역을 항행 가능하며 강 주변에 비옥한 토지가 형성돼 있다.

피지에 내륙 호수는 존재하지 않는다.

싱가토카 강 [38]

레와 강과 나우소리 소도시 [39]

---

37) http://global.britannica.com/EBchecked/topic/500712/Rewa-River
38) http://upload.wikimedia.org/wikipedia/commons/thumb/7/7d/SigatokaRiver.jpg/300px-SigatokaRiver.jpg
39) http://www.flickr.com/photos/raobhask/3480801525/ (사진 출처)

생물다양성 및 환경보전[40]

피지는 뛰어난 열대 해양환경을 보유한 나라 중 하나로, 매년 많은 관광객과 연구자가 방문하고 있다. 피지에는 약 844개의 고원, 섬, 암초 등이 있으며, 해양을 포함한 전체 영토 면적은 약 130만㎢에 달한다. 외해의 환초부터 연안의 거초 등을 아우르는 피지의 해양환경과 맹그로브 숲, 해초숲, 라군, 강어귀, 심해저 환경은 그 규모와 고립성 때문에 생물학적 가치가 높다. 피지 근해에는 약 1만㎢에 달하는 1,000여 개의 산호초 구역이 있는 것으로 추산되는데, 이는 세계 산호초 면적의 약 3.12%에 달한다.[41] 또한 피지 연안에는 세계에서 세번째로 긴 보초인 그레이트 시 리프(Great Sea Reef)가 위치하고 있다.

피지의 생물다양성 현황(2010년 기준)[42]

	현생종 수	외래종 수	고유종 수	고유종 비율(%)	멸종위기종수
육지					
조류	68	11	57	27	17
포유류	17	11	6	1(17%)	2
양서류	3	1	2	2(66.6%)	2
파충류	27	6	21	12(57.1%)	3
무척추동물	최소 5102	조사 진행중	조사 진행중	조사 진행중	조사 진행중
민물어류	161	10	151	11(7%)	조사 진행중
식물	2543	949	1594	893	281
해양					
어류	1198	15	1183?	14(1%)	49
포유류	12	?	?	?	8
파충류	10	0	?	?	조사 진행중
무척추동물	1056	?	?	3	조사 진행중
식물	426	?	?	?	조사 진행중

(출처 : 피지 환경부)

---

40) WWF Report, Setting Priorities for Marine Conservation in the Fiji Islands Marine Ecoregion, 2003.
http://mesfiji.org/resources/environment/fijis-natural-environment
http://www.conservation.org/where/asia-pacific/pacific_islands/fiji/Pages/overview.aspx

41) Sea Around Us Project, Web Products: Countries' EEZ: Fiji, 28 July 2008.
http://www.seaaroundus.org/eez/SummaryInfo.aspx?EEZ=242

42) Fiji's Fourth National Report to the United Nations Convention on Biological Diversity, Department of Environment, 2010. http://www.cbd.int/doc/world/fj/fj-nr-04-en.pdf

피지의 주요 해양생물종 현황[43]

생물 그룹	현 황
해양 포유류	피지의 따뜻한 연안은 12종 고래류의 이주 경로, 그중 4종은 멸종위기종 (흰긴수염고래, 혹등고래, 향유고래, 보리고래)
바닷새	피지의 방대한 강 하구, 맹그로브 습지, 해초숲, 산호초, 연안, 라군, 모래사구 등은 피지슴새, 군함새 등을 포함하여 약 10종의 철새와 바닷새에게 중요한 섭식지 및 산란지 제공
바다거북	피지의 해초숲 및 모래사장은 바다거북 5종(푸른바다거북, 매부리거북, 붉은바다거북, 올리브 바다거북, 장수거북)의 섭식지, 산란지, 이주경로가 됨. 이 거북종들은 모두 CITES 멸종위기종
어 류	피지의 어류에 대한 정보는 상대적으로 풍부하지만 모든 섬과 산호 구역을 조사한 것은 아님. 현재 피지에는 약 1,198종의 원양성 어류 및 산호초 어류가 식별됨. 흔한 어류로는 비늘돔, 독가시치, 검은쥐치, 그루퍼, 도미, 곰치 등이 있으며, 큰 덩치로 유명한 나폴레옹피시 등도 발견됨. 외해에는 참치를 포함하여 많은 표영성 어류가 서식. 수산업은 피지의 세 번째 수출산업으로 GDP의 1.5% 차지. 피지의 배타적 경제수역은 세계에서 가장 풍요로운 참치 어장 중 하나이며, 피지 정부의 국가참치관리계획에 따르면 태평양에서 잡히는 참치의 약 15%가 피지에서 잡히는 것으로 추산됨. 피지의 강 하구, 맹그로브 습지, 습지, 해초숲, 산호초, 잔잔한 연안, 라군, 모래사구 등에는 바다뱀 3종(줄무늬바다뱀, 검정줄무늬바다뱀, 노랑배바다뱀)이 서식함.
무척추 동물	약 15종의 해삼, 80종의 단각류, 8종의 게, 2종의 랍스터 등 무척추동물이 존재함.
산 호	산호는 연안 산호초 생태계의 핵심적 부분. 약 400여 종의 산호초가 서식하는 것으로 조사되었으며, 피지 근해의 산호초 면적은 세계 산호초 면적의 약 3%를 차지하는 것으로 추산됨.

한편, 피지 본섬에서 동쪽으로 갈수록 열대 해양생물종의 다양성은 급격하게 감소한다. 이는 고립된 화산섬과 산호섬으로 이루어진 서태평양 생물권에서 피지가 매우 중요한 생물다양성 보유구역임을 시사하는 것이다.

피지의 해양환경에는 약 400여 종의 산호, 1,200여 종의 열대어류 및 수많은 해양 무척추 동물이 살고 있다. 그 밖에 피지 연안은 IUCN 멸종위기종 목록에 등재된 생물종을 포함하여 많은 어류의 산란지이며, 10여 종이 넘는 고래의 이주 경로이기도 하다. 이 때문에 2003년 피지 정부는 피지의 영해를 고래보호구역으로 지정하기도 했다.

한편, 외딴 남태평양 한가운데 위치한 피지는 오랫동안 진화생물학자들에게 특별한 공간으로 여겨져 왔다. 피지의 몇몇 생물종은 그들의 조상 생물로부터 거의 진화하지 않았기 때문에 생물의 역사를 연구하는 학자들에게 귀중한 자료가 된다. 그 예는 다음과 같다

---

43) Fiji's Fourth National Report to the United Nations Convention on Biological Diversity, Department of Environment, 2010.
http://www.cbd.int/doc/world/fj/fj-nr-04-en.pdf

피지의 고유생물종

	내 용
생물명	피지원숭이얼굴큰박쥐 (Fijian monkey-faced Bat / Pteralopex acrodonta)
특징	피지 유일의 토착종 포유류. 세계에서 가장 원시적인 과일박쥐 종이다.

	내 용
생물명	피지줄무늬이구아나 (fiji-banded-iguana/ Brachylophus-fasciatus)
특징	피지왕관이구아나와 더불어 피지-통가 지역에 서식하는 고유종이다.

	내 용
생물명	오렌지비둘기 (Orange Dove / Ptilinopus victor)
특징	피지 바누아 레부 섬과 타베우니 섬의 고유종. 아름다운 주홍빛 색깔로 유명하다.

	내 용
생물명	피지땅개구리 (Fiji ground frog / Platymantis vitiana)
특징	피지 고유종으로 매우 원시적인 개구리 종이다.

환경보전[44]

피지 전통사회에서는 그들이 거주하는 땅인 바누아(Vanua, 대지, 지역)와의 조화로운 관계를 추구했다. 그러나 식민통치 및 근대화를 겪으면서 우려할 만한 환경파괴가 나타나고 있는데, 피지의 환경문제는 크게 육상문제와 해양문제로 나누어 볼 수 있다. 육지환경과 해양환경에서 가장 큰 문제는 각각 열대우림 파괴와 무분별한 어업활동이다.

육상

피지 육지환경에서 가장 큰 위협요소는 열대우림 파괴이다. 농지 개간, 농장 설립, 무분별한 벌목 등으로 비티 레부 섬과 바누아 레부 섬을 포함한 각 섬들의 숲이 사라지고 있다. 숲의 파괴는 여러 동식물 및 산림자원의 고갈로 이어지며, 설상가상으로 조악한 벌목 기술 및 기기 때문에 심각한 토사 유실이 일어나고 있다. 그 결과 강, 하천, 연안에 토사가 쌓이거나 홍수가 증가하게 된다. 이 외에 산불 등도 숲의 파괴에 기여하는데, 2007년 기준 지난 15년간 피지에서는 약 7만ha 정도의 숲이 소실되었다. 최근에는 세계자연보호기금(WWF) 등 세계 자연보호단체나 NGO등이 피지의 지역 커뮤니티와 연계하여 지속 가능한 산림 환경을 유지하기 위해 노력하고 있다.

해양

해양에서는 연안 및 외해에서의 지나친 수산물 남획이 문제가 되고 있다. 연안 오염, 연안침식, 산호초 파괴 등도 큰 문제이다. 최근 피지 근해에서 산란하는 바다거북의 숫자가 줄어들었으며, 눈에 잘 띄는 대형조개나 대형 어류들의 멸종 및 개체수 감소가 관찰되고 있다. 피지는 세계에서 여섯번째로 큰 관상어 수출국이며, 세계에서 두 번째로 큰 산호 수출국이다. 현재 연안에서 수확할 수 있는 어업물에 대한 국가 차원의 쿼터제는 마련되어 있지 않다.

육상과 마찬가지로 피지 연안에 위치한 맹그로브 습지, 산호초 해역의 지리적· 생태적 중요성 때문에 각종 국제단체, 환경기구, NGO 등에서 다양한 환경보호 노력을 펼치고 있다. 2003년 세계자연보호기금(WWF)는 피지 근해의 해양환경을 조사한 뒤, 생물다양성 측면에서 국제적 중요성을 갖는 다섯 지역을 선정했다.

---

44) WWF Report, Setting Priorities for Marine Conservation in the Fiji Islands Marine Ecoregion, 2003.

세계자연보호기금(WWF)에서 선정한 5군데의 피지도서 해양생태지역(Fiji Islands Marine Ecoregion)[45]

1. 바누아 레부 섬 북부의 그레이트 시 리프 (Great Sea Reef)		세계에서 세 번째로 긴 보초 지역. 수많은 고유종과 수로, 맹그로브 습지, 해초숲이 펼쳐져 있음.
2. 로마이비티 삼각지대 (Lomaiviti Triangle)		비티 레부 섬과 바누아 레부 섬 사이 지역으로, 남태평양에서 보기 힘든 깊은 수로 및 해협공간이 펼쳐져 있음. 훼손되지 않은 다양한 생물종 및 서식지 존재. 고래들의 이주경로이며, Gau섬 연안의 경우 혹등고래의 짝짓기 장소임.
3. 나메날랄라 섬 (Namenalala)		바누아 레부 섬 남부에 위치한 보초군 및 해양보호구역에 위치. 고래, 바다거북, 돌고래 등의 이주경로에 위치하며, 바다거북의 산란지로 현재 매부리거북의 산란지로 알려져 있음.
4. 라우(Lau) 제도 남부 (Southern Lau Group)		고립된 석회암 기원 및 환초섬 지역으로, 해초숲, 산호초, 방대한 보초 시스템이 펼쳐져 있음. 고립된 해양환경 탓에 독특한 서식환경 및 생물종 구성이 나타나며, 푸른바다거북 및 매부리거북의 섭식 및 산란지를 제공함. 또한 몇몇 고유 조개가 서식함.
5. 로투마 섬 (Rotuma)		피지 본섬 북서부에 위치한 고립된 화산섬. 외딴 지리적 환경이 독특한 서식지 및 생물종 구성을 만들어 내며, 높은 고유종 분포. 특히 서태평양 지역에서 희귀하게 발견되는 푸른산호 (Heliopora)가 로투마 섬 근해에 서식함.

---

45) WWF Report, Setting Priorities for Marine Conservation in the Fiji Islands Marine Ecoregion, 2003 (지도 출처)

피지의 기후[46]

피지는 연중 온난한 열대해양성 기후를 띠며 남동무역풍대에 속한다. 계절별 또는 일별 기온차가 크지 않고 1년 내내 동쪽 또는 남동쪽에서 무역풍이 불어온다. 2개의 본섬 비티 레부 섬과 바누아 레부 섬에서는 하루를 기준으로 육풍과 해풍이 주기적으로 분다. 11~4월까지는 열대 사이클론 및 저기압이 격렬한 바람을 일으키기도 한다.

가장 시원한 계절(7~8월)과 가장 더운 계절(1~2월) 사이의 기온차는 섭씨 2~4°C 수준으로 낮다. 연안 지역에서는 평균 밤 기온이 섭씨 18°C까지 낮아질 수 있고, 평균 낮 기온은 32°C까지 오르기도 한다.

한편, 강수량은 가변적이며 지형과 무역풍의 영향을 많이 받는다. 남동무역풍은 습기가 많아 산맥 등 지형과 부딪칠 때 많은 강수가 내린다. 비티 레부 섬과 바누아 레부 섬의 산들을 보면 바람을 받는 쪽의 기후는 습하고, 바람이 불어 넘어가는 쪽의 기후는 건조하다. 따라서 큰 섬들의 경우는 습한 지역과 건조한 지역이 동시에 나타난다. 하지만 작은 섬들의 경우는 기후적 차이가 거의 없다. 피지는 뚜렷한 건기와 우기를 보이는데, 11~4월까지가 우기이고 5~10월까지가 건기이다. 피지의 건기와 우기는 남태평양 지역에 강수를 불러오는 남태평양 수렴대의 영향을 강하게 받는다.

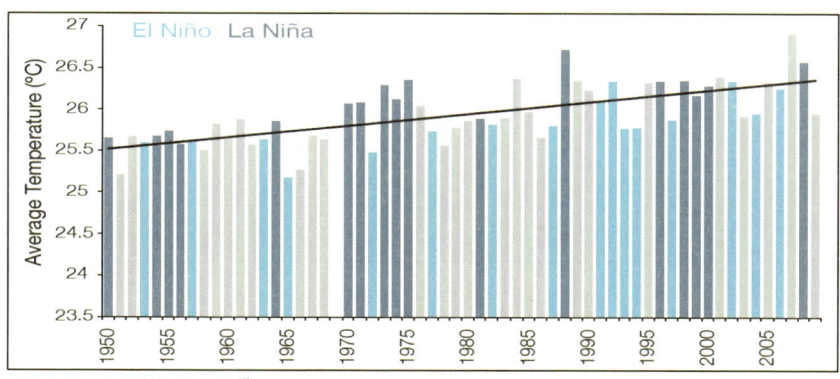

피지의 수도 수바의 연평균 기온[47]
지난 60여 년간, 수바의 연평균 기온은 서서히 상승하고 있다.

---

46) Australian Bureau of Meteorology, CSIRO, Current and future climate of the Fiji Islands, 2011.
47) http://www.pacificclimatechangescience.org/wp-content/uploads/2013/06/1_PCCSP_Fiji_8pp.pdf (그림 출처)

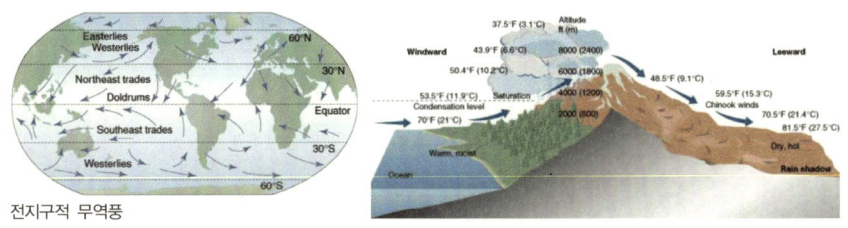

전지구적 무역풍

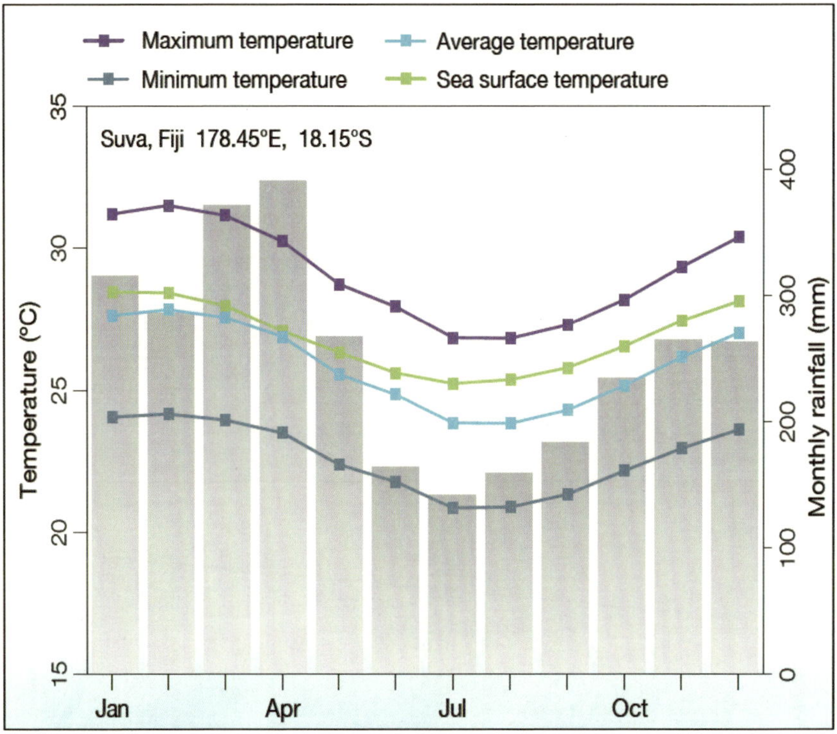

피지의 수도 수바의 평균기온[48]
피지는 연중 온난한 열대해양성 기후를 띠며, 계절별·일별 기온차가 그렇게 크지 않다.

---

48) http://www.pacificclimatechangescience.org/wp-content/uploads/2013/06/1_PCCSP_Fiji_8pp.pdf (그림 출처)

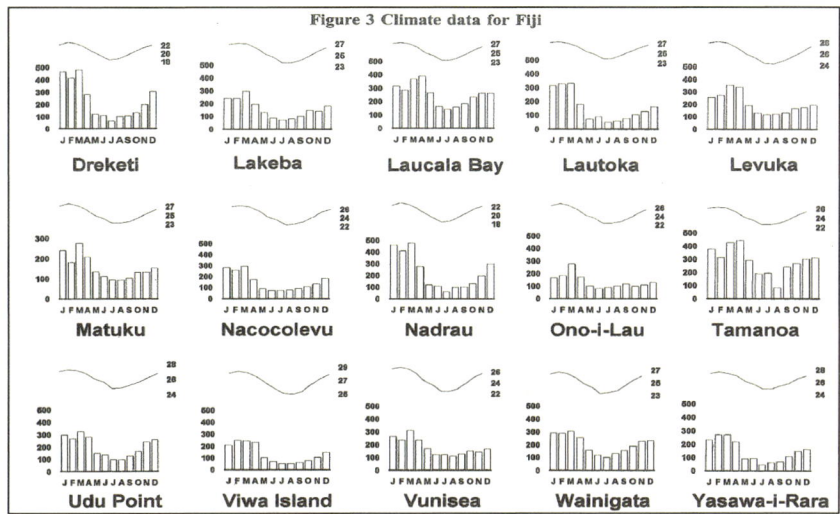

피지 주요 도시의 연평균 기온 및 강우량[49]
피지는 아주 덥거나 추운 날씨가 없이, 1년 내내 비교적 온난한 열대 해양성 기후를 보인다. 다만 강우량은 지역에 따라 꽤 차이가 난다.

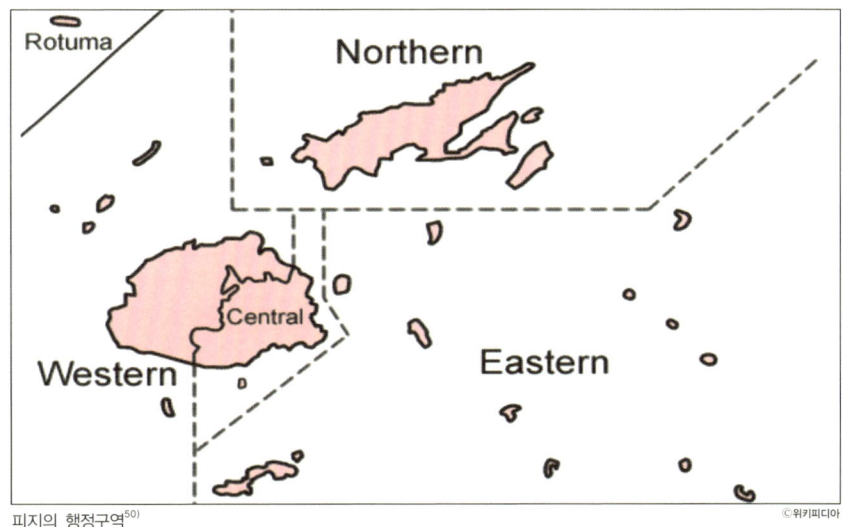

피지의 행정구역[50]

---

49) An Atlas of Fiji, Department of Geography, University of South Pacific, 1998, p.21 (그림 출처)
50) Fuji Islands Bureau of Statistics, 2007. http://www.citypopulation.de/Fiji.html
http://en.wikipedia.org/wiki/File:Fiji_divisions_named.png

피지의 지리와 주요 섬들[51]

피지는 행정구역상으로 중앙지구, 서부지구, 동부지구, 북부지구 4개의 지구와 15개의 주(1개의 자치주 포함)로 나뉜다. 로투마 자치주는 다른 주에 비해 상당한 자치권을 지니며, 통계조사를 실시할 때는 로투마 자치주를 동부지구에 편입시킨다.

피지 인구의 70%가 본섬인 비티 레부 섬에 거주하기 때문에 중앙지구 및 서부지구의 인구가 가장 많다. 바누아 레부 섬이 있는 북부 지구는 땅은 넓지만 인구는 많지 않다(2007년 기준).

피지의 행정구역	
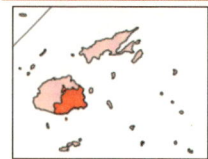 1. 중앙지구(Central Division)	중앙지구는 Naitasiri, Namosi, Rewa, Serua, Tailevu 등 5개의 주로 되어 있다. 중앙지구의 수도는 피지의 수도이기도 한 수바 중앙지구는 피지의 본섬인 비티 레부 섬의 동부와 Beqa를 포함한 몇 개의 외곽 섬으로 구성된다. 비티 레부 섬에서 서부지구와 맞닿고, 바다에서는 북부지구, 동부지구와 경계가 맞닿아 있다.
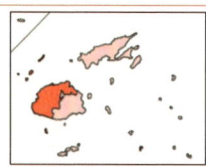 2. 서부지구(Western Division)	서부지구는 3개의 주, 즉 Ba, Nadroga–Navosa, Ra로 구성되며, Yasawa 제도, Viwa, Mamanuca 제도 등의 외곽 섬들을 품고 있다. 비티 레부 섬에서 중앙지구와 맞닿아 있고, 바다에서 북부지구, 동부지구와 닿아 있다.
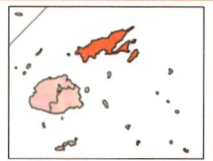 3. 동부지구(Eastern Division)	동부지구는 Kadavu, Lau, Lomaiviti 등 3개의 주와 1개의 자치구 로투마로 구성된다. 동부지구의 수도는 오발라우(Ovalau) 섬의 렘부카(Levuka) 동부지구는 대부분 섬으로 구성되어 있으며, 동부지구에 속한 주요 섬은 다음과 같다 : Kadavu, Gau, Koro, Nairai, Moala, Matuku, Vatu Vara, Naitaba, Mago, Cicia, Tuvuca, Lakeba, Vanua Vatu, Oneata, Vuaqava, Kabara, Moce, Fulaga 동부지구는 육지면적으로는 가장 작지만, 가장 넓은 바다면적을 보유. 바다에서 중앙, 북부, 서부 지구와 맞닿아 있다.
4. 북부지구(Northern Division)	북부지구는 Macuata, Cakaudrove, Bua 등 3개의 주로 되어 있으며 바누아 레부 섬 전체를 포함한다. 수도는 람바사(Labasa) 과거 피지 수상이자 1987년 쿠데타의 주역인 시티베니 라부카(Sitiveni Rabuka)가 북부 지구 출신이며, 피지 최초의 대통령인 라투 시르 페나이아 가닐라우(Ratu Sir Penaia Ganilau) 역시 북부 지구 출신이다.

---
51) http://en.wikipedia.org/wiki/Category:Divisions_of_Fiji

피지의 각 주(2014년 기준)			
	주		주지사
1	Ba		Viliame Seuseu
2	Bua		Ratu Filimoni Ralogaivau
3	Cakaudrove		Sitiveni Rabuka
4	Kadavu		Ratu Josateki Nawalowalo
5	Lau		Ratu Josefa Basulu
6	Lomaiviti		Ratu Jo Lewanavanua
7	Macuata		Ratu Aisea Katonivere
8	Nadroga – Navosa		Ratu Sakiusa Makutu
9	Naitasiri		Ratu Solomoni Boserau
10	Namosi		Ratu Kiniviliame Taukeinikoro
11	Ra		Sakiusa Karavaki
12	Rewa		Pita Tagi Cakiverata
13	Serua		Atunaisa Lacabuka
14	Tailevu		Josefa Seruilagilagi
15	Rotuma (자치주)		Lewis Ting, Tarterani Rigamoto

피지의 각 주별 인구 현황					
주(Province)	2007 [1]	1996 [2]	1966	1946	Area(km^2)
Ba	231,760	212,197	136,000	67,164	2,634
mBua	14,176	14,988	10,000	5,913	1,379
Cakaudrove	49,344	44,321	30,000	17,231	2,816
Kadavu	10,167	9,535	9,000	7,229	478
Lau	10,683	12,211	16,000	10,970	487
Lomaiviti	16,461	16,214	13,000	9,731	411
Macuata	72,441	80,207	44,000	22,630	2,004
Nadroga-Navosa	58,387	54,083	37,000	20,144	2,385
Naitasiri	160,760	126,641	39,000	18,017	1,666
Namosi	6,898	5,742	3,000	2,402	570
Ra	29,464	30,904	22,000	14,247	1,341
Rewa	100,787	101,547	70,000	33,634	272
Rotuma	2,002	2,810	3,000	2,929	46
Serua	18,249	15,461	8,000	4,650	830
Tailevu	55,692	48,216	34,000	22,747	955
15 provinces	837,271	775,077	474,000	259,638	18,274

출서:피지 통계청

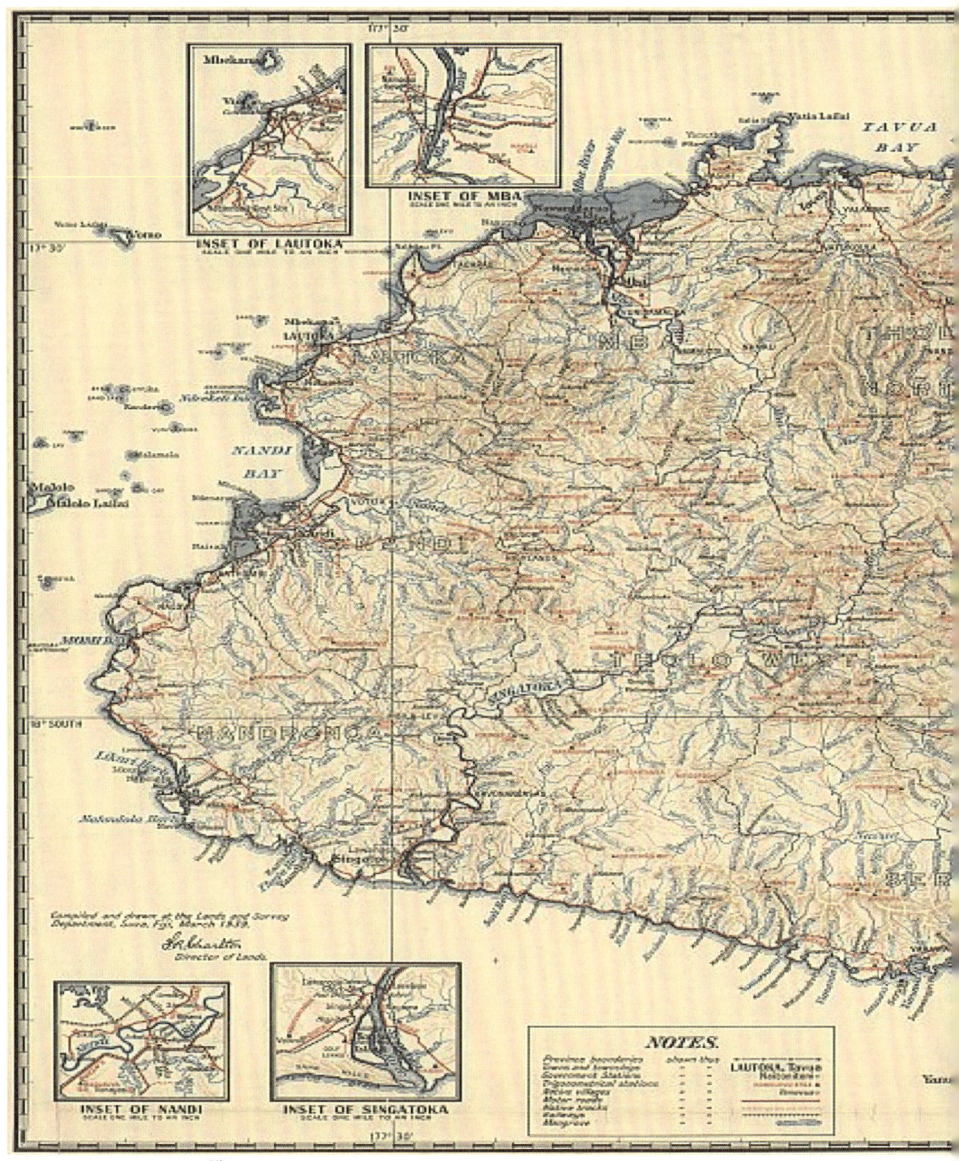

1939년의 비티 레부 섬 지도[52]

---

52) http://www.nla.gov.au/apps/cdview/?pi=nla.map-vn2100014-s1-e (지도 출처)

1. 비티 레부(Viti Levu)[53]

비티 레부 (Viti Levu)	
위 치	적도 이남 태평양 (17° 48′ S 178° 0′ E)
면 적	1만 388㎢
길 이	146km
너 비	106km
최 고 점	1,323m(토마니비 산)
인 구	60만(2007)
최대 도시	수바[인구 7만 7,366(2007)]
주요 도시	바(Ba), 라우토카(Lautoka), 난디(Nadi), 나우소리(Nausori), 라키라키(Rakiraki), 싱가토카(Sigatoka)
주요 항구	수바항, 라우토카항

 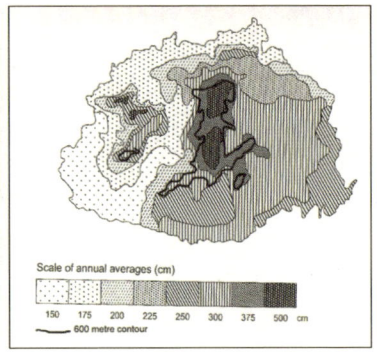

피지 본섬의 지형도[54]

피지에서 가장 큰 섬인 비티 레부 섬은 피지 인구의 70%(약 60만 명) 정도가 거주하는 피지의 본섬이다. 길이는 146km, 폭은 106km 규모이며, 총 면적은 1만 388㎢로 우리나라 제주도의 5배가 조금 넘는다. 지질학적으로는 화산 기원섬으로 바닷속으로 여러 번의 침강을 겪었다.

남북으로 뻗은 중앙산맥 때문에 섬의 지리 및 기후가 비교적 뚜렷하게 둘로 나뉜다. 동부는 습윤하고 비가 많으며, 서부는 건조하다. 건조한 서부에는 사탕수수 농장이, 습윤한 동부에는 낙농업이 발달했다.

---

53) http://fijiguide.com/page/viti-levu, http://en.wikipedia.org/wiki/Viti_Levu
54) D. C. Macfarlane, Country Pasture/Forage Resource Profiles - Fiji, 1999.
http://www.fao.org/ag/agp/AGPC/doc/Counprof/southpacific/fiji.htm (이미지 출처)

행정적으로 비티 레부에는 8개 주가 있다. 이 중 Ba, Nadroga-Navosa, Ra 주가 서부지구, Naitasiri, Namosi, Rewa, Serua, Tailevu 주가 중부지구를 이룬다.

거주인구 분포를 보면 인도계 피지인들은 비티 레부 섬의 서부에 많이 산다. 반면 수도인 수바나 동부의 대도시는 다인종 구성을 보이며, 내륙 지방이나 동부 연안에는 토착 피지인들이 많이 살고 있다.

피지 자이언트 긴뿔딱정벌레[55]
세계 최대의 딱정벌레 중 하나로 비티 레부 섬에만 서식한다.

수바(Suva) 시내 모습
ⓒ 강대훈

---

55) http://www.iucnredlist.org/documents/amazingspecies/xixuthrus-heros.pdf (사진 출처)

비티 레부(Viti Levu) 섬의 주요 도시

• 수바(Suva)

피지의 수도 수바의 위치

피지의 수도인 수바는 남태평양에서 가장 크고 활기찬 도시로, 비티 레부 섬의 남동부, 레와(Rewa) 주에 위치해 있다. 1877년까지는 오발라우 섬의 렘부카(Levuka)가 피지의 수도였으나 주변 지리가 너무 협소하다는 이유로 1882년 수바로 수도가 이전되었다. 수바는 피지 남해안에 위치한 15㎢ 넓이의 반도 위에 있으며, 아주 잘 보호된 자연 항구를 끼고 있다. 시내에는 약 9만 명이 거주하고 있고, 수바 외곽 지역까지 합하면 약 17만 5천 명이 수바에 살고 있다. 수바의 날씨는 습하고 후덥지근하며 남동무역풍이 불어오는 동부에 위치해 강수량이 많은 편이다. 또 갑자기 날씨가 흐려지고 비가 오는 경우도 많다.

1874년, 영국은 피지를 식민지로 삼은 다음 1882년에 피지의 수도를 렘부카에서 수바로 이전했다. 1875년 피지에서의 책임 측량사로 임명된 F. E. Pratt 대령이 이 새 도시를 설계했다. 처음에 수바는 약 1제곱 마일 정도로 작았으나, 그 뒤 외곽 지역을 하나씩 포섭하여 현재는 수도권이라 불릴 만한 대 수바

구역(Greater Suva Area)을 이루고 있다. 수바는 1909년에 군(municipal)으로 지정되었으며, 1952년에는 피지 최초의 시(city)가 되었다.

수바는 물류, 경제, 교육 등의 여러 측면에서 남태평양의 중요한 허브도시이다. 통신, 도로 등 기본 인프라가 잘 갖추어져 있고 남태평양에서 가장 큰 대학 중 하나인 남태평양 대학(University of South Pacific)이 수바에 있다. 다양한 국제기구 및 지역기구도 수바에 위치한다.

수바는 피지 중앙정부와 별개의 시 정부(Municipal Government)를 구성하고 있으며, 시장(Lord Mayor)과 20명의 시의회 의원으로 구성된 수바 시의회(Suva City Council)가 수바를 다스린다. 시의원의 임기는 3년이며 시의회 내에서 시장과 부시장을 1명씩 선출한다. 2009년까지 수바의 시장은 Ratu Peni Volavola, 부시장은 Josefa Gavidi로 모두 토착 피지인 정당인 SDL 당 출신이 담당했다.[56]

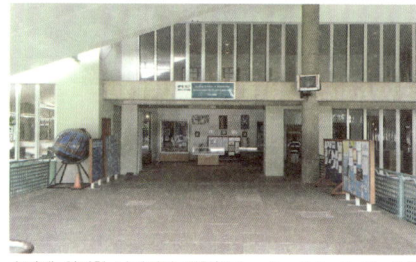 

수바에 위치한 남태평양 대학(University of South Pacific)　　　　　　　　　　ⓒ 강대훈

---

56) 2014년 8월 현재, 수바 시의회(Suva City Council)의 역할과 기능은 대폭 축소되고, 내부구조 및 시의원 숫자도 크게 변경되었다. 2009년 말, 과도 정부의 수상인 바이니마라마가 대대적인 내각 교체를 실시해 중앙정부, 지방정부 할 것 없이 현 피지정권에 비판적인 인사들을 해임하고, 우호적인 인사들을 임명했다. 또 지방정부의 자치권과 고유의 권한을 없애거나 대폭 축소했다. 바이니마라마 수상은 수바 시의회(Suva City Council)의 해체를 선언했다가, 그 형식만 남겨두고 위원들을 대거 교체했다. 시장과 부시장 직을 없애고, 시의원 고유의 권한과 자치권을 대폭 축소했으며, 현재 수바 시의회(Suva City Council)는 수바를 위한 행정과 더불어 중앙정부의 정책을 이행하는 정부 하위기관으로서의 역할을 담당하는 것으로 보인다.

수바의 4개 구(ward)는 다음과 같다.

Suva : 도심 지역
Tamavua : 주택가 및 도시 지역
Samabula : 대규모 산업단지 및 주택가, 도시 지역
Muanikau : 대학, 여가 및 스포츠 시설, 주택가 지역

구	수바 시의회 의원	소속 정당
Central Ward (Suva)	Chandu K. Umaria	National Federation Party
	Deven Magan	National Federation Party
	Shashi Dhanji	National Federation Party
	Dhani Ram	National Federation Party
	Priscilla Singh	National Federation Party
Muanikau	Akuila Bale	United Fiji Party
	Tevita Rawalai	United Fiji Party
	Josefa Gavidi	United Fiji Party
	Temalesi Laveti Weleilakeba	United Fiji Party
	Iniasi Naua	United Fiji Party
Samabula	Anendra Nand	Fiji Labour Party
	Silimaibau Rupeni Mavoa	United Fiji Party
	Solomone Vosaicake	United Fiji Party
	Anwar Khan	Fiji Labour Party
	Babu Sachida Nand Sharma	Fiji Labour Party
Tamavua	Ratu Peni Volavola	United Fiji Party
	Maciu Cerewale	United Fiji Party
	Panapasa Belena Ceinaturaga	United Fiji Party
	Ruci Gukisuva	United Fiji Party
	Eroni Cakacaka	United Fiji Party

수바의 4개 구와 시의회 의원(2014.8)[57]

---

57) 2014년 8월 기준 수바 시의회는 독립적 권한을 대폭 상실했으며, 2009년까지 20석을 유지했던 시의원들도 대거 교체되어 현재 이들은 수바 시를 위한 시 전문가가 아니라 중앙정부의 명령을 하달받아 이행하는 행정 관료의 성격을 띠고 있다. 2014년 8월 현재, 수바 시의회에 소속된 직원은 모두 26명이며, 이들은 주민선거로 선출된 시의원이 아니라 과도정부가 임명한 직원들이다.

• 라우토카(Lautoka)

라우토카의 위치 ⓒKIOST

라우토카는 피지 제2의 도시로 비티 레부 섬 서부, 난디에서 북쪽으로 24km 지점에 있다. 인구는 약 5만 2,220명(2007)이다. 라우토카 항은 피지 제2의 항구로 많은 배가 외국이나 외곽 섬을 향해 출발한다. 현재 라우토카는 피지 서부지구(Western Division)의 행정수도로 피지 전기공사, 피지 송림협회, 피지 홍보공사 등 중요한 몇몇 정부기관이 들어서 있다.

전설에 따르면 과거 이 지역에는 두 부족이 거주하고 있었다. 하루는 이 부족들의 추장 사이에 싸움이 붙었는데, 한 추장이 상대에게 창을 던지면서 Lau-toka라고 소리를 질렀다. 이는 "창에 맞아라!"라는 뜻으로, 여기서 도시의 이름이 생겨났다고 한다.

라우토카의 최대 산업은 설탕산업(제당업)으로 남반구에서 가장 큰 사탕수수 압착시설 중 하나가 이 도시에 있기 때문에 'Sugar City'로도 불린다. 19세기 말,

피지 제2의 도시인 라우토카
제당업이 발달해 'Sugar City'로 알려져 있으며, 피지의 중요한 산업도시이자 서부지구의 행정 수도이다.

영국 식민제당회사는 라우토카에 제당소를 짓기로 하고 인도인 계약 노동자와 솔로몬 제도 노동자들을 데려와 1899년부터 작업을 시작했다. 라우토카 제당소는 1903년부터 운영을 시작해 지금까지 운영되고 있으며 현재도 약 800명의 직원이 제당소에서 근무하고 있다.

라우토카를 가장 처음 발견한 유럽인은 '바운티호의 반란'으로 유명한 윌리엄 블라이(William Bligh) 선장으로 알려져 있다. 그는 선원들의 폭동 때문에 바운티호에서 쫓겨나 티모르 섬으로 향하던 중, 1789년 5월에 라우토카 연안을 방문해 간단한 해도를 작성했다.

라우토카 주민의 대부분은 인도계 피지인이었으나, 최근에는 비티 레부 섬 서부 내륙 지역에 살던 토착 피지인들이 도시로 진출해 인구 증가의 한 요인이 되고 있다.

라우토카는 1977년에 도시로 승격된 이래, 수바와 더불어 피지에서 유일하게 시정부(Municipal Government)를 보유한 도시이다. 라우토카 시의회(Lautoka City Council)는 16명의 시의원으로 구성되고, 시의원에서 자체적으로 시장을 선출하여 도시를 다스렸으나 2006년 쿠데타 이후 2014년 8월 기준 라우토카의 시장직은 비어 있으며, 과도 정부에서 임명한 행정관인 프라빈 발라(Praveen Bala)가 라우토카의 행정을 담당하고 있다.

Aiyaz Sayed-Khaiyum
Acting Minister for Local Government,
Urban Development, Housing & Environment

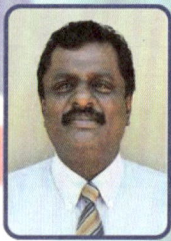

Praveen Bala
Special Administrator

Jone Nakauvadra
Chief Executive Officer

Gyaneshwar Rao
Director Health

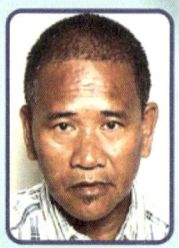

Danilo de Asa
Director Engineering

Shiva Rajan
Director Finance

Shalendra Dass
Director Building

라우토카 시의회의 조직도[58] (2014.8)
과거 라우토카 시의 시장(Mayor)이었던 프라빈 발라(Praveen Bala)의 직위가 특별행정관(Special Administrator) 으로 바뀌고, 16명이던 시의원이 6명으로 줄었으며, 최고 수장직을 중앙정부의 장관이 맡고 있다. 피지 정부가 지방정부 및 시정부의 자치권과 고유권한을 대폭 축소시켰음을 잘 보여 준다.

---

58) Lautoka City Council Website, http://www.mylautokacity.com/#!your_council/c1yws (그림 출처)

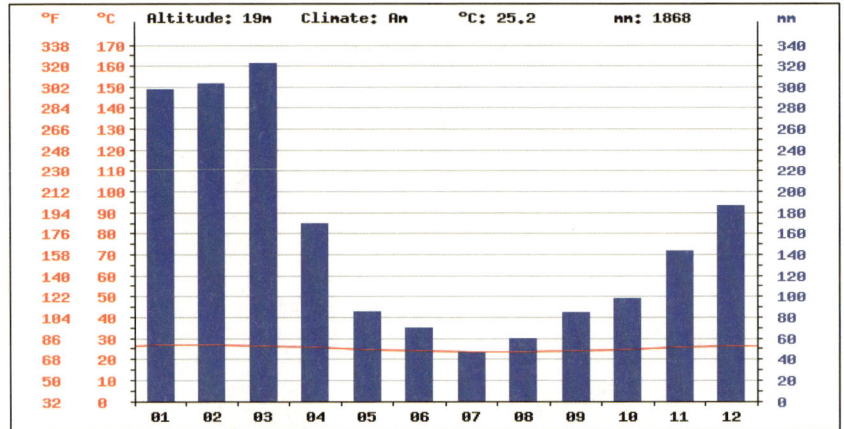

라우토카의 기후[59]
비티 레부 섬의 서부에 있는 라우토카는 동부에 있는 수바에 비해 강우량이 훨씬 적고 건조하다.

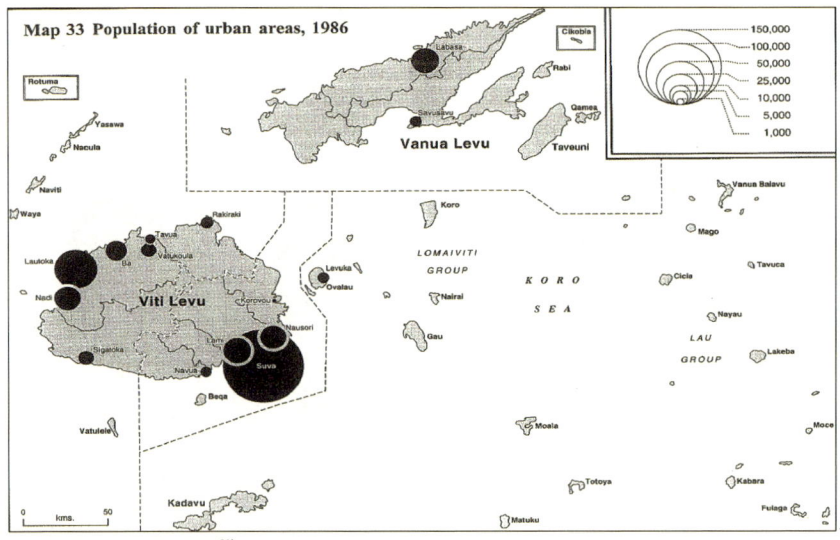

피지의 주요 도시 및 인구분포[60]
수도인 수바와 피지 제2의 도시인 라우토카, 피지 제3의 도시이자 국제공항이 위치한 난디. 과거 식민지 시절 수도였던 렘부카, 바누아 레부 섬의 최대 도시인 란바사 등에 인구가 집중되어 있다.

---

59) http://en.climate-data.org/location/3187/ (그림 출처)
60) An Atlas of Fiji, Department of Geography, University of South Pacific, 1998, p.80 (지도 출처)

• 난디(Nadi)

국제공항이 있는 난디는 피지 서부에 있으며 피지 제3의 도시이다. 과거에 사탕수수 소작농 및 소상인들이 살던 곳으로, 2007년 기준 4만 2,284명의 인구가 거주하고 있다. 사탕수수 농장들이 드문드문 흩어져 있는 난디는 인도계 피지인, 토착 피지인 등 여러 인종이 모여 사는 다인종 도시로 국제공항이 있어 대부분의 관광객들이 꼭 한번은 들르는 도시이다. 제당업과 관광업이 난디의 주요 산업이며, 난디 근처에는 많은 호텔과 리조트가 늘어서 있다.

또 난디에는 인도계 피지인들이 많아 무슬림 및 힌두교도들의 종교적 중심지이기도 하다. 난디에 위치한 힌두교 성지는 남반구 최대의 규모를 자랑한다.

난디 국제공항. ⓒ위키피디아

난디에서 수바로 가는 소형 항공기 ⓒ강대훈

난디에 위치한 힌두교 사원
남반구 최대의 힌두교 사원이다.

2. 바누아 레부(Vanua Levu)

바누아 레부(Vanua Levu)	
위 치	적도 이남 태평양 (16° 35′ S 179° 11′ E)
면 적	5,587.1㎢
길 이	180km
너 비	50km
최고점	1,111m[서스턴산t. Thurston]
인 구	13만(2007)
최대도시	람바사(Labasa)[인구 2만 5천(2007)]
주요도시	람바사(Labasa), 사부사부(Savusavu)
주요항구	람바사항, 사부사부항

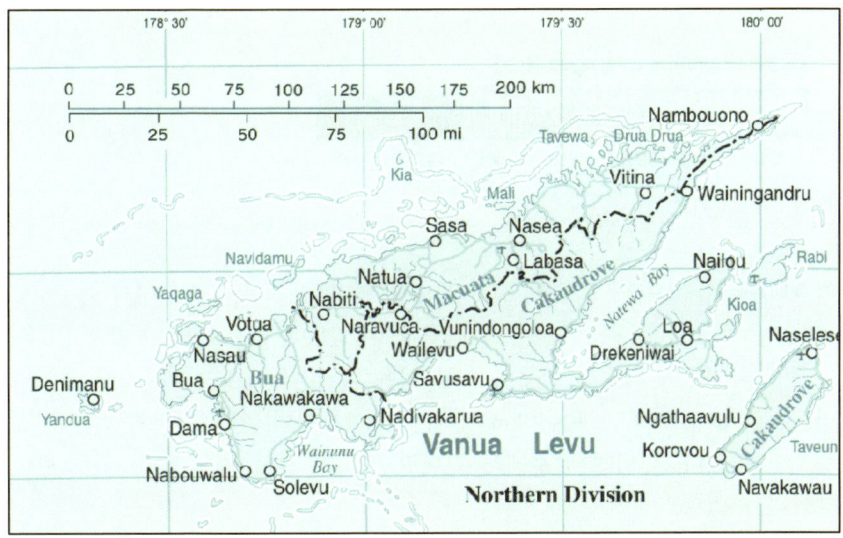

바누아 레부 섬[61]

피지에서 두 번째로 큰 바누아 레부 섬은 과거 '백단의 섬(Sandalwood Island)' 으로 알려져 있었으며, 비티 레부 섬에서 북쪽으로 64km 거리에 있다. 형태는 비티 레부 섬에 비해 길쭉하게 생겼다. 5,587km²의 넓이(우리나라 제주도의

---

61) http://mapsof.net/map/fiji#.U_GOvJXlqcx (지도 출처)

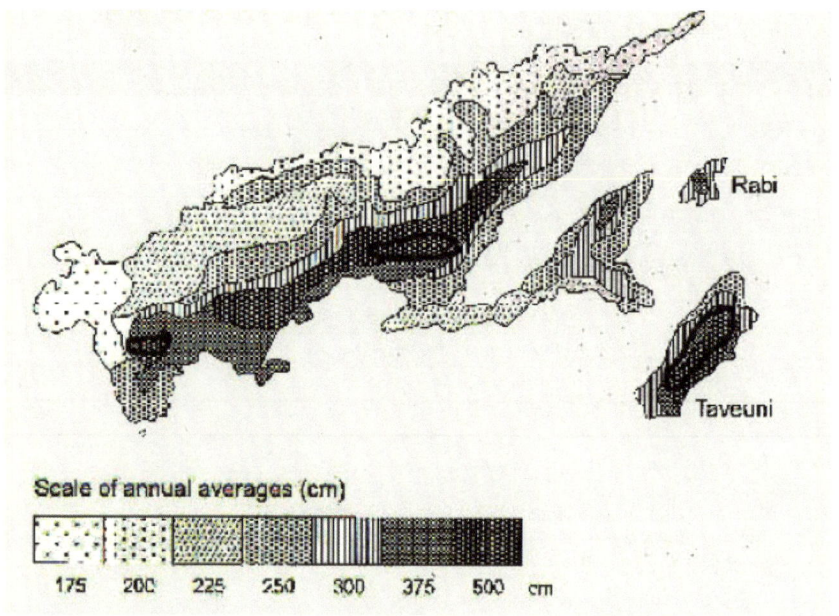

바누아 레부 섬의 지형[62)]
바누아 레부 섬은 북동에서 남서 방향으로 뻗은 산맥에 의해 수평적으로 분할되며, 동부와 서부의 강우량에도 큰 차이가 난다.

약 3배)에 피지 총인구의 15% 정도인 13만 명(2007년 기준)의 인구가 거주하고 있다. 바누아 레부 섬은 산호초에 의해 둘러싸여 있으며, 울퉁불퉁하고 언덕이 많다.

지질학자들에 따르면 바누아 레부 섬은 과거 여러 개의 화산섬이 합쳐져 만들어졌다. 섬의 폭은 30~50km, 길이는 180km이며, 섬의 동북쪽 끝은 길게 돌출되어 있다. 섬의 동남부에는 길다란 반도가 코로 해(Koro sea)를 향해 뻗어나와 있다.

비티 레부 섬과 마찬가지로 무역풍을 직접 받는 산맥의 남동부가 훨씬 습윤하며 비가 많이 온다. 반면 북서부는 건조하고 비가 적다.

바누아 레부 섬의 역사를 보면, 1643년에 네덜란드 탐험가 아벨 타스만이 바누아 레부 섬을 처음 발견한 것으로 알려져 있다. 그 뒤 1789년에 블라이 선장이 선원들에 의해 바운티호에서 쫓겨난 다음 티모르로 향하던 중 이 섬을

---
62) D. C. Macfarlane, Country Pasture/Forage Resource Profiles – Fiji, 1999. http://www.fao.org/ag/agp/AGPC/doc/Counprof/southpacific/fiji.htm (지도 출처)

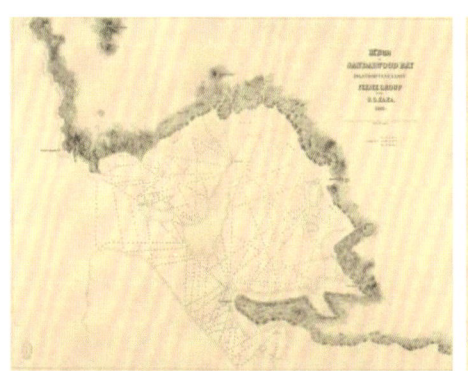 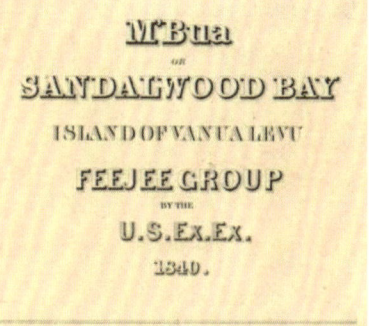

1840년에 제작된 바누아 레부 섬과 부아(Bua)만 근처의 지도[63]
과거에 바누아 레부 섬은 '백단의 섬'으로 알려져 있었다. 지도에 음부아 만(Bua Bay)을 백단 만(Sandal wood Bay)로 표기해 놓은 것이 보인다.

발견했다. 그리고 1805년경, 이 섬에 난파한 아르고(Argo)호의 선원들이 우연히 백단 숲을 발견했고, 그 뒤 본격적으로 무역상인들이 음부아(Bua) 만 근처에서 백단 숲을 탐험하기 시작했다. 당시 백단은 유럽 및 아시아에서 귀한 향료의 재료였고 값도 비쌌기 때문에 상인들이 탐욕스럽게 찾아 헤매는 물건이었다. 그러나 1815년경 지나친 벌목으로 백단나무는 고갈되고 1840년대까지 다시 바누아 레부 섬은 잊혀진 섬이 된다. 그때 가끔 포경업자와 해삼 채취업자들이 섬을 방문했다.

1840년 잭슨(Jackson)이라는 젊은 선원이 인근 타베우니 섬의 소모소모(Somosomo)에서 도망쳐 나와 바누아 레부 섬으로 건너온 다음, 이 섬의 추장의 양자가 된다. 그는 바누아 레부 섬의 동부 및 북부 지역을 탐사한다.

그 뒤 1860년경, 호주와 뉴질랜드에서 온 이주자들이 바누아 레부 섬의 사부사부(Savusavu) 근처에 코코넛 농장을 설립했다. 이들은 토착 피지인들과 결혼하여 후손을 낳았고, 코프라 생산에서도 뛰어난 능력을 보였다. 같은 시기에 인도계 피지인들이 오늘날의 주요 설탕 생산지인 람바사(Labasa)에 소도시를 건설했다. 람바사(Labasa)는 현재 바누아 레부 섬에서 가장 큰 도시이자 제당업의

---

63) David Rumsey Historical Map Collection, M'bua or Sandalwood bay, Island of Vanua Levu, Feejee. http://www.davidrumsey.com/luna/servlet/detail/RUMSEY~8~1~246039~5514626:M-Bua-or-Sandalwood-Bay, -Island-of- (지도 출처)

중심지이다.

한편 2012년에는 키리바시 정부가 피지의 사부사부 근교에 식량생산을 목적으로 6,000에이커의 토지를 구입하기도 했다. 이는 해수면 상승으로 침수위기에 놓인 키리바시 주민들의 이주 및 식량확보를 위한 것이다.[64]

행정구역상으로 바누아 레부 섬은 다음 3개 주로 나뉜다.

- Bua Province(서부)
- Macuata Province(북동부)
- Cakaudrove Province(남동부)

바누아 레부 섬의 주요 도시

• 람바사(Labasa)

람바사의 위치　　　　　　　　　　　　　　　　　　　　　　　　ⓒKIOST

---

64) Kiribati to buy land in Fiji, Monday, February 04, 2013, http://www.fijitimes.com/story.aspx?id=224285

람바사(Labasa, 발음은 람-바싸)는 바누아 레부 섬 최대의 도시로 인구는 2만 7,949명 (2007년 기준)이다. 람바사의 주요 산업은 농업 및 제당업으로 람바사 근교에서는 사탕수수 재배가 많이 행해진다. 바누아 레부 섬의 유일한 대형 제당기업인 피지제당회사(Fiji Sugar Coporation)가 이 도시에 있다. 최근에는 국내 정치불안 및 국제시장의 변동으로 설탕값이 떨어져 사탕수수 재배 및 제당업도 쇠퇴하고 있다. 그 결과 일자리를 찾아 비티 레부 섬으로 이주하는 피지인들이 늘고 있다. 전통적으로 람바사는 농업 도시였으나 최근 레스토랑, 호텔 등이 들어서면서 관광업을 진흥시키고 있다.

    1939년에 소도시로 지정된 이래, 람바사는 시의회(시의원 12명)와 시의회에서 자체 선출한 시장이 다스렸다. 시의원의 임기는 3년이며 시장의 임기는 1년이고 연임이 가능하다.

• 사부사부(Savusavu)

사부사부의 위치

사부사부는 바누아 레부 섬 남부에 위치한 연안 소도시로 인구는 약 3,372명(2007년 기준)이다. 원래 백단, 해삼, 코프라 교역을 위해 설립되었고, 큰 코프라 가공 공장이 위치해 있다.

도시 근교에 여러 천연 온천이 있으며 최근 리조트, 요트 클럽, 다이빙 센터 등이 들어서면서 관광업이 빠르게 발전하고 있다. 피지에서는 전통적으로 씨족들이 대부분의 토지를 소유하지만 사부사부에서는 과거 코코넛 농장으로 사용되던 사유지(거래가 가능한 토지)가 남아 있다. 이 땅들이 관광지 및 은퇴 후 휴양지를 찾는 사람들에게 팔리면서, 현재 사부사부에는 미국인, 호주인, 뉴질랜드인, 유럽인 은퇴자들이 만든 소규모 커뮤니티가 생겼다. 이 역시 지역 경제에 약간의 도움을 주고 있다.

사부사부는 1969년에 소도시로 지정되었으며 총 9명의 시의원으로 구성된 시의회와 시장이 도시를 다스린다. 시의원의 임기는 3년, 시장은 1년이며 시장은 연임이 가능하다.

3. 타베우니(Taveuni)[65)][66)]

타베우니의 위치

타베우니(Taveuni)	
위치	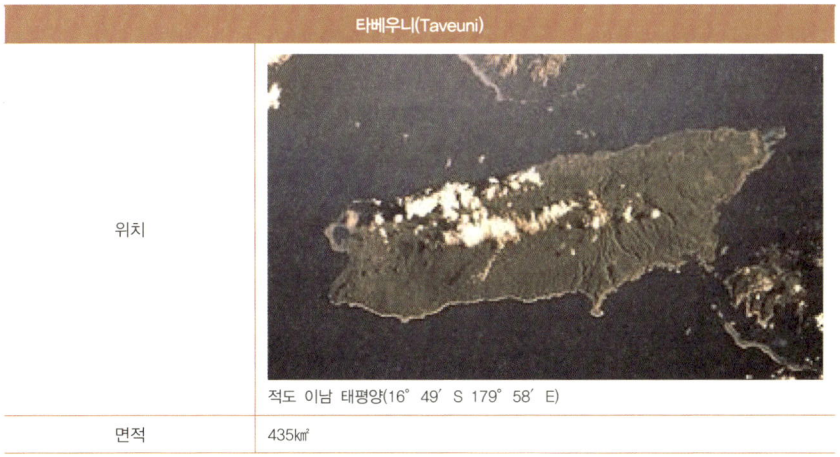 적도 이남 태평양(16° 49′ S 179° 58′ E)
면적	435㎢

---

65) http://fijiguide.com/page/taveuni-1, http://en.wikipedia.org/wiki/Taveuni
66) http://www.nakiafiji.com/fiji.html (지도 출처)

길이	42km
너비	10.5km
최고점	1,241m(Mt. Uluigalau)
인구	9,000 (2007)
최대 도시	소모소모(Somosomo)
주요 도시	소모소모(Somosomo), Naqara, Waiyevo
주요 항구	소모소모(Somosomo port)

타베우니 섬은 피지에서 세 번째로 큰 섬으로 총 면적은 435k㎡(우리나라 제주도의 약 1/4) 정도이다. 길쭉한 사각형처럼 생긴 섬은 태평양 해저에서 솟구친 화산으로 소모소모(Somosomo) 해협을 사이에 두고 바누아 레부 섬으로부터 6.5km 동쪽에 떨어져 있다. 지역상으로는 피지 북부지구에 속한다. 인구는 약 9,000명(2007년)으로 그중 75%가량은 토착 피지인이다. 이 섬에는 식물이 아주 풍부해 'Garden Island'라고도 불리는데, 섬의 비옥한 화산암 토양이 풍부한 식물종의 터전이 되어 주고 있다.

타베우니 섬은 폭 10.5km, 길이 42km 정도로 북동-남서 방향의 단층대에서 솟구친 순상화산섬이다. 섬에는 약 150개의 화산 기원 봉우리가 있으며, 그중 울루이갈라우(Uluigalau)는 피지에서 두 번째로 높은 곳으로 해발고도는 1,241m 이다. 기원전 950년경, 인간이 처음 정착한 이래, 지금까지 약 60여 차례의 화산 분출이 있었으며, 특히 섬의 남부 지역이 큰 영향을 받았다. 고고학 조사에 따르면 기원 후 300~500년경 대규모 화산 분출이 일어나 1100년경까지 남부 지역에는 주민이 살지 않았다. 가장 최근에는 1550년에 화산이 폭발했다.

타베우니 섬에는 해발고도 800m 지점의, 화산 분화구에 형성된 타기마우키아(Tagimaucia) 호수가 있다. 이 호수는 희귀한 산야초의 서식지이다. 한편, 피지에서 가장 유명한 폭포인 바우마(Bouma) 폭포 역시 타베우니 섬의 바우마 국립공원(Bouma National Heritage Park) 내에 있다. 섬의 동부에서는 연간 1만mm 가량의 엄청난 비가 내리지만, 섬의 서부는 중앙산맥이 남동 무역풍을 막아 주어 조금 더 건조하다. 섬의 남부, 부나(Vuna) 마을에서는 약 500년 전의 화산 분출 흔적인 검은 화산암들이 발견된다.

타베우니 섬에는 피지 고유의 동식물종이 많이 서식한다. 천적인 몽구스가 없어서 땅게, 피지 과일박쥐, 타베우니 실크박쥐 등의 동물은 물론 태평양 보아뱀(Pacific Boa) 같은 몇몇 파충류가 서식한다. 또 울창한 산림 지역에는 다른 지역에서 발견되지 않는 여러 종의 야자나무가 살고 있다.

이 외에도 타베우니 딱정벌레, 오렌지 비둘기, 쿨라 앵무새, 호주산 까치 등의 고유종이 서식한다. 섬 내에는 야생동물을 보호하기 위한 2개의 자연보호 구역이 지정되어 있는데, 하나는 동해안의 라빌레부(Ravilevu) 자연보호구역이고, 하나는 섬 중앙부의 타베우니 산림보호구역이다.

타베우니 섬은 1643년에 아벨 타스만이 처음 발견했다. 1860년대에 소모소모(Somosomo) 지역에서 통가의 사령관이자 왕자인 에넬레 마푸(Enele Ma'afu)의 군대와 당시 피지 최고 추장 중 한 명인 투이 카마우(Tui Cakau)의 병사들이 전투를 벌인 적이 있다.

경제 부문을 보면 전통적으로 코프라 산업이 발전했으며, 최근에는 타로, 카바 같은 농작물이나 바닐라, 열대과일, 커피 등을 많이 재배한다. 미국 시민전쟁이 일어났던 1861~1865년에는 목화를 재배하여 유럽으로 수출하기도 했다. 그 밖에도 양, 소, 가금류 등의 가축을 기르기도 하지만, 작물 생산보다는 중요도가 덜하다. 최근에는 관광업이 지방 경제에 크게 기여를 하고 있는데, 10여 개가 넘는 리조트가 조성되어 있다.

타베우니 섬의 고유종이자 세계자연보전연맹(IUCN) 멸종위기종으로 지정되어 있는 오렌지 비둘기(Orange Dove)
ⓒ 위키피디아

타베우니 섬 및 태평양 지역에 서식하는 태평양 보아뱀
ⓒ 위키피디아

4. 로투마(Rotuma) [67] [68]

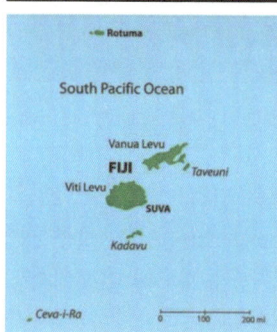

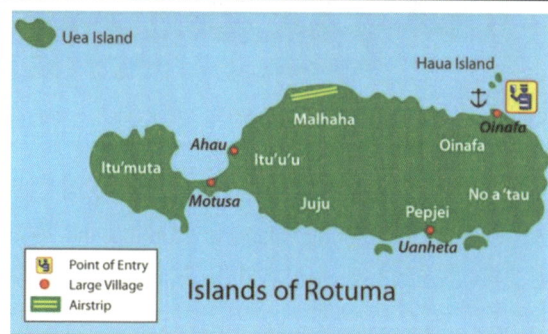

로투마(Rotuma)	
행정 수도	아하우(Ahau)(12° 29.9′ S 177° 2.82′ E)
공식언어	로투만어, 영어
인종 그룹	로투만인
정 부	피지령 자치주(Dependency of Fiji) - 로투마 도서위원회 회장 : Tarterani Rigamoto - 로투마 군수 : Lewis Ting
독립일	1970.10.10
면 적	46㎢
인 구	2,002(2007)
화 폐	피지 달러(FJD)

---

67) http://fijiguide.com/page/rotuma-1, http://en.wikipedia.org/wiki/Rotuma (사진 출처)
68) http://fijimarinas.com/fijimarinas/wp-content/uploads/2013/02/Rotuma-Map_sml.jpg (사진 출처)

로투마인들[69]
로투마 섬은 피지 본토에서 약 500km 떨어진 먼 섬이다. 이들은 문화적으로 피지인보다 통가, 사모아인과 더 가깝다.

로투마는 피지 도서군에서 약 500km 북쪽에 위치한 도서 지역으로, 피지 유일의 자치주(Self-Governing Island of Rotuma and its dependencies)이다. 로투마는 본섬과 인근 섬들로 구성되며 독특한 문화적·인종적 특색 때문에 피지에서도 독립된 그룹으로 분류된다. 문화적으로는 폴리네시아 문화권과 가까우며 각 자치구는 지역 추장들이 다스린다.

지리

본섬인 로투마 섬은 대략 길이 13km, 폭 4km로 전체 육지면적은 약 43㎢이다. 로투마 섬은 크게 두 부분으로 나뉘는데, 커다란 동부 지역과 작은 반도처럼 돌출한 서부 지역으로 나뉜다. 그 사이에는 폭 230m 정도의 낮고 좁은 지협이 있으며, 여기에 모투사(Motusa) 마을이 있다. 지협 북부는 마카 만(Maka Bay), 지협 남부는 호프마파우 만(Hopmafau Bay)로 이 지역에는 풍부한 산호초들이 서식한다.

---

69) http://www.rotuma.net/Images/NewsPics06/MethConTautoga.jpg (사진 출처)

로투마 섬은 감람질 현무암으로 구성된 순상화산섬으로 여러 소규모 화산 오름들이 있으며, 섬 중앙부의 사라푸이(Sarafui) 산은 고도가 256m이다. 피지 본토(본섬과 인근 지역)에서 멀리 떨어져 있는 탓에, 방대한 산호초와 때묻지 않은 해변 등 피지에서 가장 아름다운 경치 중 하나를 자랑한다.

역사
언어학적 연구에 따르면 로투마인들은 피지 본섬에서 건너온 것으로 추정된다. 언어학자들은 로투마 언어가 피지 서부 언어군에 속한다고 보고 있으나, 로투만 어에는 많은 폴리네시아 기원 언어가 있다. 이는 사모아 및 통가와의 접촉을 보여 주는 것이다.
　로투마의 구전 설화에 따르면 최초의 로투마 섬 주민들은 라호(Raho)라는 남자의 지휘하에 사모아에서 왔다. 그 뒤 통가와 키리바시에서 주민들이 건너 왔다. 1850~1860년대에는 통가 왕자 마푸(Ma'afu)가 로투마 섬을 정복하고 이를 다스릴 관리들을 파견했다.
　로투마인은 문화적으로 상당히 보수적이지만 최근에는 외부 세계와의 접촉 증대로 변화가 일고 있다. 1985년에는 약 85%의 주민이 서구 관광객의 영향을 경계하여 로투마 섬을 관광지로 개방하는 것에 반대했을 정도였다.

루이 이시도르 듀페리(Louis Isidore Duperrey)가 그린 로투마인(1826)[70]

유럽인과의 접촉

로투마 섬을 처음 발견한 유럽인은 1791년에 이곳을 들른 에드워드 에드워즈(Edward Edwards) 선장으로 알려져 있다. 19세기 중반에는 포경선들이 물자 공급을 위해 들르던 곳으로 유명했다. 당시 로투마 섬은 도망친 선원, 죄수, 부랑아들의 피난처가 되었고, 이들은 지역 여자들과 결혼하여 아이들을 낳기도 했다. 1840년에는 윌크스(Wilkes)가 이끄는 미국 탐험대가 로투마 섬을 방문했다.

영국으로의 이양

1842년 통가에서 온 웨슬리안 선교사가 로투마 섬을 방문했다. 그 뒤 1847년에는 가톨릭 마리스트회 선교사가 이곳을 찾았다. 두 종교집단은 대립했고 로투마 몇몇 추장 간 경쟁이 이들의 갈등을 부추겼다. 이를 참다 못한 로투마 지역 추장들은 1879년 영국에 이 섬을 부속령으로 지정해 달라고 요청했다. 그 후 피지가 영국 속령이 된 지 7년 후인 1881년 5월 13일, 로투마도 영국 정부에 이양된다. 이날은 '로투마의 날'로 지정되어 지금도 매해 기념행사가 열린다.

정치 및 사회

로투마 섬은 1881년 영국에 이양된 직후부터 식민령 피지의 일부가 되었다. 그 후 1970년 피지 독립과 1987년 피지 쿠데타 이후에도 피지령으로 존속하고 있다.

2014년 8월 기준, 로투마 섬은 7개의 자치구로 나뉘며 각 자치구는 여러 개의 마을과 고유의 추장을 가지고 있다. 7개의 자치구는 다음과 같다.

로투마 섬의 자치구	
자치구	소속 마을
1. Noa'tau 자치구	Fekeioko, Maragte'u, Faf'iasina, Matu'ea, 'Ut'utu, Kalvaka
2. Oinafa 자치구	Oinafa, Lopta, Paptea
3. Itu'ti'u 자치구	Savlei, Lau, Feavai, Tua'koi, Motusa, Hapmak, Losa, Fapufa, Ahau (Government Station)
4. Malha'a 자치구	Pepheua, 'Else'e, 'Elsio
5. Juju 자치구	Tuai, Haga, Juju
6. Pepjei 자치구	'Ujia, Uanheta, Avave
7. Itu'muta 자치구	Maftoa, Lopo

70) Inhabitants of the island of Rotuma, (now part of Fiji), 1822-1825,
http://www.ssplprints.com/image/103304/unattributed-inhabitants-of-the-island-of-rotuma-now-part-of-fiji-1822-1825 (그림 출처)

(좌) 무덤 위에 앉아 있는 로투마 섬의 추장. 1873년 촬영. 피지 박물관 소장[71]
(우) 로투마 섬, 오이나파(Oinafa) 마을의 풍경. 1873년 촬영. 피지 박물관 소장

    로투마의 자치구는 마을 단위 추장(gagaj 'es ho'aga)의 지휘 아래 움직이는 친족 공동체(Ho'aga)로 이루어진다. 모든 지역대표와 마을 단위 추장에게는 직함(title)이 부여된다. 한편, 지휘자가 아닌데도 직함을 가진 남자들이 있는데, 이들은 지역 대표나 추장을 보좌하는 역할을 한다. 직함은 평생 유지되며 특정한 주거지(fuagri)의 거주자를 대상으로 세습된다.
    과거에는 로투마 섬 전역을 관할하는 3개의 정치적 직급이 존재했다.

1. Fakpure(추장 - 세속적 권력 있음)
2. Sau(말하는 추장 - 세속적 권력 없음. 추장 보좌)
3. Mua(고위 사제)

로투마 도서위원회(Rotuma Island Council)

로투마 도서위원회는 로투마 섬의 지리적·문화적 독특성 때문에 다른 소도시의 시의원회보다 훨씬 큰 자치권을 갖는다. 로투마 도서위원회는 로투마 지역의 시 행정을 담당하며, 때로는 법안을 제정하기도 한다. 물론 이는 피지 의회의 승인을 얻어야 한다.
    로투마 도서위원회는 14명의 시의원과 3명의 자문위원으로 구성된다. 로투마의 7개 자치주에서 1명씩의 대표를 선출하고, 또 각 자치주의 추장이 도서위원회의 1석을 차지한다. 발언권은 있지만 선거권은 없는 3명의 자문위원은 각각 지역구 공무원, 의료공무원, 농업공무원으로 선출직이 아닌 임명직이다.
    위원회의 7명의 추장은 전통적 관습에 따라 선출되며, 한번 임명되면 종신직이

---

71) http://www.rotuma.net/Images/fijimuseum_web/index.html (사진 출처)

보장된다. 그러나 로투마 지구를 담당하는 정부 장관이 원할 경우에는 특정 추장을 해임하고 다른 인물을 임명할 수 있다. 한편, 각 자치주에서 선출된 7명의 대표는 21세 이상의 로투마인들이 투표로 선출하며, 임기는 3년이다. 위원회는 자체 회장을 선출할 수 있으며, 적어도 3개월에 한번씩 소집해야 할 의무가 있다.

로투마 도서위원회의 중요한 책임과 역할은 다음과 같다.[72]

- 로투마 지역 담당 장관의 지시 이행
- 로투마 법(Rotuma Act)에 의해 창설된 로투마 개발기금(Rotuman development Fund) 운용 및 감시
- 환경, 쓰레기 처리, 공공보건과 관련된 조례 제정
- 로투마 지역 커뮤니티의 사회적·경제적 진흥을 위한 조례 제정
- 커뮤니티 공동업무 감독
- 공공 치안 유지 및 소란 방지
- 어린이 및 노인에 대한 복지서비스 제공
- 로투마 지역 내의 식품공급 관리
- 로투마 도서위원회 추장들에게 전문교육 실시

1971년 10월 25일, 로투마위원회 의사당 신설기념식[73]
피지 초대 수상인 라투 마라(Ratu Mara)와 로투마위원회 의원들의 모습.

---

72) 2006년 쿠데타로 정권을 잡은 바이니마라마 정부는 지방정부의 기능과 역할을 현격히 축소시켰다. 수도인 수바와 제2의 도시인 라우토카를 포함하여, 여러 도시나 소도시의 시의회(City Council, Town Council)를 폐지시키거나 역할을 정지시켰다. 그러나 로투마 지역의 경우는 관례대로 로투마 도서위원회를 폐지하지 않고 자치권을 대폭 인정하고 있다.
73) Rotuma Council House at official opening on 25 October 1971.
http://www.rotuma.net/Images/councilhouse_web/index.html (사진 출처)

기타 섬들

도서명	특 징	위치 및 형태
칸다부 섬 (Kadavu)[74]	칸다부[Kadavu(발음: 깐다부)] 섬은 피지에서 네 번째로 큰 섬으로, 인구는 1만 167명(2007년 기준)이며 비티 레부 섬에서 남쪽으로 약 90km 떨어져 있다. 칸다부, Ono, Galoa 등 인근 섬들을 전부 합쳐 칸다부 제도라고 부르며 그 중 제일 큰 섬이 칸다부 섬이다. 칸다부 섬은 칸다부 주에 속한다. 칸다부 섬들은 화산성 기원으로 제일 큰 본 섬인 칸다부 섬은 길이가 60km, 폭은 몇백 미터에서 13km에 이르기까지 다양하다. 총 면적은 411㎢로 우리나라 제주도의 약 1/4 정도이다. 연안이 내륙 깊숙이 들어가 있고, 어떤 만들은 매우 깊숙이 만입해 있어 거의 내륙을 분할하는 수준이다. Namalata 해협이 섬을 거의 둘로 나누고 있으며, 한 지리학자는 칸다부 섬의 모양을 허리가 잘록한 말벌에 비유하기도 했다. 섬의 지형은 험준하기로 유명하며 제일 높은 산은 Nabukelevu로 해발고도는 822m이다. 섬의 75% 정도가 천연 열대우림으로 덮여 있으며 새들의 생물 다양성이 매우 높다. 그중에는 칸다부 섬 고유종인 Velvet 비둘기, 주홍 앵무새, 칸다부 꿀빨이새, 칸다부 공작비둘기 등이 있다. 한편, 칸다부 섬 연안에는 넓은 산호초 지역이 형성되어 있는데, 섬을 둘러싸고 세계에서 세 번째로 큰 보초 지역인 Great Astrolabe Reef가 형성되어 있다. 이 보초대는 해저에 난 수로를 통해 매우 깊은 곳의 심층수가 얕은 라군으로 솟구쳐 오르기 때문에 상어, 참치, 청새치를 비롯해 많은 어류의 섭식장이 되고 있다. 또 피지의 주요 스쿠버 다이빙 리조트들이 보초대 근처에 들어서 있다. 칸다부 섬의 행정적 중심지는 섬 중앙부의 Vunisea로 공항, 고등학교, 병원, 정부기관이 위치해 있다. 칸다부 지역은 피지에서 가장 저개발된 곳 중 하나로 도로도 거의 없고, 지역 경제도 거의 자급자족적 농업에 의지하고 있다. 필요한 물자는 비티 레부 섬에서 들여온다. 칸다부에는 현재 은행도 없다. 그러나 최근 다이빙 및 스노클링 관련 관광업이 부상하는 중이다. 한편, 칸다부 섬은 피지의 다른 지역보다 지역 추장의 권위가 상당히 강한 편이다. 과거 칸다부 섬의 추장들은 피지 '최고 추장'을 여러 번 도맡기도 했다. 2005년에는 칸다부 주 위원회의 회장인 Ratu Josateki Nawalowalo 추장이 칸다부 섬 개발 계획을 발표하면서, 섬 전역에 도로를 깔고 제티를 정비하며, 본토와의 연계성을 강화하겠다고 발표했다. 그는 여기에 필요한 자금은 대만 정부에서 지원한다고 언급했다. 칸다부 섬은 1792년, 윌리엄 블라이 선장이 처음 발견한 것으로 알려져 있다. 그 뒤 이 섬은 호주, 뉴질랜드, 미국, 중국 등의 해삼 무역업자, 포경업자들의 주요 거점이 되었다. 칸다부 섬 남부의 Galoa 항구는 과거 시드니, 샌프란시스코, 오클랜드를 잇는 우편선의 정기 정착지였다.	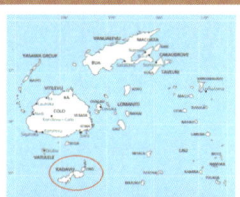   1889년에 제작된 칸다부 섬 지도[75] 한 지리학자는 칸다부 섬의 형태를 허리가 잘록한 말벌에 비유하기도 했다.
라우 제도 (Lau Group)[76]	라우 제도는 남태평양, 피지 코로(Koro) 해의 동쪽에 위치한다. 약 60개의 섬으로 이루어져 있으며, 그중 30여 개의 섬에 사람이 거주한다. 라우 제도의 총 육지면적은 487㎢으로 작은 편이며, 2007년 기준 약 1만 683명의 인구가 거주하고 있다. 라우 제도 북부의 섬들은 대부분 화산성 기원으로 해발고도가 높지만, 남부 섬들은 대부분 석회암으로 된 낮은 섬들이다. 행정적으로 라우 제도는 라우 주에 속한다. 역사 1774년 영국의 탐험가 제임스 쿡 선장이 바토아(Vatoa)에 섬을 방문했다. 그 뒤 1820년경 라우 제도에 대한 자세한 해도가 제작된다. 오늘날처럼 이 지역을 라우 제도로 뭉뚱그려 부른 것은 최근의 일이다. 역사적으로 라우 제도는 크게 3개의 영역으로 나뉜다 1. 북라우 제도(Northern Lau Islands) 2. 남라우 제도(Southern Lau Islands) 3. Moala 제도(Moala Islands)	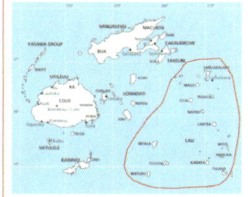

1855년 통가의 사령관이자 왕자인 Ma'afu가 이 지역을 점령하고 행정영역을 통합했다. 그는 자신을 Tui Lau(라우의 왕)이라 칭하고, 법령을 정비했으며, 기독교 선교를 장려했다. 그러나 1830년대에 기독교 선교사들이 라켐바(Lakeba) 섬에 도착했으나 추방당하게 되었다.

북라우 제도는 과거에 Taveuni 추장의 지위 하에 있었으나, 1855년 통가 Ma'afu 왕자의 지배하에 들어갔다. 북라우 제도에서 가장 남쪽에 있는 섬은 Tuvuca 섬이다.
한편 남라우 제도의 북쪽 한계는 Cicia 섬으로, 과거 Tui Nayau 추장가문의 지배 하에 있었으나, 역시 1850년 통가의 지배하에 들어갔다.
Moala 제도는 라우 제도보다는 음바우 섬이나 Lmaiviti 제도와 더 가깝지만, Ma'afu가 정복한 뒤 라우 제도에 편입시켰다. 그 뒤 지금까지 행정상으로 라우 주에 편입되어 있다.

문화와 경제
라우 제도는 멜라네시아권에 속하는 피지와 폴리네시아권에 속하는 통가 사이에 있어 두 문화권의 접점 역할을 한다. 라우 제도의 마을들은 고유의 전통을 매우 잘 간직하고 있으며, 목공예와 나무껍질로 만든 직물인 마시(Masi) 그림으로 유명하다. 라켐바(Lakeba) 섬은 특히 통가인과 피지인의 전통적 만남의 장이기도 했다. 남동 무역풍 때문에 통가에서 피지로의 항해는 수월했지만, 피지에서 통가로 되돌아가는 건 쉽지 않았다. 기원전 500년경, 라우 제도의 문화는 피지 문화와 더욱 닮게 되는데, 그래도 여전히 언어나 명칭, 음식, 건축 등에서 통가의 영향이 남아 있다. 피지에서 볼 수 있는 모서리가 사각형인 가옥과 달리, 라우인들의 집은 통가인의 전통에 따라 끝이 둥글게 마감된다.

라우 제도의 가옥들은 통가 문화의 영향을 받아 모서리가 둥글게 마감된다[77]

| 로마이
비티 제도
(Lomaiviti
Group) | 로마이비티 제도는 7개의 주요 섬과 다른 작은 섬들로 구성된다. 육지면적은 411㎢이며, 2007년 기준 인구는 1만 6,461명이다. 피지 최초의 근대적 도시이자 1871~1877년까지 피지의 수도였던 렘부카(Levuka)가 이 지역에 위치해 있다. 지금도 가장 큰 도시는 렘부카(Levuka)이다.

로마이비티 제도를 처음 발견한 유럽인은 윌리엄 블라이 선장이다.

이 지역의 Koro, Batiki, Gau 섬은 1867년, 미국 정부에 의해 포위되었는데, 당시 음바우 섬과 피지의 최고 추장이었던 다콤바우가 미국 영사인 존 브라운 윌리엄스(John Brown Williams)에 진 빚을 오랫동안 갚지 않자 벌어진 일이다. 이 빚 사건 때문에 1874년 다콤바우 선장은 피지를 영국에 이양하겠다는 결정을 하게 된다. 당시 다콤바우 선장은 피지의 많은 섬과 부족을 모두 지배하겠다는 꿈을 이루고, 자신을 '피지 왕'으로 선포한 상태였다. 행정적으로 로마이비티 제도는 피지의 14개 주 중 하나인 로마이비티 주에 속한다.

렘부카(Levuka)는 피지가 영국에 넘어간 1874년부터 1877년까지 피지의 수도였다. 그 뒤 1882년 수도는 수바로 이전되는데, 그 이유는 Levuka 주위의 지형이 너무 험준해 도시를 확장시키기가 어려웠기 때문이다.

그 역사적 중요성을 인정받아 렘부카(Levuka)는 2013년 유네스코 세계문화유산에 등재되기도 했다. 유네스코 세계문화유산위원회는 "태평양이라는 지역적 배경 위에서 19세기 유럽 식민정부 수도로서의 풍경을 빼어나게 간직"하고 있다는 이유로 이를 세계문화유산으로 지정했다. | 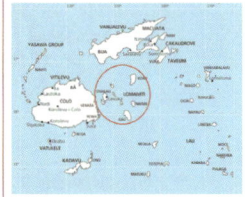 |

---

74) http://fijiguide.com/page/kadavu-1, http://en.wikipedia.org/wiki/Kadavu_Island
75) http://en.wikipedia.org/wiki/File:Kadavu-Fiji_1889.jpg
76) http://en.wikipedia.org/wiki/Lau_Islands
77) http://api.ning.com/files/SVQfzzMe*EknvPobQVhmkE0OYGQr2vtpvSJH7CTFjNY_/moanas.jpg?width=400&height=259

야사와 제도는 비티 레부 섬 서부에 위치하며 약 20개 정도의 화산섬으로 이루어져 있다. 6개의 본섬과 13개의 작은 섬들로 구성되며 총 육지면적은 135㎢이다. 비티 레부 섬 북서쪽에서 길게 활처럼 뻗은 섬들의 총 길이는 약 80km 정도이다. 이 섬들은 화산성 기원으로 험한 산악지형을 보이며, 산들의 높이는 약 250~600m 정도 된다. 야사와 제도에서 가장 큰 본섬인 야사와 섬은 길이가 22km, 폭은 1km가 되지 않는다. 야사와 제도에서 항행 가능한 항로는 야사와 본섬과 그 옆의 Round 섬 사이가 유일하다.

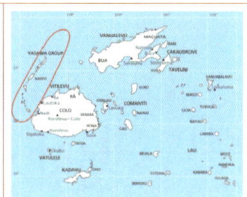

역사
야사와 제도는 1789년 영국의 윌리엄 블라이 선장이 처음 발견했고, 그 뒤 1794년 바버(Barber) 선장이 방문했다. 그리고 1840년 찰스윌크스(Charles Wilkes)가 이끄는 미국 탐험대가 야사와 제도의 근해를 조사하면서, 최초의 해도를 남겼다.

한편, 야사와 주민들이 제작한 항해용 돛이 유명해서 1800년대 내내 통가 주민들이 이곳을 방문해 물물교환, 약탈 등을 실시했다. 그 후 제2차 세계대전 시까지 거의 외부 세계와 교류가 없다가 2차 대전 시 미국군의 통신기지 중 하나로 활용되었다.

경제 및 문화
야사와 제도는 현재 유명한 피지의 휴양지이다. 1950년대까지 여객선 운항이 제한적이었고, 지역주민들도 관광업에서 거의 수익을 얻지 못했다. 또 피지 정부는 1987년까지 야사와 관광을 생태관광으로만 제한했다. 그러나 1980년대 초부터 타베와(Tavewa) 섬의 거래 가능한 사유지에 3개의 저렴한 리조트가 들어섰다.

그 뒤 피지 정부는 생태관광 국한 정책을 해제했고 그 뒤 더 많은 리조트가 들어서게 되었다. 1980년에는 브룩쉴즈(Brooke Shields)가 출연한 유명한 로맨스 영화인 〈블루 라군(Blue Lagoon)〉이 야사와 제도의 Nanuya Levu 섬에서 촬영되었다.

야사와 제도
(Yasawa Group)

영화 〈블루 라군(Blue Lagoon)〉 포스터

1980년 브룩 쉴즈가 출연한 유명한 영화 〈블루 라군〉은 피지 야사와 제도의 나누야레부(Nanuya Levu) 섬에서 촬영했다.
최근 야사와 제도는 휴양지로 각광받으며 관광업이 빠르게 성장하고 있다. 타베와 섬을 제외한 다른 섬들은 섬을 방문 하는데 허가증이 필요하며, 야사와 제도에서 제일 큰 마을은 Nabukeru 마을이다.

03 정치와 사회

피지의 정치제도[78] [79]

피지 정치는 인종정치 또는 종족정치라고 불린다. 피지 내의 인종갈등이 피지 정치의 근간이 되기 때문이다.

19세기 말 영국 식민정부는 인도인 계약노동자들을 피지로 대거 유입시켰다. 그다음 토착 피지인들을 우대하고 인도계 피지인들을 소외시키는 분할 정책으로 피지를 다스렸다. 그 후 토착 피지인들과 인도계 피지인들 간의 인종갈등이 불거지기 시작했는데, 토착 피지인들은 스스로를 피지의 진짜 주인이라 여겼고, 인도계 피지인들은 자신을 사회의 전 분야에서 차별받는 희생자라고 생각했다.

현재 피지의 주요 정치 세력은 크게 둘로 나뉘는데, 인종적 민족주의(따우께이즘)에 기반한 토착 피지인 중심 세력과 인도계 피지인 중심 세력이 그것이다. 이 중 주류를 형성한 것은 전자이다. 그 밖에 양측의 통합을 추구했던 중도파들이 있었으나 세력이 크지 않았다.

1970년 10월 영국으로부터 독립한 이래 피지에서는 총 네 차례의 쿠데타가 발생했다. 이 정치사회적 불안정의 주된 원인은 토착 피지인들과 인도계 피지인 사이의 인종갈등이지만, 전통추장들의 권력을 존중해 주며 피지를 간접 통치했던 영국의 식민정책이 그 기저에 깔려 있다. 쿠데타는 1987년에 두 번 발생하고,

---

78) Papua New Guinea country brief, http://www.dfat.gov.au/geo/png/png_brief.html
주 피지대사관, 피지 경제 및 사회의 이해, 2011
79) The 2006 Military Takeover in Fiji, Edited by Jon Fraenkel, Stewart Firth and Brij V. Lal, ANU E Press, 2009.

2000년, 2006년에도 발생했다. 피지는 2014년 9월 17일 역사상 최초의 민주적 총선을 치렀다. 따라서 향후 피지 정치의 행방을 주목할 필요가 있다.

피지 정치 개황[80]	
1. 행정부	· 전통적으로 국가원수는 대통령. 대통령은 수상의 자문을 받아 대추장위원회(Great Council of Chiefs)가 임명함. 그러나 2012년 대추장위원회가 강제 해산되었고 2009년부터 ~ 현재까지 피지 대통령은 라투 에펠리 나일라티카우(Ratu Epeli Nailatikau)임. · 대통령은 형식적 직책으로 실제 피지의 행정권은 수상과 수상의 내각이 가짐. · 수상은 대통령이 임명하며 보통 총선에서 최다의석을 획득한 정당 또는 정당연합의 대표가 수행함. 2006년 쿠데타로 현 피지 수상은 바이니마라마(Bainimarama)임. · 내각은 10~25명의 장관으로 구성되며, 장관은 수상이 지명하여 대통령이 임명함.

2. 입법부	· 과거 피지 입법부는 양원제로 운영됨.
	   – 상원 32석, 하원 71석
	   – 하원은 인종에 따라 의석을 배분하며(토착 피지인 23석, 인도계 피지인 19석, 로투마 섬 1석, 기타 인종 3석, 선출직 25석), 총선을 통해 의원을 선출함.
	   – 상원은 총 32석으로 각 기관 및 지도자의 건의를 받아 대통령이 임명. (대추장위원회 건의 14석, 수상 건의 9석, 야당 의장 건의 8석, 로투마 주의회 건의 1석).
	· 2013년 9월, 신헌법 개정으로 2014년부터는 양원제가 폐지되고(상원 폐지), 단원제가 도입됨.
	   – 의석 수를 기존의 71석에서 50석으로 줄이고 기존의 인종별 투표방식을 폐지함.
	   – 의석은 인종이 아니라 지역별 인구비례에 따라 배분하며 의원임기는 4년
	   – 투표 연령 역시 기존의 21세에서 18세로 낮추고 모든 사람이 모든 투표자에게 투표할 수 있음.

3. 사법부	· 지방법원, 고등법원, 항소법원, 대법원의 4개 층위로 구성됨. · 고등법원과 대법원은 대법원장이 관할하며, 항소법원은 별도의 법원장이 존재. 최종법원은 대법원 · 현재 (2014년 8월 기준), 피지 사법부의 독립성은 현격히 축소되어 있음. · 피지 법체계는 독립 이전, 영국 식민지 시기의 성문법, 토지 소유 문제와 관련된 피지 관습법을 혼용해서 사용함. 2012년까지 대추장위원회라는 초법적 기관이 존재함.
4. 참정권	· 18세 이상 보통선거[81]

5. 정당체계	· 다당체계(3개의 주요 정당 존재)
	   – 통합피지당(SDL) : 토착 피지인 중심의 국수주의 정당(SDL : Soqosoqo Duavata ni Lewenivanua) : 의석 점유율 50.7%(36석, 2009)
	   – 피지노동당(FLP) : 인도계 피지인 중심 정당(FLP : Fiji Labor Party) : 의석점유율 43.7%(31석, 2009)
	   – 통합국민당(UPP) : 소수인종(유럽인, 중국인 등) 중심의 정당 (UPP : United Peoples Party) : 의석점유율 0.3%(2석, 2009)

---

80) 2006년 12월 쿠데타 발발로 인한 의회 해산 및 정치활동 중단, 2009년 4월 헌법 폐기 조치로 인하여 현재 피지에서는 정상적인 정치과정이 작동하고 있지 않다. 2009년 4월 이후 발동되고 있는 공공비상조치(PER : Public Emergency Regulation)에 따라 언론이 검열되고 있으며, 집회·결사의 자유 등의 기본권도 제한받고 있는 상태이다. 또한 의회 해산에 따라 각종 입법조치는 대통령 명의로 공포되는 명령(decree) 형태로 제정 중이다.

81) 2013년 8월 말에 바이니마라마 내각은 새 헌법의 초안을 발표했는데, 이 헌법에서 18세 이상의 모든 유권자가 자유롭게 후보자를 선택할 수 있는 보통선거가 처음으로 도입되었다. 2013년까지 피지에서는 '인종투표'를 실시했고, 하원의 선출직 25석에 한해서만 21세 이상이 참여하는 보통선거가 실시되었다. 인종별 투표란 의회 의석을 인종별로 할당한 다음, 그 의석수에 해당하는 의원들을 그 인종에 속한 이들만 뽑을 수 있게 한 제도를 말한다. 예를 들어, 의회 의석 수의 50%가 토착 피지인들에게 할당되면, 토착 피지인들은 토착 피지인으로만 구성된 후보자 중 1명을 선출했다.

피지 정당(2014.8)		
정당	대표	특징
Fiji Labour Party (피지노동당)	Mahendra Pal Chaudhry	인도계 피지인의 권익을 대변하는 인도계 피지인 정당. 대표는 1999년 수상에 선출된 인도계 피지인인 초드리(Chaudhry)
National Federation Party (국민연방당)	Dalip Kumar	1968년 설립되어 토착 피지인 정당이었던 NAP, SVT 등에 대항했던 피지의 주요 야당이자 인도계 피지인 정당
Social Democratic Liberal Party (사회민주자유당)	Pio Tabaiwalu	2001년 수상이었던 응가라세(Qarase)가 창설한 토착 피지인 보수 정당. 주요 야당이며 인종 국수주의로 유명했던 NAP당을 계승했다는 평가를 받고 있음. 대추장위원회, 기독교민주연합 등의 지원을 받는 대표적 토착 피지인 정당
People's Democratic Party (시민민주당)	Adi Sivia Qoro	노동자 및 노동자 조합의 권익을 대변하는 정당으로 2013년 신설됨. 당 대표는 과거 피지 정부 장관을 지냈던 Adi Sivia Qoro

피지의 역대 수상(1970년 ~ 현재)			
이름	집권일 / 퇴임일	비고	정당
Ratu Sir Kamisese Mara (1920-2004)p	1967.9.20/ 1987.4.13	현대 피지의 아버지로 추앙받는 초대 수상. 토착 피지인 출신이었으나 상대적으로 온건하고 중도적인 정책을 폈으며, 인종 간 통합을 추진하려 노력함. 라우 섬의 최고추장이었으며 독립 후 두 번의 수상직을 수행함.	Alliance Party
Timoci Bavadra (1934-1989)	1987.4.13/ 1987.5.14	인도계 피지인으로 피지 노동당을 창설한 라우토카(Lautoka) 출신의 의사이자 정치지도자. 1987년 선거에 의해 수상으로 선출되었으나, 1개월 후 람부카(Rabuka) 중령의 쿠데타로 실권	Fiji Labour Party
Ratu Sir Kamisese Mara (1920-2004)	1987.12.5/ 1992.6.2	위 내용 참조	Independent
Sitiveni Rabuka (1948-)	1992.6.2/ 1999.5.19	1987년에 군부 쿠데타를 두 번 일으킨 인물로 피지는 오직 피지인에 의해 통치되어야 한다고 믿었음. 극단적인 국수주의적 정치인으로 수상 및 대추장위원회 회장을 역임함.	Fijian Political Party

Mahendra Chaudhry (1942-)	1999.5.19/ 2000.5.27	20세기 초 피지로 건너온 인도 계약노동자의 손자로 피지노동당의 의장을 지낸 인물. 1999년 수상직에 올라 인종 간 차별을 금지하는 진보적 정책을 펴다가 2000년 쿠데타로 실권함.	Fiji Labour Party
Laisenia Qarase (1941-)	2000.7.4/ 2001.3.14	라우 제도, Vanuabalavu 섬 출신의 원주민으로 뉴질랜드 오클랜드 대학교 졸업 후, 피지 상업은행 총재 등을 역임한 금융가 출신. 토착 피지인 중심의 인종주의적·국수주의적 정책을 폈으며, 경제자유화, 관광진흥 등의 정책으로 기업계의 지지를 받음. 군부와 갈등을 빚다가 2006년 피지 총사령관 바이니마라마의 쿠데타로 실권함.	Independent
Ratu Tevita Momoedonu (1941-) (Interim)	2001.3.14/ 2001.3.16	피지 원주민 추장으로 피지의 5대 수상을 역임했으나, 불과 이틀 만에 교체됨. 이는 헌법상의 절차적 요건을 충족시키기 위한 임명이었음.	Fiji Labour Party
Laisenia Qarase (1941-)	2001.3.16/ 2006.12.5	위 내용 참조	

피지 정치제도[82]

피지 주요 내각인사(2014년 8월 기준)

이름	직책
 Josaia Voreqe Bainimarama	· 현 피지 수상 · 1954년 4월생 · Marist Brothers High School을 졸업하고 1975년 해군에 입대했으며, 능력을 인정받아 빠르게 소위로 승진함. · 1978년, 1982년 호주 및 미국에서 항해학 코스를 수료하고, 피지로 돌아와 HMFS Kula호의 사령관이 됨. 그 뒤 통가, 투발루, 키리바시 해역을 조사하고, 1986년에는 다국적군 자격으로 이집트 시나이 반도로 가서 1년 6개월 동안 복무함. · 1999년 해군 제독으로 승진하고 피지 군부의 총사령관으로 취임. 2000~2006년 사이에는 피지, 호주, 미국 등에서 각종 리더십 프로그램, 공공서비스 프로그램, 고위 공직자 프로그램, 정책 프로그램 등을 수료함. · 2006년 쿠데타로 실권을 장악하고, 2009년 비상계엄령을 선포했으며, 2014년 총선을 통해 민정 이양을 약속함.
 Ratu Epeli Nailatikau	· 현 피지 대통령(2013) · 1941년 7월생. 원로 추장으로 군부, 외교부, 정부 내각에서 오랜 경력을 쌓음. · Bau District School, Draiba Fijian School, Levuka Public School, Queen Victoria School 등에서 공부하고 뉴질랜드에서 군사교육을 받음. 그 뒤 피지로 돌아와 피지 왕립군 사령관을 지냄. · 그 뒤 영국의 옥스퍼드 대학에서 외교 서비스 과정을 수료하고 덴마크, 이집트, 독일, 이스라엘 등에서 대사직을 수행함. · 2001~2006년까지 피지 하원 의장직을 수행함.
 Joketani Cokanasiga	· 국방치안이민부 장관

---

82) http://en.wikipedia.org/wiki/Politics_of_Fiji

Mr Filipe Bole

· 교육, 국가유산, 문화예술부 장관

Josaia Voreqe Bainimarama

· 재정, 전략계획, 국가개발 및 통계부 장관
· 공공행정부 장관
· 국가기록 및 문헌정보부 장관
· 토착문화부 장관
· 토지광물부 장관

Ratu Inoke Kubuabola

· 외교 국제협력부 장관

Dr. Neil Sharma

· 보건부 장관

Aiyaz-Sayed-Khaiyum

· 산업통상부 장관
· 법무부 장관
· 지역도시개발주택부 장관(대행)

Inia Seruiratu

· 농림수산삼림부 장관
· 농어촌 해운개발 및 국가재난관리부 장관

Dr Jiko Luveni

· 여성복지부 장관

Mr Timoci Lesi Natuva

· 건설교통 및 공공시설부 장관

피지 의회 전경 © 위키피디아

입법부
2013년까지 피지 의회는 양원제로 운영되었다(상원 32석, 하원 71석). 하원은 총 71석으로 인종에 따라 의석을 배분하며(토착 피지인 23석, 인도계 피지인 19석, 로투마 섬 1석, 기타 인종 3석, 선출직 25석), 총선을 통해 의원을 선출하고 의원 임기는 5년이었다.

상원은 총 32석으로 상원의원은 각 기관 및 지도자의 건의를 받아 대통령이 임명했다(대추장위원회 건의 14석, 수상 건의 9석, 야당 의장 건의 8석, 로투마 주의회 건의 1석). 이 양원제 시스템에서 더 강한 권력을 가진 쪽은 하원이었으며, 상원은 주로 심리 및 검토기관으로 법안을 제정할 수는 없지만 법안을 수정하거나 발효를 거부할 수 있었다. 의회 의원들은 내각 장관직을 겸직할 수 있다.

그러나 2013년 9월 피지의 신헌법 발표로 2014년부터 양원제가 폐지되고 (상원 폐지) 단원제가 도입되었다. 의석 수 역시 기존의 71석에서 50석으로

2014년 피지 총선 결과[83]		
정당	득표수	득표율 (%)
FijiFirst	293,714	59.2
Social Democratic Liberal Party	139,857	28.2
National Federation Party	27,066	5.5
People's Democratic Party	15,864	3.2
Fiji Labour Party	11,670	2.4
One Fiji Party	5,839	1.2
Fiji United Freedom Party	1,072	0.2
Independent Deo	1,055	0.2
Independent Chand	227	0.0
	496,364	100

피지 역사상 최초의 민주적 총선이 2014년 9월 17일에 치러졌다. 결과를 보면 2006년 쿠데타 집권 이후 8년간 피지를 통치했던 바이니마라마 수상의 FijiFirst 당이 최다 득표수를 획득하면서 재집권하게 되었다.

축소되고, 기존의 인종별 투표방식을 폐지해 모든 유권자가 자유롭게 후보자를 선택할 수 있게 되었다. 의회 의석은 인종이 아니라 지역별 인구비례에 따라 배분하며 의원임기는 4년이 되었다. 투표 연령 역시 기존의 21세에서 18세로 낮추었다.

사법부

피지 사법부는 지방법원, 고등법원, 항소법원, 대법원의 4개 층위로 구성된다. 고등법원과 대법원은 대법원장이 관할하며, 항소법원은 별도의 법원장이 존재한다. 피지의 최종법원은 대법원이다.

헌법상으로는 사법부가 타 정부 부처로부터 독립되어 있지만, 1987년 제1차 쿠데타 이후 독립성이 많이 훼손된 상태이다. 2000년, 2006년 쿠데타 후에도 사법부 인사들이 대거 교체되었으며, 당시의 군부 정권에 비판적이거나 쿠데타를 위헌 판결한 법관들은 전부 해임되었다.

피지 법체계는 독립 이전 영국 식민지 시기의 성문법, 토지소유 문제와 관련된 피지 관습법을 혼용해서 사용하고 있다. 2012년까지 대추장위원회라는 초법적 기관이 존재해 막강한 권력을 휘둘렀으나, 현 바이니마라마 정권이 폐지시켰다.

---

83) Fiji Elections Office, FINAL RESULTS FOR THE 2014 GENERAL ELECTION
http://www.electionsfiji.gov.fj/2014-election-results/

피지 대법원[84]

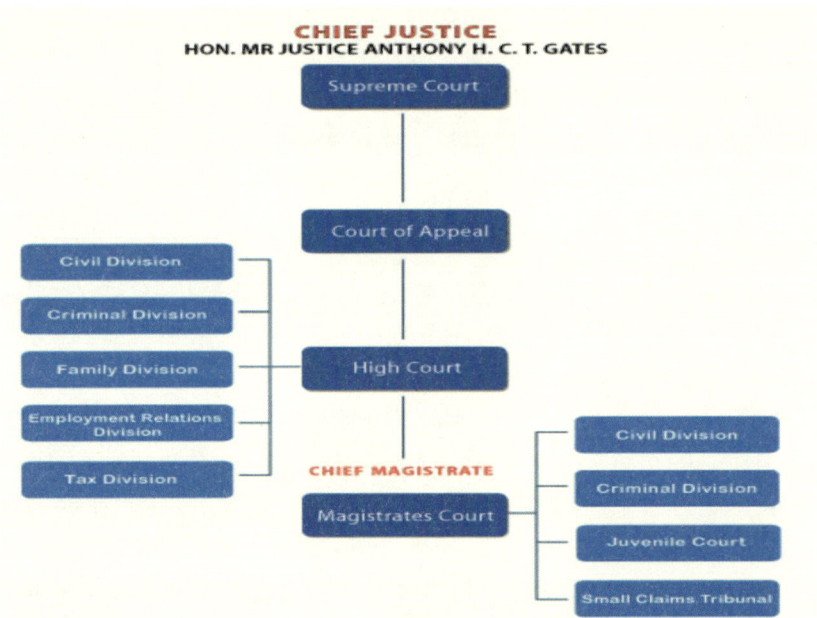

피지 사법부[85]
피지 사법부는 대법원, 항소법원, 고등법원, 지방법원 4개의 층위로 구성된다. 반복되는 쿠데타로 현재 피지 사법부의 독립성은 많이 훼손된 상태이다.

---

84) Fiji Judicial Department, http://www.judiciary.gov.fj/ (사진 출처)
85) Fiji Judicial Department, http://www.judiciary.gov.fj/ (그림 출처)

피지의 법체계[86]

피지의 헌법	
1차(1970)	피지 독립 시 제정. 1987년 쿠데타로 폐지
2차(1990)	1990년 제정. 토착 피지인의 이익을 대변하는 극심한 인종차별 정책 내포
3차(1997)	1997년 제정. 인종차별 및 성차별 금지조항이 포함되어 상대적으로 가장 진보적인 법 개정이라고 평가받음. 2006년 쿠데타 이후 2009년 폐지
4차(2013)	2013년 8월 제정. 양원제 폐지, 인종투표 폐지, 18세 이상 보통선거 실시 등의 조항 포함

피지의 인종갈등은 정치뿐 아니라 피지 법체계에도 큰 영향을 미쳤다. 그래서 정권이 바뀔 때마다 피지 헌법 역시 특정 인종의 이익을 조금 더 대변하거나 덜 대변하는 식으로 변해 왔다.

1987년 쿠데타 이후 피지는 대추장위원회가 대통령을 선출하는 공화국이 되었다. 이때 대통령이 하원의원 중 1명을 수상으로 임명하는데, 수상은 보통 여당의 수장인 경우가 많다. 수상은 내각을 꾸려 실질적인 행정권을 갖게 된다. 1970년 독립부터 현재(2014년 10월 기준)까지 피지의 헌법은 총 세 차례 개정되었으며, 현 피지 헌법은 네 번째 헌법이다.

피지 최초의 헌법은 독립 시 제정하여 채택된 것으로 1987년 쿠데타가 일어나면서 폐지되었다. 두 번째 헌법은 1990년에 제정되었는데, 토착 피지인 중심의 인종차별적 색채가 짙어 논란이 되었다. 특히 수상직은 토착 피지인에게만 허락하고, 하원직의 대부분을 토착 피지인에게 할당하는 등 당시 피지 인구의 절반을 차지했던 인도계 피지인의 입장을 거의 반영하지 않았다.

1995년 당시 대통령이었던 Sir Kamisese Mara가 3명의 위원으로 구성된 헌법검토위원회를 조직했다(토착 피지인 1, 인도계 피지인 1, 뉴질랜드 총독 1로 구성). 그 뒤 14개월간의 자문을 거쳐 1996년, 697개 항목에 대한 권고사항을 담은 보고서가 대통령 및 의회에 제출되었으며, 상원 및 하원에서는 위원회를 구성해 이 보고서를 검토했다.

8개월 뒤인 1997년 5월에 위원회는 권고사항의 대부분을 지지한다는 내용의 답장을 의회 측에 통보하고, 1997년 7월에 제3차 피지 헌법이 의회에서 통과되었다. 이 헌법은 수상직과 하원 의석 대부분을 토착 피지인들에게만 허락한다는 1990년

---

86) http://www.commonwealthgovernance.org/countries/pacific/fiji/constitution/

헌법조항을 포기했지만, 한편 거의 대부분의 토지 소유권을 토착 피지인이 갖는다는 내용의 조항을 추가하여 여전히 토착 피지인의 이익을 옹호했다. 그러나 정부 및 의회 주요 요직 임명에 대한 인종차별을 폐지하고, 성적 취향에 따른 차별을 금지하는 등 나름 평등주의적이고 진보적인 면도 갖추고 있다.

2000년, 2006년 쿠데타 후에 과도 정부가 설립되는 등 다소 혼란이 있었으나, 당시 지도자들은 1997년 헌법을 그대로 유지하겠다고 발표했다. 그러다 2009년 4월, 대통령 Josefa Iloilo가 1997년 헌법의 효력을 공식 중단시키고, 2006년 군사 정권이 불법이라는 판결을 내린 항소법원의 모든 법관들을 해임했다.

*2013년 신헌법 제정[87]

2009년 4월, 1997년 제정된 제3차 헌법의 효력을 공식 중단시키면서 바이니마라마 수상은 2013년까지 제4차 헌법을 제정하겠다고 약속했다. 인종투표제를 폐지하고 투표 연령을 18세까지 낮추겠다고 약속하고 의회 의석수나 상원의 필요성 등을 검토하겠다고 밝혔다. 새 헌법은 각 정당, 정부기관, NGO의 방대한 자문을 거쳐 구성하겠다고 말했다.

2013년 4월에 신헌법 초안이 발표되고, 수정 및 자문을 거쳐 2013년 8월 26일 피지의 신헌법이 발표되었다. 2013년 9월 초 대통령이 이를 승인했고 2013년 9월 7일부터 신헌법의 효력이 발효되었다. 2013년 헌법의 주요 내용은 다음과 같다.

- 양원제 폐지, 일원제 도입.(상원 폐지)
- 기존의 의석수를 71석에서 50석으로 낮추고, 인종 투표 방식 폐지.
  모든 사람들이 모든 후보자에게 투표 가능
- 의석은 인종이 아니라 지역별 인구비례에 따라 분배. 의원들의 임기는 4년
- 투표 연령을 기존의 21세에서 18세로 낮추고 보통선거, 자유선거 실시

2013년 신헌법은 피지에서의 민주주의 실현 및 민정이양을 위한 2014년 선거의 초석을 놓는 것이어서 매우 중요하다. 그러나 국가안보 및 체제유지를 저해하는 행위와 관련해서는 다소 과도한 예외조항을 두고 있어 개인의 자유

---

87) Fiji Government, Constitution of Fiji 2013.

및 인권이 제한될 우려가 크다는 평가가 나왔다. 실제로 신헌법 발표 직후, 피지 전 수상(Chauhdry)을 포함한 야당의원 등 10여 명이 신헌법 반대시위를 하다 피지 경찰에 약 2시간 정도 체포되는 사건이 일어나기도 했다.

인권단체인 휴먼 라이츠 워치(Human Rights Watch)는 이 신헌법이 군부 정권에 지나친 권한을 부여했다고 비판했고[88] 국제사면위원회(Amnesty International)는 이번 신헌법이 인권보호 측면에서는 국제적 기준에 미달했다고 평가했다.[89] "피지 정부가 공언해 온 것과는 달리 실제적으로 피지 내 인권을 약화시켰다"는 것이다. 그 근거로는 표현의 자유 박탈, 비상사태 시 심리나 소송 없이 정부가 시민을 구류할 수 있는 권리 인정, 국가 공무원의 경우 고문 등을 시행했어도 면책특권 부여 등의 조항이 있다.

국제사면위원회의 아시아 태평양부 국장인 이사벨 아라돈(Isabelle Arradon)은 "이번 신헌법은 피지 내의 기본적 인권을 악화시킬 뿐 아니라, 군부, 경찰, 정부의 과거 인권유린 사례를 완벽하게 면책해 주었다. 특히 고문과 같은 심각한 범죄도 처벌받지 않는다"고 언급했다.

신헌법 발표 직후 호주와 뉴질랜드는 조심스럽게 찬성 의사를 표시했다. 호주 외교부 장관 밥 카(Bob Carr)는 이번 신헌법 발표가 매우 '중대한 발전'이며, 2014년 피지 선거를 위한 중요한 진일보라고 평가했다.

피지 사법부 주요 인사(2014.8)[90]	
소 속	이 름 (직 위)
대법원	Hon Mr. Justice Anthony H.C.T. Gates(대법원장) Hon Mr. Justice Saleem Marsoof PC Hon Mr. Justice Sathyaa Hettige PC Hon Mr. Justice Suresh Chandra Hon Mr. Justice Sriskandarajah Sundaram Hon Madam. Justice Chandra Ekanayake
항소법원	Hon Mr. Justice William Calanchini (항소법원장) Hon Mr. Justice Suresh Chandra Hon Mr. Justice Kankani Chitrasiri Hon Mr. Justice Eric Basnayake Hon Mr. Justice S. Lekamwasam

---

88) Fiji's new constitution raises hopes and concerns, September 6, 2013, Daily Shows News.
http://www.channelone.com/fijis-new-constitution-raises-hopes-and-concerns/
89) Fiji: New constitution fails to protect fundamental human rights, 4 September 2013, Amnesty International.
http://www.amnesty.org/en/news/fiji-new-constitution-fails-protect-fundamental-human-rights-2013-09-04

	1. 형사고등법원	
고등법원		Suva Hon. Mr. Justice Daniel Goundar Hon. Mr. Justice Salesi Temo Hon. Mr. Justice Paul Madigan Hon. Mr. Justice Prabaharan Kumararatnam Hon. Mr. Justice Janaka Bandara Lautoka Hon. Mr. Justice De Silva
	2. 민사 고등법원	
		Suva Hon. Madam Justice Anjala Wati Hon. Mr. Justice Brito Mutunayagam Hon. Mr. Justice Chandrasiri Kotigalage Hon. Mr. Justice Susantha Balapatabendi Hon. Mr. Justice Gamage Amaratunga Hon. Mr. Justice Mayadunne Corea Hon. Mr. Justice Kamal Kumar Acting Master Mr.Thushara Rajasinghe Lautoka Hon. Mr. Justice Lal Sirimevan Abeygunaratne Hon. Mr. Justice Anare Tuilevuka Hon. Mr. Justice Sanath Wiratne Acting Master Mr. Mohammed Ajmeer
지방법원		Suva CM Mr. Ratuvili RM Vishwa D. Sharma RM Chaitanya Lakshman RM Shageeth Somaratne RM Lakshika Fernando RM Alipate Mataitini RM Sufia Hamza RM Andrew See RM Makereta Mua Nasinu RM Dihaneil Rupasinghe RM Nanise Ratakele Nausori RM Waleen George RM Charles Ratakele RM Vandhana Lal Navua RM Piyumini Weeratunga Lautoka RM Sujeewa Nyshanka RM Peni Dalituicama RM Lakmini Girigahama Nadi RM Kashyapa Wickramasekara Sigatoka RM Siromi Turaga Ba RM Mosese Naivalu Tavua/Rakiraki RM Samuela Qica Labasa RM Ropate Cabealawa RM Sianiu Fa'alogo Bull RM Tomasi Bainivalu

90) http://judiciary.gov.fj/

피지의 정부구조 [91] [92] [93]

19세기 말 영국의 식민정부가 세워진 이래, 그리고 1970년 독립 이후 정권이 여러 번 바뀌면서 피지의 정부구조 및 지방 행정구역도 여러 번 바뀌었다. 피지 정부는 크게 세 층위, 즉 중앙정부(Central), 주정부(시정부, Provincial, Municipal), 그리고 지역정부(Local)로 나뉜다. 피지는 행정구역상 4개의 지구와 15개의 주로 나뉘며, 각 주에는 여러 개의 지역정부(District)와 마을이 있다.

중앙정부의 구조는 '앞에서 다루었으므로 여기서는 주정부와 지역정부를 살펴본다. 각 주에는 주정부 의회가 있는데 이들은 조례를 제정하거나 지방세를 부과한다. 이때 주정부는 피지 내무청(Fijian Affairs Board)의 승인을 얻어야 한다. 각 주정부 의회에는 의장이 있으며, 전통적으로 각 지방의 고위 추장이 의장을 지냈지만 최근에는 일반인도 임용되는 추세이다. 한편, 피지 본토에서 멀리 떨어진 로투마 주(Rotuma Province)는 1927년 로투마 법에 의해 다른 주보다 훨씬 많은 자치권을 보장받고 있다.

주정부 아래에는 지역정부와 많은 마을이 있으며, 이들은 그들 고유의 추장과 위원회를 가지고 있다. 피지의 전통적인 마을 커뮤니티는 로코(Koro)라고 부르며, 이는 투랑아(turaga, 추장)들이 다스린다.

한편, 주정부와 지역정부 외에 시정부(Municipal Government)라는 것이 있는데, 현재 헌법에 따르면 피지에는 2개의 시정부(수바, 라우토카)[94]와 10개의 소도시가 있다. 각 시나 소도시는 고유의 시의회를 가지며, 시의회 의원들의 임기는 4년이고, 그중 1명을 선출해 시장으로 삼는다.

---

91) http://www.go-fiji.com/government.html
92) http://www.commonwealthgovernance.org/countries/pacific/fiji/government-politics/
93) Mohammad Habibur Rahman, Governance at the Grassroots:Local Government Structure in Fiji, NAPSIPAG International Conference, 2009, http://www.napsipag.org/pdf/mohammad.pdf
94) 시정부
   피지의 지방정부법에 따라 주요 도시나 소도시 지역에는 시정부가 있다. 시정부는 시정부 의회가 관리하며, 특정 선거구에서 선출된 의원들이 업무를 처리한다. 시정부 의회는 지방정부주택환경부의 관할하에 놓인다. 한편, 도시, 소도시, 마을 외의 모든 영역에 대해서는 농어촌지방국(Rural Local Authorities)에서 관할한다. 농어촌지방국은 소도시를 제외한 방대한 영역을 다루며, 의료서비스는 물론 건설, 도시계획, 쓰레기 처리, 정화시설 설치, 사업 허가증 발급 등의 업무를 처리한다.

피지의 각 주정부 현황(2014. 8월 기준)[95]

지구(수도)	주	의회 의장	면적(km²)	인구(2007)
Central (Suva)	Naitasiri	Ratu Ilaitia Tuisese	1,666	160,760
	Namosi	Ratu Kiniviliame Taukeinikoro	570	6,898
	Rewa	Pita Tagi Cakiverata	272	100,787
	Serua	Atunaisa Lacabuka	830	18,249
	Tailevu	Josefa Seruilagilagi	755	55,692
Northern (Labasa)	Bua	Ratu Filimoni Ralogaivau	1,379	14,176
	Cakaudrove	Sitiveni Rabuka	2,816	49,344
	Macuata	Ratu Aisea Katonivere	2,004	72,441
Eastern (Levuka)	Kadavu	Ratu Josateki Nawalowalo	478	10,167
	Lau	Ratu Josefa Basulu	487	10,683
	Lomaiviti	Ratu Jo Lewanavanua	411	16,461
Western (Lautoka)	Ba	Ratu Ovini Bokini	2,634	231,760
	Nadroga-Navosa	Ratu Sakiusa Makutu	2,385	58,387
	Ra	Simione Naikarua	1,341	29,464

피지의 시의회

시(소도시)	시 지정연도	시장(정당)	시의회 의원	면적(km²)	인구 (1996)
Ba	1939	Pravin Bala(NFP)	15	327	14,596
Labasa	1939	Pradeep Singh(FLP)	12	360	27,949 (2007)
Lami	1977	Tevita Buatalevu(SDL)	12	680	20,529 (2007)
Lautoka (city)	1929	Rohit Kumar(FLP)	16	1,607	52,220 (2007)
Levuka	1877	George Gibson(Balance)	8	67	3,745
Nadi	1946	Shalesh Mudliar (NFP)	15	577	42,284 (2007)
Nasinu	1999	Rajeshwar Kumar(FLP)	21	4,500	87,446 (2007)
Nausori	1931	Vikash Singh(NRA)	12	167	47,604 (2007)
Savusavu	1969	Ram Pillay(SRC)	9	800	4,962
Sigatoka	1959	Ratu Isikeli Tasere(SDL/NFP)	10	127	7,940
Suva(city)	1881	Ratu Peni Volavola(SDL)	20	2,048	85,691 (2007)
Tavua	1992	Chandra Singh(TRLTA)	9	100	2,418

95) http://en.wikipedia.org/wiki/Local_government_in_Fiji

중앙정부와 지방정부[96] [97]

피지는 4개 지구와 14개 주, 1개의 자치주로 구성되며 있으며, 2012년 대추장위원회가 해산되기 전까지 주정부는 중앙정부에 상당한 영향력을 행사했다. 대추장위원회의 위원 55명 중 42명을, 그리고 피지 상원의 32석 중 14석을 주정부에서 추천했기 때문이다.

주정부 의회선거는 국가 총선과 맞물려 실시되는데, 가장 최근에는 2006년에 실시되었다. 원래는 2011년에 실시될 예정이었으나, 피지 과도정부의 유예로 2014년 총선 때 같이 시행되었다. 과거 주정부에 상당한 영향력을 끼쳤던 대추장위원회는 현재 해산된 상태이다.

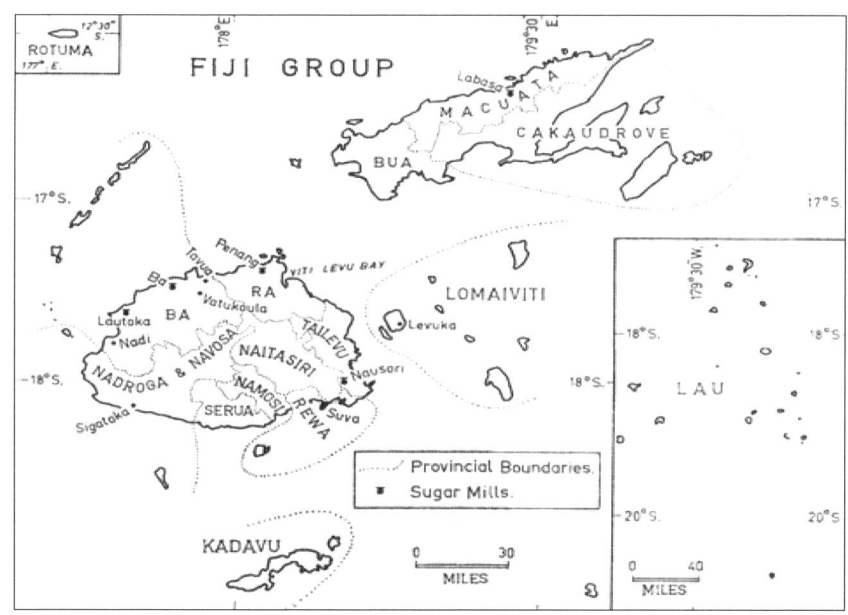

피지의 지방정부 현황[98] 총 14개의 주와 1개의 자치주(로투마 섬)으로 구성된다.

---

96) http://www.arial-programme.eu/en/africa/109-fiji.html
97) http://www.napsipag.org/pdf/mohammad.pdf
　　REPUBLIC OF THE FIJI ISLANDS, Public Administration Country Profile, UN Report, 2004
　　http://unpan1.un.org/intradoc/groups/public/documents/un/unpan023232.pdf
98) http://www.jps.auckland.ac.nz/document/Volume_70_1961/Volume_70._No._3/Internal_migration_in_Fiji._by_R._Gerard_Ward._p_257-271/p1 (지도 출처)

현재 피지에는 약 1,175개의 마을이 있으며, 특별히 2개의 도시(city)와 10개의 소도시(Town)가 지정되어 시의회를 보유하고 있다. 시의회는 시장이 다스린다. 여기서 지역(District)은 비교적 큰 도시 지역을 중심으로 한 단위로, 주나 시(City, Town) 관할 지역과 겹치기도 한다.

지방정부를 총감독하는 정부기관은 지방정부 및 도시계획주택환경부 (Ministry of Local Government, Urban Development, Housing and Environment)이며, 지방정부에 대한 법안은 1985년부터 여러 번 바뀌었다.

현재 지방정부의 발전을 가로막는 주요 요인으로는 개발과 관련된 중복되는 법안, 제한된 예산, 부족한 인프라 등이 꼽힌다. 현재 피지 중앙정부는 지방의 수도 시설 및 인프라 개선, 도시개발 등에 힘쓰고 있으며, 관광진흥을 위한 투자도 하고 있다. 피지의 지방정부 운영은 제한된 예산과 설비, 인력의 부족으로 미흡한 편이다. 지방정부의 역할로는 다음과 같은 것이 있다.

- 지방 도로 및 운송 인프라(버스 정류장, 소로) 구축
- 도시 계획
- 공공 위생관리(화장실, 배수 시스템 등)
- 쓰레기 수거 및 처리
- 도로 조명, 신호등 관리
- 지역 환경관리(쓰레기 및 상업, 산업적 폐기물 관리)
- 공공 위생보호
- 지역 경제개발
- 문화, 여가, 스포츠 설비 구축(도서관, 콘서트장, 공원, 기타 공터 등)
- 비상 서비스(화재 등) 제공

지방정부의 재정조달 방법을 보면 시정부는 자가적으로 재정을 조달하며, 대부분 토지세 및 기타 지역 수입으로 이를 충당한다. 특히 토지세가 전체 수입의 2/3 정도를 차지한다. 이 외에 대부분의 시의회는 개발 프로젝트를 수행하기 위해 은행이나 보험회사, 피지 국립 적립기금 등에서 사업 대출을 받는다. 이때 대출 보증은 피지 정부가 해 주거나, 시 의회의 수입 및 자산을 담보로 잡는다. 또한 그 외에 시의회가 시민들에게 부과하는 지방세도 중 하나이다.

피지의 중앙정부와 지방정부의 관계를 보면 지방정부가 실질적 주체인 지방자치(Local Automony)와 중앙정부가 실질적 주체인 지방분권(Deconcentration)이 뒤섞여 있다.[99] 과거에는 지방 정부의 힘이 강했으나, 2006년 쿠데타 이후 현재는 지방 정부의 권한 및 자치권이 대폭 약해졌다. 농어촌지방국은 지방분권을 담당하고, 반면 피지내무청(Fijian Affairs Board)과 각 시 정부는 비교적 많은 자치권을 부여받아 지방을 다스린다.

중앙정부와 지방정부 간에는 여러 법적·기능적 관계가 있는데 이는 피지 정부의 지방정부법(Local Government Act)에 의해 규정되며, 제한적으로 시의회 조례에 의해 규정된다. 재정적 측면에서는 지방정부의 수장이 세금 부과, 세율 조정, 개발 프로젝트 및 기타 목적을 위한 대출승인, 예산 승인, 회계 임명 등의 업무를 수행한다.

행정적으로 지방정부법에 따르면, 시정부 의회가 제정한 모든 조례는 국가 장관의 승인이 있어야 한다. 또 지방정부의 성공적 운영을 감시하기 위한 지방 정부 의회 활동에 대한 회계 임명, 감사 업무가 모두 장관의 권한이다. 어떤 이들은 중앙정부의 간섭이 최소화되어야 한다고 주장하기도 한다.

피지의 국가개발계획

피지 재정부(Ministry of Fianance)가 2012년에 발간한 『피지 국가예산 및 정책보고서』를 보면, 피지 정부는 경제개발을 위한 최우선 요건으로 '인프라 설비 구축'을 꼽고 있다. 아울러 2013년 1월 피지 도로국(Fiji Roads Authority)을 신설했다. 2013년 국가 주요 프로젝트에 배정된 예산이 약 7억 2,200만 피지 달러인데, 그중 도로 정비에만 3억 9,500만 피지 달러가 투입되었다. 이 외에도 육상교통국(LTA : Land Transport Authority), 해운안전청(MSAF : Maritime Safety Authority of Fiji) 등에도 각각 1,450만 달러, 630만 달러의 예산이 배정되었다. 한편, 시골 지역에서의 전기 설비 및 식수 공급, 재생에너지 설비 설치, 해운 및 항만 서비스 개선 등에도 정부 예산이 투자되었다.

한편, 국가변화를 위한 전략 프레임워크 및 민주주의와 지속 가능한 사회경제적 발전을 위한 로드맵 2009~2014[(The Strategic Framework for Change and the Roadmap for Democracy andSustainable Socio-Economic Development (RDSSED) 2009-2014)][100]에는 "모두를 위해 더 나은 피지"를 건설하기 위한 피지 정부의 전략적 우선사항이 명시되어 있다.

---

99) 지방분권은 중앙정부의 권력을 지방에 분산하는 것을 말한다. 지방분권은 자치적 분권과 행정적 분권으로 나누어 볼 수 있다. 자치적 분권(autonomous decentralization)은 지방적으로 집행을 요하는 행정기능과 통치권력을 일정한 범위 내에서 자치권을 인정받고 있는 지방자치단체에 위양하는 것을 말하며, 행정적 분권(administrative decentralization)은 지방에서 처리를 요하는 행정사무를 담당하기 위하여 중앙정부와 계층적 지휘감독 관계에 있는 지방행정기관을 설치하고 그 기관에 행정기능과 통치권력을 위임하여 행사하는 분권 방식을 말한다. 이러한 지방분권의 개념은 결국 중앙의 국가기관이 주체라는 점에서 지방자치와 구분된다(이철수 외 공저, 『사회복지학사전』, Blue Fish, 2009).

다음 표는 이 로드맵의 우선사항 및 성과정보를 명시한 것이다. 로드맵의 목표는 세 가지 카테고리로 나뉜다.
① 건전한 거버넌스 강화
② 경제발전
③ 사회문화적 발전

2014년 피지 정부의 국정 전략[101]

건전한 거버넌스 강화	경제발전	사회문화적 발전
• 신 헌법 제정 – 2013년 9월 6일 피지 신헌법 제정 – 신헌법 제정을 통한 독립된 사법권 보장 및 국민들의 더 폭넓은 정치·사회·경제적 권리 보장 – 전통 토지소유주 및 소작인들의 권익 보호 • 선거법 및 의회개혁 – 인종선거 폐지 및 18세 이상 보통선거 도입 – 50석 단원제 채택 – 2014년 9월 17일 총선을 위한 정당 및 투표자 등록제 실시 • 법치주의 강화 – 공정하고 독립적인 사법권 보장 – 커뮤니티별 치안 프로그램 강화 – 돈 세탁 방안 강구 – 감옥 수감자 비율을 10만 명당 1인 이하로 감소 • 공공서비스의 신뢰도 및 투명성 증대 – 2013 신헌법 제정에 따라 신뢰도 & 투명성 위원회 설치 – 고위공직자를 대상으로 한 행동 강령 확립	• 거시경제적 안정성 유지 – 2014년 기준 국가 자본적 지출 비율을 68:32로 유지. – 국가 부채 비율을 GDP 기준 50.7%로 유지 – 2014년 투자액을 GDP 기준 25%로 인상 • 수출 장려 및 수입 대체 – 피지 국산품 장려 – 다양한 수출장려 프로그램 실시 및 자금 지원 – 토지 은행(Land Use Bank) 창설 및 4,389ha 규모의 토지 확보 • 국제협력 강화 – 서울(남한) 및 아부다비(UAE)에 피지 대사관 개설 – 외국 명사들의 방문 장려 – 피지–중국 우호협회 창설 – 유엔 회원국들과의 외교 관계 지지 – 멜라네시안 선진그룹(MSG) 회의 개최 – 태평양 도서국 발전 포럼(PIDF) 개최 및 사무국 창설 (2013) – 2013년 G77 그룹 의장국 역임 • 인프라 개발 – 피지 도로국 창설 – Queens/Kings 고속도로 개선 – Nabouwalu–Dreketi 간 도로 개선 – Suva/Nausori 상수원 및 하수 시스템 정비 – Nadarivatu 발전소 건설 및 Buca Bay, Somosomo에서의 소형 수력발전소 건설 추진	• 빈곤 퇴치 – 10개 부문에서 최저 임금 상승 – 신용보증 프로그램 실시 – 다양한 사회보호 프로그램 실시 • 피지를 지식 중심 사회로 전환 – 학교 보호구역 지정 – 학교 커리큘럼에 시민교육 및 양질의 교육 프로그램 포함 – 직업 교육 강화 – 학교별 장관 방문 – 초등 및 중·고등 교육을 위한 새로운 평가 프레임워크 도입 • 의료서비스 강화 – 식품검역 강화 – 비감염성질환(NCD) 퇴치 방안 마련 – 새로운 의료계획 및 정책 수립 – 공공병원 및 진료소 법 채택 – 의료검사 인력의 서비스 운영 강화 – 의료설비를 위한 외국과의 협력 강화 • 국가 정체성 수립 – 피지 토착어 교육 강화 – 인종차별적 명칭을 가진 51개 학교의 명칭 변경 • 유아 및 청소년 문제 – 청년체육부 및 국가 청년 위원회 신설 – 아동보호법 채택 • 남녀평등 – 유엔 여성차별철폐협약에서 작성한 피지 제4차 보고서를 법률로 공식화 – 가정폭력법 제정

---

100) 2014 피지 국가예산 감사보고서 http://www.fiji.gov.fj/getattachment/747077a3-1557-4e21-bdbd-01a77b8e71cb/2014-Budget-Supplement-(pdf).aspx

101) 2014년 피지 정부의 국정 전략에서 제일 큰 변화는 2013년 9월의 신헌법 제정과 그로 인한 선거법 및 의회제도의 개혁이다. 그 결과 피지에서 오랫동안 논란이 되어 왔던 인종별 투표제가 폐지되고 18세 이상 보통선거가 도입되었으며, 양원제(67석)로 유지되던 의회는 축소, 통합되어 단원제(50석)로 바뀌었다. 이러한 선거법 및 의회개혁의 결과는 2014년 9월 17일에 있을 총선에서 더 가시적으로 드러날 것이다.

주요 정부기관

피지 토지신탁청(iTaukei Lands Trust Board)

피지 토지신탁청은 피지 원주민 토지의 관리, 보호, 규제를 위해 만들어진 독점적 국가기구이다. 1940년에 처음 설립되어 지금까지 운영되고 있다. 토지는 토착 피지인들에게 매우 중요한 자산이며, 권력의 원천이다. 현재 피지 전체 토지의 84%는 피지인들이 소유하고 있으며, 피지 원주민 토지를 임대하거나 개발하려면 피지 토지신탁청의 승인을 얻어야 한다. 이 때문에 토지신탁청은 오랫동안 피지 원주민 중심의 국수주의, 민족주의 정책에 활용되어 왔다.

내부조직은 이사회(최고관리위원회), 토지신탁청 사무국, 4개의 지역 사무국, 법률 부서, 인사 부서, 연구 개발 부서, IT 부서, 관광 부서, 보호구역 부서, 토지소유주 부서, 회계 부서 등으로 구성된다.

피지 토지신탁청에서 수행하는 주요 업무는 다음과 같다.

- 원주민 토지 관리
- 원주민 토지에 대한 투자 장려
- 경제적·문화적·환경적으로 지속 가능한 토지이용 장려
- 정부, 토지소유주, 관련 이해관계자들의 협력관계 증진
- 토지관리법 준수 및 관련 법 제정
- 토지소유주에 대한 재정서비스 제공

2014년 8월 기준 피지 토지신탁청 이사회는 10명의 위원으로 구성되어 있으며, 그중 5명은 정부에서 임명하고, 3명은 주 의회의 추천을 받아 피지 내무청에서 임명하는데 이들은 원주민이어야 한다. 그리고 대통령이 인종에 관계 없이 2명 이하의 위원을 임명한다.

Commodore Voreqe Bainimarama
Prime Minister of Fiji
Chairman of the Board

Adi Laite Koroirua
Board Member

Alipate Radrodro
Board Member

Ratu Jolame Lewanavanua
Board Member

Josefa Serulagilagi
Board Member

Ratu Meli Bolobolo
Board Member

Ro Epeli Mataitini
Board Member

Ratu Sakiusa Kuricivi
Board Member

Ratu Tevita Momoedonu
Board Member

Ratu Savenaca Ritova
Board Member

피지 토지신탁청 이사회[102] (2014년 8월 기준)

---

102) http://www.tltb.com.fj/index.php?option=com_content&task=view&id=35&Itemid=66 (사진 출처)

피지 내무청(The Fijian Affairs Board)[103]

피지 내무청은 법에 의해 토착 피지인들과 관련된 모든 문제를 관할하고, 이들의 관습적 문화를 장려한다. 과거에는 대추장위원회의 자문을 받기도 했다. 구체적 업무는 각 주정부 의회의 의장 임명을 승인하고, 주정부 의회에서 부과하는 모든 지방세와 조례를 검토, 승인하는 것이다. 이때 주정부는 각 주의 의료, 복지, 주민 관리를 포함하여 피지 내무청에서 부과한 핵심적 의무들을 수행한다. 중앙정부가 지방정부를 관리, 포섭하기 위한 중앙집권적 기관 중의 하나이다.[104]

피지의 토지소유

멜라네시아를 포함한 태평양 문화권에서 전통적으로 토지는 개인 거래나 양도의 대상이 아니다. 원주민 커뮤니티 및 그들의 추장, 더 나아가 그 커뮤니티의 조상들에게 속하는 것이다. 피지에서도 국토의 80% 이상을 토착 피지인들이 소유하고 있다. 이 토지소유권 문제는 피지의 인종문제를 비롯해 경제, 정치, 사회 등 전반적인 사회영역에 깊숙이 뿌리를 내리고 있다.

토지소유권 문제는 피지의 오랜 사회갈등 요인 중 하나로, 토착 피지인들은 그들이 피지의 진짜 주인이라고 믿는다. 한편, 인도계 피지인들은 피지에서 생산되는 사탕수수의 90% 이상을 생산하지만, 토지는 대부분 토착 피지인들에게서 임대해서 경작한다. 임대기간은 보통 10년이며, 10년씩 연장해서 사용한다. 인도계 피지인들은 불안한 소작농의 상황을 불평하고, 토착 피지인들은 인도계 피지인들이 토지에 대한 자신들의 소유권을 약화시킬까 봐 우려하고 있다. 아래 글은 피지 사회에서 토지가 어떤 역할을 하는가를 잘 보여 주고 있다. 이는 한성대 이태주 교수의 논문에서 인용한 것으로 피지의 토지제도 및 정치구도에 대한 우리나라 자료로는 유일한 것이라 다소 길게 인용했다.[105]

---

103) 2010년 피지 내무청은 토착 피지인을 "아이 따우께이(I Taukei)"로 부르기로 결정했다. 당시까지 토착 피지인을 지칭하던 'Fijian', 'indigenous', 'indigenous Fijian'를 'iTaukei'로 변경한다는 법안을 제정, 공표하고, 헌법은 물론 모든 정부 공식문서에 토착 피지인을 지칭할 때는 "i Taukei"라는 명칭을 사용하기로 했다. 또한 인종차별을 막기 위해 피지에 거주하는 모든 피지 국민은 단순히 '피지인(Fijian)'이라 지칭하고, 모든 국가기관은 모든 커뮤니케이션 시 이러한 명칭을 사용해야 한다고 규정했다. 다음은 몇 가지 사례이다.

기존 명칭	새 명칭
Fijian	iTaukei
Fijian Affairs Act	iTaukei Affairs Act
Fijian Development Fund Act	iTaukei Development Fund Act
Fijian Trust Fund Act	iTaukei Trust Fund Act
Ministry of Indigenous Affairs	Ministry of iTaukei Affairs
Fijian Affairs Board	iTaukei Affairs Board
Fijian Trust Fund	iTaukei Trust Fund
Institute of iTaukei Language and Culture	iTaukei Institute of Language & Culture
Fijian Development Fund Act	iTaukei Development Fund Act

104) http://www.fijianaffairs.gov.fj/iTaukei.html
105) 이태주, 「멜라네시아의 토지 공동체주의와 전통의 정치 -피지 마을의 토지분쟁 사례를 중심으로」, 『한국문화인류학』 33(1), 2000, 168~172쪽.

(1) 피지의 토지제도와 전통의 정치 : 따우께이와 불랑이

피지에서 토지는 따우께이(taukei)[106]들만의 것이며 불랑이(vulagi)[107]들은 토지를 소유할 수 없다. 따우께이들은 토지를 소유하고 있는 사람들이며 '땅의 결실(lewe ni vanua)'이라고 불렸고 추장은 '땅의 주인'(turaga ni vanua)이라고 불리웠다. 불랑이들이 토지를 갖기 위해서는 스스로 따우께이가 되든지 아니면 토지를 선물로 받아야 했다. 불랑이가 따우께이가 되는 방법은 전쟁을 통해 본래의 따우께이들을 정복하고 자신들의 복속집단(gali)으로 만드는 것이다. 아니면 혼인과 의례, 동맹관계를 통해 따우께이로 인정받는 것이다.

　본래 따우께이와 불랑이의 관계는 피지 원주민들 사이에서 토지를 매개로 하여 집단 혹은 개인들 간의 관계를 규정하는 것이었다. 이러한 피지인들 간의 내집단과 외집단의 관계는 식민지 경험을 통해 유럽인들과의 관계 및 인도-피지인들 간의 관계에도 확대 적용되었다. 따우께이와 불랑이의 관계가 민족집단 간의 관계를 규정하는 정치성을 갖게 된 것이다. 때문에 피지의 식민지 역사는 따우께이와 불랑이 간의 토지를 둘러싼 싸움으로 해석되기도 한다. 학자들은 피지가 영국에 할양된 것을 가리켜 피지 왕 다꼼바우 대추장이 전통적인 방식으로 영국 여왕을 대추장으로 옹립함으로써 불랑이들(유럽인)에게 전통적 추장의 권위를 스스로 내어 주고 자신들의 땅을 지키려 했다고 설명한다(Kaplan, 1993; Rutz, 1995).

　식민지 이전에는 끊임없는 부족 간 전쟁으로 집단의 이동이 많아서 누구도 영원히 따우께이, 혹은 불랑이일 수 없었다. 그러나 식민지 역사는 따우께이와 불랑이의 경계를 고정시키고 따우께이와 불랑이를 식민지 제도와 법에 의해 등록하고 이를 바꿀 수 없도록 하였다. 영국 여왕과 식민지 총독은 피지에서 따우께이로 인정받아 대추장으로 옹립되었다. 대신 플랜테이션 노동자로 이주한 인도-피지인들은 영원히 토지를 소유할 수 없는 불랑이가 되었다. 영국 식민주의자들과 피지인들에게 인도-피지인들은 토지를 소유하지 못하고 단지 노동력만을 제공하는 노예들과 같았다. 이로써 따우께이와 불랑이 관계는 인종적 식민주의로 전개되었다. 영국 식민주의는 피지인들의 토지와 관습을 보호하고 인도-피지인들을 토지로부터 배제시킴으로써 피지 사회의 인종갈등과 경제적 이중구조를 초래시켰다(Kelly, 1991; Kaplan, 1993; Ali, 1980; Lal, 1986). 피지의 토지관습과 전통이 제도화되고 구조화된 것은 식민지 시기 토지조사 작업을 통해서이다. 영국은 이미 1880년대부터 피지의 간접 통치를 위해 피지의 관습과 토지소유권을 연구하도록 하였다. 토지소유관계를 본격적으로 연구한 것은 선교사이며 인류학자였던 휘슨이다. 그의 토지소유관계에 관한 연구(Fison, 1881)가 발표되면서부터 토지 공동소유제도는 식민지 행정가들과 학자들의 공식적 견해로 확산되었다. 휘슨은 인류진화의 단계에 관한 모건(Morgan)의 단선 진화 이론을 피지에 적용하여 피지는 야만시대의 중기에 해당하여 토지는 친족집단에 의해 공동으로 소유되며 토지는 절대로 양도할 수 없다는 이론을 공식화하였다. 이후 초대 피지 총독인 고든(Gordon) 경은 휘슨의 이론을 받아들였고 식민지 정부의 원주민 토지위원회(Native Land Commission)는 '피지의 모든 토지는 마탕갈리에 의해 공동으로 소유되며 절대 사적으로 거래될 수 없다'는 식민지 전통을 만들었다. 영국 식민지 정부는 토지 공동체주의 와 개인주의의 입장 사이에서 정책변화와 갈등을 겪기도 하였으나 결국 토지 공동체주의가 최종적인

---
106) 주인, 원주민, 자유인 등을 의미하는 피지어로 토착 피지인을 가리키는 용어. 이러한 피지의 원주민 민족주의를 따우께이즘(taukeism)이라고 한다(인용자 주).
107) 뜨내기, 손님, 객(客)을 의미하는 피지어(인용자 주).

식민지 정설로 확립되었다(France, 1969; Ward, 1995).

식민지 시기에 피지의 대추장들과 식민지 행정가들은 이러한 영국의 공식적인 견해를 수용하였을 뿐 아니라 이를 제도화시키는 데 기여하였다. 피지의 행정체계를 수립한 라뚜 수꾸나(Ratu Sukuna)는 피지 전통주의를 통해 신식민지적 정치구조를 발전시킨 대표적인 정치가이다. 그는 원주민 토지신탁청(Native Land Trust Board)이라는 기구를 고안하여 피지의 전통주의 정치를 강화시켰다. 원주민 토지신탁청은 피지 원주민 토지의 임대차 및 개발을 위해 만들어졌는데 피지인들은 이 독점적 국가기구를 거치지 않고서는 자신들의 공동소유지를 외지인들에게 임대할 수 없도록 되었다. 이로써 식민지 정부는 토지에 대한 통제권을 주민들로부터 박탈하여 식민지적 기구인 토지신탁청을 통해 토지개발과 임대수입을 확보하게 된 것이다. 이러한 가부장적이고 독점적인 토지신탁청의 설립은 '미개한 피지인들을 보호하고 주민들을 대신하여 국가가 토지를 개발'한다는 명분 때문이었다. 원주민 토지위원회의 마탕갈리 공동소유권과 토지신탁청의 독점적 임대차 개발권으로 인하여 피지에서 토지는 식민지 정부와 친족집단의 위계구조 및 추장제를 매개하고 식민지적 전통을 지속시키는 물적·상징적 토대가 되었다. 또한 토지개발과 임대수입은 국가가 25%, 대추장 5%, 종족 추장이 10%, 마탕갈리 수장이 15%, 마탕갈리 구성원들이 나머지 45%를 갖도록 배분됨으로써 추장을 중심으로 하는 전통적 위계구조에 따라 경제적 이익을 분배하는 전통주의 원리는 재생산되고 있다.

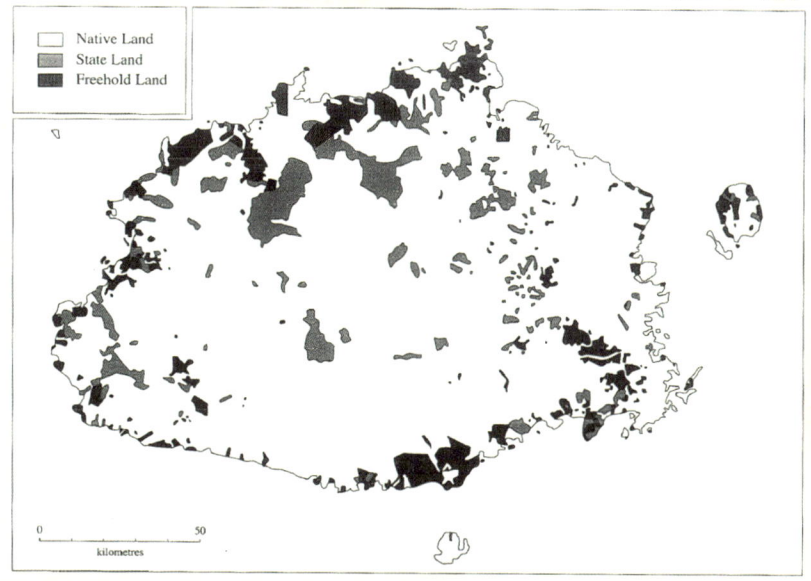

피지 본섬(Viti Levu)의 토지소유 현황[108]
피지 국토의 80% 이상은 토착 피지인들이 소유한 관습적 토지(Customary Land)이다. 국유지나 사유지의 비율은 상대적으로 낮다. 토지소유권 문제는 피지의 주요 사회갈등 요인 중 하나로, 경제, 정치, 인종 등 사회 전반에 깊숙이 뿌리를 내리고 있다.

---

108) An Atlas of Fiji, Department of Geography, University of South Pacific, 1998, p.93 (지도 출처)

라뚜 마라(Ratu Mara)와 람부까(Ravuka) 등 피지의 최고 정치인들은 이러한 토지 공동체주의를 토대로 피지 민족주의와 따우께이 운동을 주창하였다. 피지에서 따우께이 운동이 본격적으로 정치화된 것은 1987년 총선에서 바반드라(Bavandra)가 이끄는 인도-피지인들의 연립정당이 승리함으로써 촉발되었다. 피지 원주민들은 위기의식을 느꼈으며 람부까가 이끄는 피지 민족주의자들은 따우께이 운동 주창자들과 함께 피지의 토지와 주권을 불랑이(인도-피지인)들로부터 지키자고 주창하였다. 피지 원주민 민족주의자들은 인도-피지인들은 불랑이들에 불과하며 피지인들만이 피지의 진정한 토지소유자이고 추장제를 통한 전통적 주권의 계승자라고 하였다. 이러한 따우께이 운동은 전통적인 추장제를 지속하고 있는 피지 농촌 마을 주민들의 절대적인 지지를 얻었고 피지인들은 인도-피지인들을 정치 권력으로부터 배제하고 차별하는 데 성공하였다. 그 후 두 민족집단 간의 인종대립은 심화되었으며 따우께이 운동의 주창자들은 인도-피지인들은 인도로 돌아가야 한다고 주장하기도 하였다(Kelly, 1998; Rutz, 1995; Kaplan, 1995).

피지의 전통주의는 공동체적 토지소유제도 이외에도 대추장회의와 같은 특별한 정치기구를 통해서도 지속된다. 대추장회의도 식민지 이전에는 없었던 것인데 영국 식민주의자들에 의해 고안되어 만들어진 식민지 기구이다. 영국은 간접 통치를 위해 영국의 상원과 같은 기능의 대추장회의를 두고 각 지방의 대추장들을 통해 피지를 간접 통치하도록 하였다. 따우께이 운동과 군사 쿠데타도 모두 대추장회의에서의 동의를 통해 피지 주민들의 지지를 얻을 수 있었다. 대추장회의는 식민지적 권력구조와 간접 통치의 유산이며 이를 통해 귀족정치가 지속된다는 측면에서 대추장회의의 지속은 곧 식민주의의 지속이라고 해석할 수 있다. 뿐만 아니라 대추장회의를 통하여 식민지 사회구조의 기본적 틀이라고 할 수 있는 추장제와 친족구조 및 토지공동체 이념이 지속될 뿐 아니라 더욱 강화된다는 점에서 대추장회의는 식민지 전통의 정치화를 통한 식민주의의 지속에 매우 중요한 기능을 담당하고 있다.

이처럼 토지 공동소유제도뿐 아니라 추장제를 매개로 하는 전통의 정치화 과정을 통해서 식민주의와 전통주의는 지속된다. 뿐만 아니라 피지의 공동체주의는 마을에서의 다양한 공동체적 관행들, 예를 들면 마을 주민들이 모든 물건을 함께 사용하고 나누어 쓰는 께레께레(kerekere) 관습, 추장을 위한 주민들의 공동 노동(lala), 대규모의 음식분배와 의례적 교환(solevu), 감리교회를 통한 기독교적 공동체주의 등을 통해서도 지속적으로 유지된다(Thomas, 1992).

대추장위원회(The Great Council of Chiefs)[109] [110]

피지 대추장위원회는 1897년부터 2012년까지 운영된 피지의 초법적 기관으로, 최초의 피지 총독이었던 아서 고든 경이 피지 통치에 대한 자문을 구하기 위해 만든 추장들의 모임이다. 대추장위원회는 식민통치 기간 내내 피지의 정체성 및 위엄을 상징하는 기관이었고, 독립 이후에도 토착 피지인들의 정체성

---

109) http://en.wikipedia.org/wiki/Great_Council_of_Chiefs
  http://epress.anu.edu.au/coup_coup/mobile_devices/ch05.html
110) http://www.stuff.co.nz/world/south-pacific/6573396/Fijis-Great-Council-of-Chiefs-abolished

및 권익을 옹호하는 구심점으로서 매우 중요한 역할을 수행했다.

영국 식민정부는 대추장위원회를 권력 수뇌부로 끌어들임으로써 피지의 전통적 위계와 정치구조를 존중하는 한편, 피지 주민들을 매우 효율적으로 다스릴 수 있었다. 서구 식민사회의 행정통치 시스템이 피지 고유의 전통적 권력 시스템과 완벽하게 결합된 것이다. 대추장위원회를 통한 이러한 식민통치를 간접 통치(Indirect Rule) 라고 한다. 대부분의 식민통치 기간 동안, 대추장위원회에는 고위 추장들과 피지 행정부의 고위직 인사들이 대거 참여했다. 최초의 위원회 회장은 첫 식민총독인 아서 고든 경이었다.

대추장위원회는 피지 전역에 산개한 각 지역의 추장들로 구성되었으며, 55명의 추장으로 이루어져 있었다. 그중 6명은 피지 내무청의 추천을 통해 대통령이 임명하고, 42명은 피지의 14개 주에서 3명씩 추천했으며, 3명은 로투마 시 위원회에서 추천하고, 1명은 종신직(Sitiveni Rabuka) 임원이었다. 대추장위원회는 피지 토지신탁청과 더불어 토착 피지인들의 권력을 옹호하고 대표하는 막강한 권력기관으로 100년 넘게 군림했다.

피지의 군 수뇌부 및 정치적 리더들은 그들의 행위의 적법성을 주장하기 위해 새 정권을 설립할 때마다 대추장위원회를 이용했다. 람부카(Rabuka) 중령의 1987년 쿠데타 이후, 대추장위원회는 국가적으로 아주 중요한 정치적 기능을 하게 되었다.

그러나 2006년 바이니마라마의 쿠데타 후에는 군대와 추장위원회가 격렬한 갈등을 일으켰다. 예전에 람부카(Rabuka) 중령이 정통 피지인으로만 구성된 정부를 세우기 위해 추장들의 동의를 구했다면, 바이니마라마는 친피지적 정부 구성을 거부하고 이를 해산시켰다. 그러자 추장위원회는 바이니마라마의 정권 획득을 무효로 규정하고, 군인들은 다시 군대로 돌아갈 것과 대통령이 과도정부를 위한 위원회를 설립할 것을 요구했다. 그러자 바이니마라마는 자신의 동의 없이는 추장위원회를 소집 할 수 없게 만들었다.

그는 대추장위원회가 식민통치 시대의 잔재이며, 지난 20년간 그 역할이 지나치게 정치화되어서 추장위원회 멤버들이 부적절하게 국가 정치에 관여하여 개인적·정치적 이익을 챙기고 있다는 이유를 들어 2012년에 추장위원회를 해산시켰다.

피지 대추장위원회[111]
영국 식민시대부터 100년 넘게 막강한 권력을 행사했던 초법적 기관. 2012년 바이니마라마 정권에 의해 폐지되었다.

	대추장위원회 역대 회장(1967~2012)		
Order	Minister	Term of Office	Prime Minister served under
1	Ratu Sir Penaia Ganilau	1967~1970	Ratu Sir Kamisese Mara
2	Ratu Sir George Cakobau	1970~1972	
3	Ratu William Toganivalu	1972~1977	
4	Ratu Sir Penaia Ganilau	1977~1983	
5	Ratu Sir Kamisese Mara	1983~1985	
6	Ratu David Toganivalu	1985~1987	Ratu Sir Kamisese Mara
7	Timoci Bavadra	1987	
8	Ratu Josua Toganivalu	1987	Governor-General Ratu Sir Penaia Ganilau
9	Ratu Meli Vesikula	1987	
10	Vatiliai Navunisaravi	1987~1992	Ratu Sir Kamisese Mara
11	Sitiveni Rabuka	1992~1994	
12	Adi Samanunu Cakobau Talakuli	1994~1995	Sitiveni Rabuka
13	Sitiveni Rabuka	1995~1997	
14	Ratu Finau Mara	1997~1999	Sitiveni Rabuka
15	Sitiveni Rabuka	1999~2001	
16	Ratu Epeli Ganilau	2001~2004	
17	Ratu Ovini Bokini	2004~April 2007	
18	Frank Bainimarama	Feb 2008~Oct 2008	
19	Ratu Epeli Nailatikau	Oct 2008~2012	

111) https://plus.google.com/photos/102150258845646232752/albums/5322181433043015777?banner=pwa (사진 출처)

피지와 국제정치[112] [113] [114]

남태평양에서 피지는 정치적, 경제적 중요성 이상의 전략적 중요성을 가지고 있다. 피지는 단지 '또 다른' 남태평양 도서국이 아니라 어떤 의미에서 태평양에서 가장 중요한 국가라는 평가가 있을 정도이다. 그것은 국가의 크기나 경제력 때문이 아니라, 멜라네시아, 폴리네시아, 마이크로네시아 각 도서국 사이의 가교 역할을 한다는 의미에서 나온 평가이다.

이것이 그 유명한 '태평양 허브론'으로, 그 핵심은 지리적 이점 때문에 피지가 태평양의 외교, 경제, 교육, 협력 등의 중심지라는 것이다. 이 개념은 식민통치 시대의 유산이지만 그 뒤 피지의 지도자들이 계속 활용한 것이다. 피지가 남태평양의 허브 국가인 것은 태평양 도서국 사이에서 중요한 외교적 임무를 수행하기 때문이기도 하고, 태평양도서국포럼(PIF), 남태평양위원회(SPC : South Pacific Commission) 등의 태평양 지역기구와 유엔, 세계은행 분점 같은 주요 국제기구, 그리고 태평양 최대의 대학 중 하나인 남태평양 대학(USP)등이 피지에 있기 때문이기도 하다.

그 외에도 피지는 물류허브로서의 강점을 지니고 있다. 피지는 품질관리 및 산업 분야에서 HACCP, ISO 등 국제적 수준의 표준 인증제가 확립된 나라로, 태평양 도서국 중에서는 공산품 및 식품의 품질관리가 일정 수준에 올라 있다.

또한 태평양 지역으로 운송되는 거의 모든 화물이 피지에서 환적, 재분배 된다. 통가, 사모아 등 몇몇 나라로 가는 화물에 대해서는 피지에서 관세를 붙이지 않기 때문에 더 큰 매력 요소로 작용한다. 이러한 세금 없는 환적 제도 때문에 타 국가들이 피지를 물류 허브로 이용하려는 것이다.

피지에서는 매주 정기적으로 세계 각 지역으로 떠나는 항공, 해운편이 존재 하고, 이런 물류 인프라가 관광 및 무역 거래를 활성화시킨다. 피지에는 100개 이상의 물류회사가 있고, 이들은 전 세계적인 거래 및 운송망을 확보하고 있다.

---

112) A New Era of Geopolitics in the region, Island Business, 2012.3
http://www.islandsbusiness.com/2012/3/viewpoint/a-new-era-of-geopolitics-in-the-region/
Fiji's the hub in the pacific region, The Fiji Times Online, 2012.10.
http://www.fijitimes.com/story.aspx?id=215670
Promoting Fiji as a hub, The Fiji Times Online, 2012.1. http://www.fijitimes.com/story.aspx?id=191532

113) http://research.usp.ac.fj/fileadmin/user_upload/content_data_01/post_graduate_unit/3MT_Competition/2011/presentations/Mere_Nailatikau.pdf

114) Michael C. Howard, Fiji: Race and Politics in an Island State, pp. 122~145, University of British Columbia Press, 1991.

그래서 화물운송료도 다른 태평양 도서국에 비해 저렴하고 구매자, 공급자 모두 편리하게 이용이 가능하다.

남태평양을 둘러싼 국제정치

제2차 세계대전과 일본이 참여한 태평양 전쟁은 남태평양의 지정학을 크게 바꿔 놓았다. 일본은 전쟁 후 태평양 지역에서의 무역을 관리하기 위해 각 도서국에 물자를 지원하겠다고 했으며, 이때부터 호주 역시 남태평양에 대한 야심을 드러내기 시작했다. 뉴질랜드 역시 전략적 이유 이상으로 남태평양 도서국을 중요하게 여겼다.

제2차 세계대전 당시 미국의 도움이 필요했던 호주와 뉴질랜드는 미국과 1944년에 ANZAC 협정을, 1952년에 ANZUS 조약을 맺었다. ANZUS 조약은 호주, 뉴질랜드, 미국이 연합하여 태평양 지역에서의 '군사적 공격'(추측건대 소비에트 연방으로부터의)을 막자는 것이었다. 이는 사실 태평양 지역에서의 '보안관'을 자처한 미국에 호주와 뉴질랜드가 참가하게 된 형국이었다.

냉전체제가 유지되던 1947년에 캔버라 협약이 체결되고 남태평양위원회가 설립되었다. 이 기구는 명분상으로는 태평양 도서국의 사회 경제적 발전을 위한 기술, 교육지원 기구이지만 실제는 영국, 프랑스 등 서구 국가들의 남태평양 지역에서의 영향력 확대를 위한 기구였다. 미국을 중심으로 한 서방 자유주의 국가들이 태평양 지역에서의 영향력을 확대시키고자 함에 따라 1950~1960년대 남태평양 도서국 사이에서는 소비에트 연합국에 대한 위협이 고조되기도 했다.

그러나 서구 국가들은 1970년대까지 남태평양 지역에 대해서는 상대적으로 신경을 쓰지 않았다. 미국은 당시 북태평양 지역에 집중하고 있었고, 남태평양은 무시하거나 유럽연합 측에 맡겨도 된다고 판단한 것이다. 그러다 1970년대부터 태평양 도서국들이 속속 독립하기 시작했고, 군사력 및 경제력도 증강되었다. 1970년대 말부터 남태평양 지역이 부흥하기 시작하면서 미국도 남태평양에 주목하기 시작했다.

그 무렵 태평양 도서국들 사이에서 태평양 해역에서의 미국 어선들의 지나친 참치 조업이 태평양 도서국들 사이에서 반미 감정을 불러일으켰다. 1980년에는 바누아투가 태평양 비핵화·중립화를 지향하며 쿠바, 베트남과 수교를 체결하고,

리비아와 협상을 실시했다. 1982년에는 파푸아뉴기니가, 1984년에는 솔로몬 제도가 미국 어선을 나포하는가 하면, 1985년에는 키리바시가 소비에트 연방과 어업 협정을 체결했다. 이때 소비에트 측은 상당히 많은 어업허가료를 지불했다. 그 뒤 태평양 도서국의 여러 정치조직들은 태평양 비핵화를 주장했으며, 보수적이었던 태평양 기독교계에서도 핵실험에 반대했다. 이러한 움직임은 특히 피지에서 거세게 일어났다.

미국은 당연히 태평양 소도서국의 이러한 변화를 달가워하지 않았다. ANZUS 연합의 입지는 약화되고, 소비에트의 태평양 지역진출 및 영향력 강화에 대한 위협이 커지기 시작했다.

이 시기에 태평양 지역에서 미국의 가장 중요한 우방국은 호주였다. 1984년 호주 상원에 제출된 보고서를 보면 "남태평양에서 호주의 주요한 전략적 목적은 일본 및 미국과의 해상 커뮤니케이션을 원활히 유지하는 것이다."라고 적혀 있다. 호주는 미국과 협력해 남태평양 지역에서 소비에트의 위협을 철저히 막아 내겠다는 안보의식을 표명했다.

당시 남태평양에서 중요한 또 하나의 서방국은 프랑스였다. 프랑스는 지금도 뉴칼레도니아, 프랑스령 폴리네시아 등의 식민지를 보유하고 있다. 미국이 남태평양 지역에서 서서히 신식민주의적 영향력 확대로 정책을 변경하는 가운데, 프랑스는 여전히 전통적인 입지 유지를 위해 애쓰고 있었다. 이 시기 프랑스 측 식민령에서는 뉴 칼레도니아의 사회주의 정당 Kanak이 이끄는 독립운동이 서방국들에게 가장 큰 눈엣가시가 되었다.

이렇듯 남태평양을 예의주시하는 가운데 서방국들은 피지의 전략적·국제 정치적 입지가 더욱 중요해졌다고 보았다. 한 미국 관료의 말에 따르면 피지는 '남태평양의 자메이카'로서, 태평양 지역에서 사회주의 운동이 점점 거세지는 가운데 자유주의의 강력한 '방어막'으로 남아 있는 국가였다.

모든 서방국이 이러한 견해에 동조한 것은 아니지만, 많은 서방국은 남태평양의 정치의식, 시민의식, 국가의식이 성장하고 있다고 판단했다. 그러나 여전히 많은 사람들이 냉전이라는 맥락 하에서 남태평양을 바라보았다. 그래서 태평양 도서국을 사회주의자로부터 지키겠다는 판단하에 여러 군사적 지원을 제공하기도 하였다.

한편, 1970년대부터 태평양 지역의 멜라네시아 국가들과 폴리네시아 국가들의 시각에 미묘한 차이가 발생하기 시작했다. 1970년대에는 먼저 독립한 폴리네시아 국가들이 태평양 지역의 외교 및 지역협력에 주된 역할을 했으며, 이때 피지는 폴리네시아 국가로 여겨졌다. 그러나 1970년대 말, 파푸아뉴기니, 솔로몬, 키리바시, 바누아투 등 멜라네시아 국가들이 독립하기 시작했다. 그리고 1970년대 바누아투 수상이었던 월터 리니(Walter Lini)는 멜라네시아식 사회주의를 제창했다. 서구 국가들은 이 운동을 예의주시하게 된다.

월터 리니는 강력한 서구 국가들과의 외교관계를 줄이고, 인종주의, 식민주의, 착취 등을 반대하면서 태평양 도서국들 간의 조금 더 평등한 균형관계를 추구했다. 이는 당시 태평양 지역에 만연한 국제정책과는 확연히 다른 급진적인 것이어서 미국과 서방국가들이 긴장하게 된다. 요약하면, 서구 국가들이 보기에 비폴리네시아 국가들은 더 급진적이고 독립적인 정치 노선을 추구했고, 폴리네시아 국가들은 비교적 온건한 노선을 펴면서 서방국들과의 관계를 우호적으로 유지하고 싶어했다.

피지를 중심으로 한 온건한 '폴리네시아 방식'을 위협하는 문제는 어업권 협상에서도 드러났다. 1982년 7개의 태평양 도서국이 나우루 협약을 체결하고 수산업 부문에서의 긴밀한 상호협력을 약속했으며, 동시에 일본, 대만, 한국, 소비에트 연방, 미국 등과 공동으로 어업 허가권 조약을 체결하려 했다. 폴리네시아 도서국들은 이러한 지역적 협약보다는 양자 간 협약을 맺을 것을 권했다. 그러나 멜라네시아 국가들은 수긍하지 않았고, 나우루 협약으로 인해 태평양 진영이 2개로 갈라졌다.

그 뒤 1980년대 초, 웨스트파푸아, 뉴칼레도니아 독립 및 태평양 비핵화 문제에서 지역적 차이는 더욱 심해졌는데, 폴리네시아 국가들은 웨스트파푸아, 뉴칼레도니아 문제를 그들과는 거리가 먼 멜라네시아의 문제로 보았다.

뉴칼레도니아의 독립을 두고 프랑스와 협상한 피지의 마라 수상은 멜라네시아 대표들보다 훨씬 온건한 자세를 보였다. 또한 태평양 비핵화에도 그리 큰 열의를 보이지 않았다. 이러한 자세는 기본적으로 폴리네시아 국가들이 경제적으로 크게 의존하고 있는 서구 국가들을 자극하지 않으려는 것이었다. 피지는 자신들을 제3세계 국가로 인식하지 않았고 코뮤니즘 또는 사회주의에 대한 반감을 드러내곤 했다.

    남태평양 대학에서도 이러한 갈등관계가 드러났는데, 남태평양 대학은 피지 마라 정권의 폴리네시아 편향성을 잘 보여준다는 비판이 제기되었다. 그런 요소 중 하나가 대학에서 근무하려면 피지 정부의 노동 허가를 얻도록 한 것이다. 그래서 당시 남태평양 대학의 '태평양학 연구소'는 '폴리네시아학 연구소'라는 농담이 돌게 된다. 또한 대학 내에서 보수적인 폴리네시아 출신의 행정가, 학자들이 고위직을 차지했고, 여기에 실망한 바누아투, 솔로몬 제도 등은 남태평양 대학연합에서 탈퇴하겠다고 말하기도 했다.

    1980년대 초, 교육받은 멜라네시아 지식인들이 점점 폴리네시아인들을 (피지를 포함) 중요한 국제문제에서 미적지근한 태도를 보이는 사람들일 뿐 아니라, 지역 및 국제기구에서 불공평할 만치 부당한 이득을 챙기고 있는 사람들로 보았다(더 일반적으로는, 태평양에서 지나친 영향력을 행사하는 이들로 보았다).

    또한 1983년 Wantok Week(1980년부터 멜라네시아인들의 연대 및 자긍심을 고취하기 위한 주간행사)에서 솔로몬 제도의 대표가 남태평양 대학에서 "폴리네시아 국가들은 쇠퇴 중이고, 우리는 상승 중이다"라고 언급하였다.

    이들은 폴리네시아 국가들을 이제 사그라져 가는 식민시대에 기생하는, 그러나 점점 쇠퇴해 가는 나라들로 보았다. 또한 멜라네시아 국가들이 더 넓은 땅과 자원을 소유하고 있다면서 앞으로 자립할 국가들은 멜라네시아라고 했다. 이러한 감정은 1982년 멜라네시아 연합체 창설 개념이 떠오르면서 싹텄는데, 피지의 마라 수상은 태평양 협력을 들어 여기에 반대했다. 멜라네시아 인들은 마라 정권이 남태평양 지역의 자립을 방해하고, 폴리네시아 국가들의 보수적 패권을 유지하려 한다고 비판했다.

피지의 대외정책 - 태평양 방식(Pacific Way)

독립 후 피지의 초대 수상이 된 라투 마라(Ratu Mara)는 식민통치 시기에 피지를 이끌었던 수쿠나 경의 대외정책을 그대로 유지했다. 서방 국가들과의 우호적인 관계 속에서 온건하게 사회를 개조시켜 나가야 한다고 생각한 것이다. 독립 후 피지는 제일 먼저 유엔, 호주, 영국과 수교를 체결하고, 1973년까지 23개국과 수교를 맺었다.

마라 수상이 초석을 놓은 피지의 대외정책은 '태평양 방식(Pacific Way)'으로 요약할 수 있다. 1970년 유엔 총회 발표에서 마라 수상은 "많은 사람들이 우리의 평화로운 독립 성취에 대해 말한다. 우리 역시 이러한 행운에 깊이 감사한다. 그러나 이것은 태평양에서 전혀 새로운 것이 아니다. 우리는 이것이 '태평양 방식'이라고 생각하며, 여기에 지리적으로나 이념적으로 태평양의 목소리가 담겨 있다고 생각한다"라고 언급했다.

태평양 방식을 한마디로 정의하기는 힘들지만 급격한 변화나 갈등을 야기하는 결정보다는 온건하고 평화롭게, 서두르지 않고 일을 추진하는 방식에 가깝다. 이 태평양 방식은 피지의 기득권 세력 유지를 위한 이념적 도구가 되기도 하고, 피지의 과거를 평화로운 것으로만 인식하게 하는 기제가 되기도 했다. 또 '태평양 방식'은 피지 정부가 국제 발표에서 빈번하게 사용하는 하나의 캐치프레이즈가 되었다. 1974년 피지 외교부 보고서를 보면 그 역할이 다음처럼 언급된다.

"국제 분쟁의 해결이나 모든 종류의 인종차별 및 식민지배의 철폐, 빈부 격차 등에서 지속적인 대화, 평화로운 변화, 긴밀한 협력 등으로 요약되는 태평양 방식이 피지를 이끄는 기본 철학이 되어 왔다."

그러나 사실 국제정치적 시각으로 볼 때, '태평양 방식'은 온건한 노선을 취함으로써 태평양에서의 서방 보수주의 세력을 옹호하는 이념이었다. 따라서 테러리즘의 문제에서도 피지는 국가 테러주의의 개념을 배제하는 '무고한 민간인들에 대한 정치적 테러리즘'이라는 미국식 테러 개념을 옹호했다. 이런 관점에서 피지는 칠레 피노체트 정권을 지지했다.

피지는 서구 국가들과 공동의 가치 및 목표를 추구한다고 믿고, 이들과의 수교를 당연시했다. 그러나 남태평양 외의 제3세계 국가들, 동유럽 국가들과 피지의 관계는 조금 양가적이다. 마라 수상은 아시아, 카리브 해, 태평양 영연방 국가들과 관계를 공고히 하기를 원했다. 여기에는 '국가'로서 피지의 입지를 세우고 경제적 이득을 얻겠다는 목적이 있었다. 그러나 피지는 서방 세력에 대항하여 제3세계 국가들과 공동의 국제정치적 시각을 발전시키지 않았다. 대부분 피지의 대외정책에 동조하는 보수적 국가들과 관계를 심화시켜 나갔다.

1970년대 내내 미국 및 유럽 국가들은 피지의 외교, 국제정책을 두 손들고 반겼다. 피지는 제3세계 국가지만 어쨌든 그들이 '걱정할 필요 없는' 국가라는 것이었다. 그리고 1970년대 후반, 태평양 지역의 불안정이 고조되면서 피지 마라 수상의 보수적인 '태평양 방식'이 더욱 중요한 역할을 하게 되었다.

피지의 외교관계
유엔과의 관계[115]

피지는 국제사회에서 피지와 같은 작은 섬나라의 역할이 중요하다는 사실을 잘 인식하고 있으며 전 세계 여러 나라와 우호적인 관계를 맺기 위해 노력 중이다. 전통적으로 피지는 태평양 도서국과 유럽연합 국가들, 영연방, 호주, 뉴질랜드 등과 가까이 지냈으며, 최근에는 북진정책에 따라 아시아 지역과의 교류 강화를 위해 노력 중이다.

피지는 대외적으로 무역이나 외교 등에서 비교적 중립적이고 합리적으로 행동하려 노력하며 국제기구, 외교관계 등에서 좋은 성과를 내기 위해 힘쓰고 있다.

"분명 우리가 유엔에 줄 것보다는 얻을 것이 많겠지만 그럼에도 불구하고 우리 나라가 유엔에 기여할 수 있는 것이 있을 것이고 이를 위해 노력할 것이다."

(1970년 피지가 유엔 회원국이 되면서, 피지 초대 수상인 마라가 유엔 총회에서 한 연설 내용)

피지는 1970년 10월 13일, 유엔의 127번째 회원국이 되었다. 그 뒤 유엔과 우호적인 관계를 맺기 위해 노력했으며, 특히 유엔 평화유지군 활동을 열심히 전개했다. 피지는 1978년부터 유엔 평화유지군에 여러 번 군대를 파견했으며, 레바논, 수단, 이라크, 라이베리아, 코소바, 캄보디아, 소말리아, 나미비아, 앙골라, 크로아티아, 보스니아, 르완다, 동티모르 등에서 활약했다. 유엔 평화유지군에서 피지 정예부대의 활약은 매우 뛰어났고, 특히 정글전에서 압도적인 업무수행 능력을 보였다. 정글전에서 피지군이 오랫동안 귀환하지 않으면 사망한 것이 아니라 잠깐 늦는 것일 뿐이라는 농담이 있을 정도였다.

한편, 해양법과 관련해서도 피지는 유엔해양법의 초안을 작성하는데 큰

---

115) Fiji, Ministry of Foreign Affairs and International Cooperation, http://www.foreignaffairs.gov.fj/

역할을 했다. 그 외에 피지는 유엔탈식민화특별위원회(UN Special Committee on Decolonisation)의 능동적 멤버이기도 하며, 기후변화, 지속 가능한 개발, 밀레니엄 개발 목표, 해양 및 수산 이슈, 국제범죄 등에 대해 지속적으로 목소리를 내고 있다.

이와 같이 피지가 평화유지군 활동을 지속적으로 전개하는 이유는 유엔에 대한 존중 및 고마움의 표시로서 피지와 같은 소도서국의 독립 및 주권유지, 생존에는 국제사회의 동의와 승인이 필요하다는 것을 잘 알고 있기 때문이다.

각국과의 외교관계[116]

2014년 현재 피지는 88개국과 수교를 맺고 있다. 현재 외국에 7개의 영연방 고등사무소, 6개의 대사관, 1명의 유엔 대사를 두고 있으며, 피지 내에는 총 21개의 해외 영사관이 위치한다. 또 피지에는 전부 42명의 영연방 고등판무관과 각국 대사들이 주재하고 있다.

피지의 해외 대사관은 현재 6개국에 위치해 있다.
- 호주, 이스라엘, 한국, 레바논, 미국, 중국(홍콩)

또 피지에는 총 21개의 외국공관 및 외교 사무소가 위치해 있다.
- 호주, 프랑스, 인도, 인도네시아, 일본, 키리바시, 말레이시아, 나우루, 뉴질랜드, 파푸아뉴기니, 중국, 한국, 마셜 제도, 솔로몬 제도, 남아프리카, 마이크로네시아 연방국, 투발루, 미국, 영국, 유럽연합 사무소, 유엔 사무소

호주[117]

호주는 남태평양 지역에 대한 최대 원조국으로 뉴질랜드와 더불어 피지의 전통적인 우방국이었다. 그러나 1987년부터 전개된 피지 쿠데타로 관계가 경직되어 현재에 이르고 있다. 호주는 각종 경제 제재 및 태평양도서국포럼(PIF) 자격 정지 등을 통해 피지를 압박했으나, 피지는 중국, 아랍 국가 등 외교관계 다변화를 통해 호주에 대한 지나친 의존성을 탈피하려고 노력하는 중이다. 또 피지는

---

116) Wikipedia, Foreign relations of Fiji. http://en.wikipedia.org/wiki/Foreign_relations_of_Fiji 피지 개황(외교부 자료)에서 발췌
117) Australian Parliamentary Secretary for Pacific Island Affairs, Parliamentary Secretary for Foreign Affairs, The Hon Richard Marles MP, The Australian and Fiji relationship, Speech, 2011.
http://ministers.dfat.gov.au/marles/speeches/2011/rm_sp_110404.html

2013년 태평양도서국포럼(PIF)을 대체할 태평양 도서국 발전 포럼(PIDF)을 창설하기도 했다.

전통적으로 호주와 피지는 우호적인 관계를 유지했고, 경제·문화·무역 등 다방면에서 협력했다. 현재 호주에는 약 5만 명의 피지인 사회가 형성되어 있는데, 피지 인구가 90만 명도 안 된다는 점을 감안하면 이런 이민사회 규모는 상당히 큰 것이다. 또 호주 풋볼 리그(AFL), 럭비 리그 등에는 피지 출신 선수들이 많다.

호주는 전통적으로 피지의 교육, 의료서비스 개선을 위해 오랫동안 투자를 해 왔다. 1954년에 호주 출신 헤밍(Hemming)박사가 수바에 세운 베일리 클리닉(Bayly Clinic)은 현재 연간 2만 5천명 이상의 피지인을 진료하는 의료기관이 되어 있다. 경제 분야에서도 ANZ 은행은 피지에서 130년간 운영되어 왔으며, 800명의 현지 직원을 고용하고 있다. 호주는 피지의 가장 중요한 경제 파트너 중 하나이며, 2014년 현재도 여전히 피지의 최대 투자국이자 최대 무역국 중 하나이다. 또한 피지 관광객의 약 40%는 호주인이 차지한다.

그러나 2006년 쿠데타 이후, 피지에서의 민주주의 악화를 이유로 들어 호주에서 각종 제재를 가함에 따라 양국 간 관계가 악화되었다. 2006년 이후 피지는 헌법의 효력을 정지시키고, 정기적으로 비상사태를 선포해 언론 자유를 박탈하는가 하면 사법부, 경찰력과 같은 국가 기관을 마비시켰다. 이에 호주는 민주주의 복구를 강력히 요청, 권고해 왔다.

쿠데타 이후 피지 경제도 크게 나빠졌는데, 이는 정부의 정책 번복, 무분별한 칙령 발표, 경제 운영 미비, 불안정한 국내 상황으로 인한 핵심 인력 및 외국 투자자의 철수 등에 따른 것이다. 여기에 대해 아시아 개발은행은 "민간 부문 개발 및 투자활성화를 위한 구조적 개혁이 필요"하다고 언급하기도 했다.

2012년 호주 길라드 총리는 점점 증대하는 중국의 영향력을 보다 못해 2006년 이후 피지 정부에 가했던 대부분의 제재 조치를 철회하고, 양국 간 관계를 거의 원상태로 복원하기로 했다. 2012년 8월, 밥 카 호주 외교부 장관은 라투 이노케 쿠부아볼라(Ratu Inoke Kubuabola) 피지 외교부 장관을 만나 피지 정부인사들의 '여행제한' 조치를 탄력적으로(case by case) 운영하겠다고 언급했다.[118]

---

118) Australia normalises relations with Fijian regime, WSWS news, 2012 August, 04. http://www.wsws.org/en/articles/2012/08/fiji-a04.html
Australia-Fiji Relations Deteriorate, WorldPress, 2013 July 31, http://worldpress.org/Asia/3976.cfm

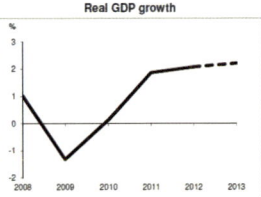

호주-피지 간 무역 및 투자관계[119]
호주는 피지의 최대 무역 거래국 중 하나이다.

처음에 호주 정부는 2014년에 계획된 피지의 총선을 비난했으나, 2012년 이러한 비난을 철회했다. 애초에 호주 정부의 제재 조치는 피지의 정치 불안정을 막고 태평양 지역에 대한 영향력을 유지하려는 것이 목적이었으나, 최근 아랍, 중국, 러시아 등 여러 나라가 태평양 도서국과 교류하는 가운데 이러한 호주의 목표가 좌절되었다. 특히 중국의 영향이 컸다. 즉, 호주의 피지 압박 정책이 피지에 대한 중국의 영향력 증대라는 원치 않은 효과만 낳은 것이다.

태평양에서의 중국의 영향력이 꾸준히 증대하는 가운데, 미국 역시 불편함을 느끼고 있다. 2010년 오바마 대통령은 아시아 태평양 지역이 미국의 '중심점(pivot)'이 될 거라고 언급하여 중국을 견제했고, 2010년 미국 힐러리 클린턴 국무장관은 미 국무장관으로서는 최초로 태평양도서국포럼(PIF)에 참석하여, 피지 장관을 만나 더 많은 지원을 약속했다. 당시 이 사건은 피지 사회의 인권을 이유로 들어 제재를 가하고 있는 호주 정부와 미국 사이의 관계를 다소 경직시키기도 했다.

1945년 이래 호주는 남태평양 지역의 실세로 군림하며 미국의 라이벌이 될 만한 다른 우방국의 침범을 저지해 주었다. 그 대가로 미국은 남태평양 지역에서 매우 공격적인 성향을 띠었던 호주의 경제, 외교정책 및 정치적 영향력 확대를 용인해 주었다. 그러나 중국의 부상과 미국의 피지 지지 앞에서 호주 역시 고민이 많아질 수 밖에 없었다.

최근 피지와 호주는 여러 번 자국 내 대사를 추방하고, 2013년 5월에는 피지 정부가 호주 영연방 고등판무관인 마거릿 투미(Margaret Twomey) 파견을 거절하기도 했다. 한편, 호주 정부는 2009년 피지가 태평양도서국포럼(PIF)에서

---

119) Department of Foreign Affairs and Trade, Australian Government, Fiji- Fact Sheet (그림 출처)
http://www.dfat.gov.au/geo/fs/fiji.pdf

피지에 대한 호주 ODA 현황[120]

	2011~2012	2012~2013	2013~2014
ODA 규모	4,530만 달러	4,920만 달러	5,820만 달러
ODA 프로그램 주요 분야	− 호주의 피지에 대한 ODA 프로그램은 주로 피지 내 복지증진을 위해 사용됨. − 구체적으로는 피지 내 교육 수준 증진(낙후 커뮤니티 및 장애아동을 위한 교육서비스 강화), 기초 의료서비스 수준 향상 및 장비 개선, 빈곤층을 위한 경제 기회 제공 등을 위해 사용되며, 2013년 기준 프로그램별 ODA 지원비율은 아래와 같음. − 교육(40%), 의료(20%), 경제발전(15%), 거버넌스 강화(21%), 일반개발 지원(3%)		

방출되는 데도 큰 역할을 했다. 그 후 피지 정부는 호주가 피지에 대한 원조금을 중단하고, 유엔에 로비를 넣어 피지 유엔평화유지군을 특별히 위험한 분쟁지역에 파견시키는 것에 대해 비난 성명을 발표했다.

2014년 중반까지도 호주-피지 관계는 경색되어 있는데, 그 이유는 피지가 새로운 외교 파트너인 인도네시아, 중국, 러시아 등과 관계를 맺고, 멜라네시아 선진 그룹(MSG)의 리더로서 태평양 도서국과 더욱 긴밀한 관계구축 을 추진하고 있기 때문이다. 또한 피지는 태평양도서국포럼(PIF)(PIF) 방출에 대한 반발로 태평양 도서 발전 포럼을 창설하여 새로운 지역기구 구도를 모색중이다.

뉴질랜드[121]

뉴질랜드 역시 호주와 마찬가지로 피지를 포함한 태평양 도서국과의 전통적인 우호국으로서 피지에 대한 중요한 원조 및 경제 파트너이다. 그러나 2006년 쿠데타 이후, 뉴질랜드가 호주와 함께 피지에 대한 각종 제재 조치를 발효함에 따라 양국관계가 경색되어 있다.

쿠데타 발발 후 뉴질랜드는 피지의 민주주의 복원을 요구하며 피지에 대한 원조금을 축소하고 피지 정부인사들의 여행 제한 조치를 발효했다. 피지 측은 '현 피지의 정치적 상황을 좀 더 근본적으로 들여다 보고 성급하게 결론을 내리지 말아달라'고 뉴질랜드에 부탁했으나, 뉴질랜드와 호주는 매우 강경한

---

120) http://www.ausaid.gov.au/countries/pacific/fiji/Pages/default.aspx
121) Wikipedia, Fiji-New Zealand relations.
http://en.wikipedia.org/wiki/Fiji%E2%80%93New_Zealand_relations
Thaw in New Zealand – Fiji Govt relations, 31/07/2012, Stuff News.
http://www.stuff.co.nz/national/politics/7379796/Thaw-in-New-Zealand-Fiji-Govt-relations

입장을 보였다. 그 후 2007년, 피지는 뉴질랜드의 영연방 고등판무관인 마이클 그린(Michael Green)을 '피지 정부에 대한 내정간섭'을 이유로 추방시켰다.

그 뒤 피지의 재정부 장관인 초드리(Chaudhry)가 뉴질랜드의 지나친 제재 조치를 비난하며, 피지의 외교 방향을 아시아로 돌릴 것임을 암시했다. 다음은 초드리 장관의 발언 내용이다.

"피지에게는 중국도 있고, 한국도 있고, 다른 아시아 국가들도 있다. 더 이상 호주와 뉴질랜드에만 의존하지 않아도 된다."

2007년 뉴질랜드의 헬렌 클라크 수상은 만약 바이니마라마가 그해(2007) 10월 통가에서 열리는 태평양도서국포럼(PIF)에 참석한다면 '문둥이 취급을 받을 것'이라고 말했다. 그러나 태평양 도서국들은 뉴질랜드의 이러한 입장과 다소 거리를 두고 피지를 지나치게 배척하지는 않았고 바이니마라마는 포럼에 참석했다. 헬렌 클라크 수상은 바이니마라마를 대면하지 않았다.

그 뒤 2007년 11월 피지 출생의 뉴질랜드 사업가 발루 칸(Ballu Khan)이 피지 정부인사에 대한 암살음모죄로 구속되어 피지 경찰에 의해 구타를 당하고 병원에 실려갔다. 이로써 양국관계가 심각하게 악화되었다.

뉴질랜드 정부는 발루 칸의 암살 획책에 정부 차원에서의 개입은 전혀 없었음을 밝히고 바이니마라마 수상 역시 호주나 뉴질랜드가 거기에 개입되지 않았음을 공식 발표했다. 뉴질랜드는 2010년 뉴질랜드에서 열린 풋볼 월드컵에서 피지 출신 운동선수의 참여를 거절했으며 47명의 피지 출신 아동의 입국을 불허했다.

2008년에는 바이니마라마가 호주, 뉴질랜드를 싸잡아 '피지의 발전'을 위해 애쓰지 않는다고 비판했다. 그들의 요구와 압력이 "무성의하고 위선적이며 비건설적이고 방해적"일뿐더러, 양국의 태도가 "거들먹거리고 신식민주의적 태도를 가지고 있으며, 피지 역시 독립국으로 존중과 존경을 가지고 대해야 한다는 사실을 잊고 있다"는 것이다.

2008년 뉴질랜드는 피지가 다시 민주주의를 복원하면 원조를 재개하고 경제, 여행 제한을 철회하겠다고 언급했으나, 바이니마라마는 피지가 잘 해나가고 있다고 응수했다. 악화일로를 걷던 양국관계는 2010년 뉴질랜드 외교부 장관 머레이 맥컬리(Murray McCully)와 피지 외교부 장관 라투 이노케 쿠부아볼라가

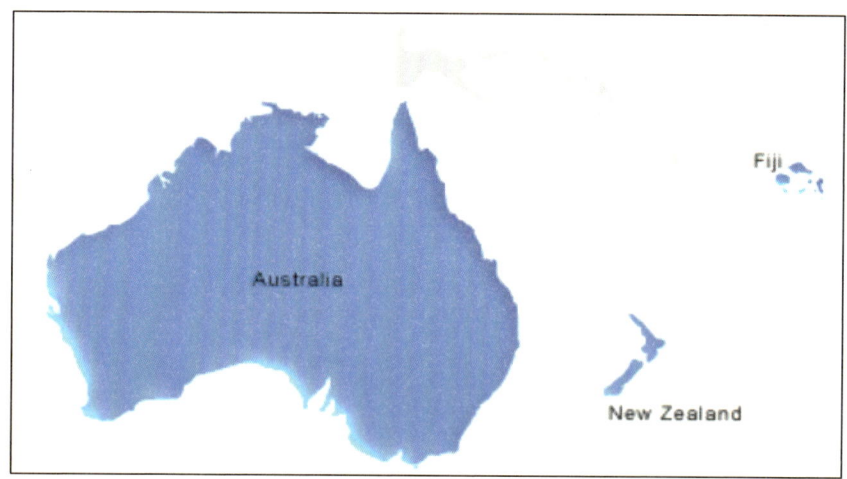

오세아니아와 피지[122]
호주와 뉴질랜드는 피지의 전통적인 우방국이다. 그러나 최근 쿠데타에 따른 호주, 뉴질랜드 측의 잇단 제재와 중국 등 새로운 원조국의 부상으로 양국에 대한 피지의 관계가 서서히 변화하고 있다.

만나 양국관계 개선을 논의하면서 괜찮아지는 듯했으나, 뉴질랜드는 제재 철회는 하지 않았다.

2012년 태평양도서국포럼(PIF) 장관급 회의에서 양국 장관이 만나 뉴질랜드가 피지에 대한 제재 조치를 철회하고 여행 제한도 완화했다. 또 스포츠 출전 박탈 제한도 완화했다. 뉴질랜드의 제재 조치가 호주보다 더욱 엄격했던 만큼 이번 변화가 효력이 클 것으로 예상되며, 영연방 고등판무관도 다시 피지로 파견될 전망이다.

중국[123]

피지는 중국이 1975년에 수교를 체결한 최초의 태평양 도서국이다. 2000년대 들어와 양국 간 외교 및 경제협력은 눈에 띄게 증가했다. 2009년 피지 수상은 중국과 피지의 관계가 "Wonderful" 하다며 극찬하고, 피지 대통령인 라투 에펠리 나일라티카우는 "중국은 피지에 가장 중요한 외교국 중 하나"라고 언급했다.

---

122) http://www.travelago.com/region3map.asp (지도 출처)
123) Wikipedia, China-Fiji relations,
     http://en.wikipedia.org/wiki/China%E2%80%93Fiji_relations

태평양은 중국과 대만이 끊임없이 외교 전쟁을 벌이는 지역인데, 현재 8개 태평양 도서국이 중국을 인정하고 있으며, 6개 태평양 도서국이 대만을 지지하고 있다. 이러한 상황은 계속 변화 중인데, 태평양 도서국의 외교정책도 중국과 대만 사이에서 계속 변하고 있다. 중국의 '하나의 중국(One China Policy)' 정책으로 인해 태평양 도서국은 2개의 중국(both china)이라든지, 'either/or' 등의 표현을 쓸 수 없고 한쪽을 선택해야 하는 상황에 놓여 있다.

2003년에 중국은 태평양도서국포럼(PIF)과의 외교관계 강화를 추진하고, 태평양도서국포럼(PIF)에 지원하던 경제원조 규모를 증가시켰다. 그러면서 대만과의 일체의 공식적 대화나 접촉, 협력을 중단할 것을 요청했다. 2006년 중국의 원자바오 주석이 태평양 도서국과의 경제협력을 증대시킬 것이라 언급한 이후, 중국은 경제원조를 증가하고, 태평양 도서국 물품에 대해 관세를 철폐하며, 국가 부채를 탕감하고, 말라리아 약품을 무상 지원하고, 태평양 도서국의 공직자 및 기술자 2,000여 명을 매년 중국에 불러 연수 프로그램을 제공하는 등 강력한 지원정책을 실시했다. 또 2006년 원자바오 주석은 중국 주석 최초로 태평양 도서국을 방문하기도 했다.

2000~2006년 피지 수상을 지낸 응가라세는 외교정책으로 '북진정책(look north policy)'을 실시했는데, 북쪽의 아시아 국가들, 특히 중국과 외교관계를 강화하겠다는 내용이었다. 그러나 대만과의 문제로 피지와 중국 간에 약간의 의혹이 불거지기도 했다.

2005년 대만의 대통령인 천수이벤이 사적으로 피지를 방문하여 수바의 셰라톤 리조트에서 부통령 라투 조니 마드라이위위(Ratu Joni Madraiwiwi)와 대추장위원회 회장이었던 라투 오비니 보키니(Ratu Ovini Bokini), 그리고 상원 의장 타이토 와카바카토가(Taito Waqavakatoga)를 포함한 여러 의원들, 장관들 및 대법원장 Daniel Fatiaki를 포함한 여러 법관들의 환대를 받았다. 피지 정부는 "전통적인 피지식 환영 행사"라고 밝혔으나, 이 문제로 중국의 심기가 불편해졌다.

피지 외교부 장관 칼리오파테 타볼라(Kaliopate 타볼라(Tavola))는 대만 대통령이 그 행사에 참석한 것은 "그들의 뜻"에 의한 것이지 피지 정부와는 관계가 없고, 또한 당시 피지 수상이었던 응가라세가 천수이벤 대통령과 같은

피지 외교부 장관을 지낸 칼리오파테 타볼라 (Kaliopate Tavola)[131]
2005년 중국과 대만 사이에서 피지의 입장이 난처했을 당시, 태평양 방식(Pacific Way)이라는 명분을 내세워 외교적 갈등을 잠재웠다. 즉, 모든 외지인을 차별 없이 따뜻하게 환영하는 것이 태평양 방식이라는 것이다.

호텔에 묵었던 것은 "우연의 일치"라고 주장했다. 그러나 중국 대사는 이를 믿지 않고, 이는 1975년 중국과 피지가 수교를 체결할 때 약속했던 '하나의 중국' 정책을 위반한 것이라며, "피지와 중국 사이의 관계를 방해"한다고 언급했다. 그 결과 2005년 5월, 중국 대사관 측은 공식 성명을 발표해 피지 정부가 대만과의 모든 대화를 중단할 것을 요청했다.

2005년 5월, 피지 보건부 장관인 나이발루(Naivalu)가 세계보건기구 총회에서 대만의 옵서버 자격 승인에 찬성표를 던졌다. 피지 정부의 뜻과 관계 없이 나이발루(Naivalu) 장관 개인이 이와 같은 결정을 내린 것으로, 이 결정 때문에 그는 피지 외교부 장관인 타볼라(Tavola)와 마찰을 일으켰다. 그 뒤 중국인민정치협상회의 의장인 자칭린(賈慶林)이 피지로 파견되어, 이틀간 피지 수상인 응가라세를 만났다. 이 자리에서 피지 외교부 장관은 중국을 잃을 수 없으며 앞으로 나이발루(Naivalu) 장관의 행동 같은 '경솔한' 행동은 다시는 하지 않겠다고 말했다. 그러나 나이발루(Naivalu) 장관은 자신의 행동은 전혀 새로울 게 없다며, "우리는 항상 대만의 옵서버 지위 획득을 위해 찬성해 왔다"고 언급했다.

그 뒤 피지의 수바에 위치한 남태평양관광기구위원회(Council of South Pacific Tourism Organisation)에서 중국은 피지가 대만의 위원회 가입을 거절할 것을 요청했다. 타볼라(Tavola) 장관은 "중국은 대만의 위원회 가입을 원치 않는다. 우리는 이 문제를 슬기롭게 해결해야 하며, 어떻게 두 국가가 모두 위원회에 참여할 수 있을까를 고민해야 한다"고 언급했다.

피지는 이러한 곤란한 상황을 해결하기 위해 '태평양 방식'을 언급했는데, 이것은 모든 이를 환영하는 것이 태평양의 방식이라는 의미였다. 그해 있었던 천수이볜 대만 대통령의 환대와 관련해서 타볼라(Tavola) 장관은 다음처럼 발언했다.

---
124) http://photos1.blogger.com/blogger/3190/865/320/Kava%20break%20_K_Tavola.jpg

"대만이 중국에 속하는 주(province) 중의 하나라고 해도, 대만의 대표는 높은 인물이며, 따라서 태평양 방식에 따라 그런 인물에게는 최대의 환대를 베풀어야 한다."

그러면서 타볼라(Tavola) 장관은 피지는 중국의 '하나의 중국' 정책에 반대할 뜻이 전혀 없음을 밝혔다.

중국은 2003년 피지에서 개최될 남태평양 게임을 위해 수바 스타디움을 지어 주기도 했으며, 2005년 12월, 피지의 군사령관 바이니마라마가 중국 군부의 초청으로 중국을 공식 방문하기도 했다. 그는 중국의 '하나의 중국'정책을 존중한다고 말했다.

2006년 쿠데타 직후, 중국은 피지를 비난하는 서구 국가들과 거리를 두었다. 당시 중국 외교부 정책관인 등홍보는 "우리는 항상 독립국으로서의 피지의 지위를 존중해 왔다. 현재 피지의 상황과 관련해 우리는 다른 국가들에게도 피지 정부의 선택을 존중하라고 요청하였으며, 피지에 대한 그들의 태도를 재고할 것을 요청했다"고 언급했다.

그 뒤 바이니마라마가 이끄는 과도정부 역시 전 정권의 '북진정책'을 그대로 계승하여, 2007년 당시 피지 재정부 장관이었던 초드리(Chaudhry)는 당시 피지

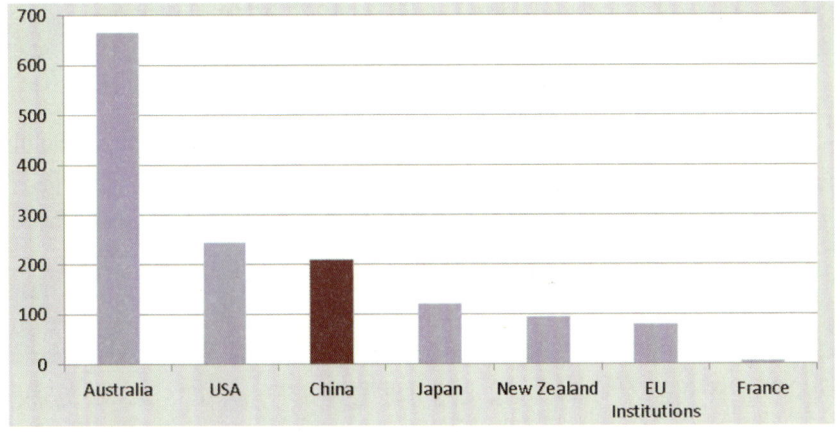

태평양 도서국에 대한 국가별 원조 현황(OECD, 2009)[125] (단위 : 백만 달러)

---

125) China In the Pacific : The New Banker in Town, Lowy Institute, Australia, April 2011.
http://www.lowyinstitute.org/files/pubfiles/Hanson_and_Fifita%2C_China_in_the_Pacific_web.pdf (그림 출처)

정부에 가해지는 서구 국가들의 비판과 중국 정부의 지지를 대조하며 다음과 같이 언급했다.

"피지에게는 중국도 있고, 한국도 있고, 다른 아시아 국가들도 있다. 더 이상 호주와 뉴질랜드에만 의존하지 않아도 된다. 그리고 미국 역시 지금까지 우리에게 해 준 게 별로 없지 않은가."

2007년에는 중국/피지 경제무역위원회가 설립되어 양국 간 경제협력 증진을 모색하게 된다. 중국은 계속 피지 정부를 지지하며 다른 국가들에게도 피지에게 '이해'를 보여 달라고 요청했다. 2008년 중국 티베트에서 시위가 일어나 무력진압 사태가 발생했을 때도 피지 정부는 중국 정부의 입장을 옹호했다. 그 뒤 티베트를 지지하며 수바에서 시위를 벌이던 17명의 시민을 피지 경찰이 체포하기도 했다.

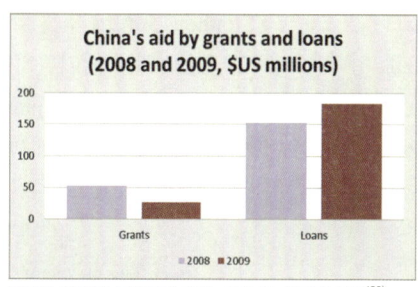
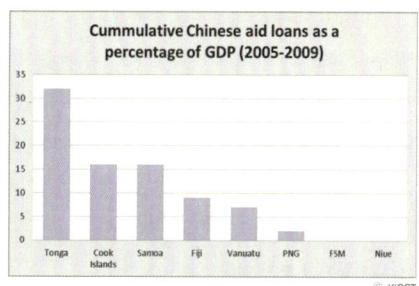

중국의 태평양 도서국에 대한 차관 및 원조금 현황[126]

2006년 이후 피지에 대한 중국의 원조금 규모는 86만 달러에서 1억 3,256만 달러 규모로 급상승한다. 호주와 다른 서구 국가들이 원조금을 중단해 피지를 압박하려던 전략이 중국 측 원조에 의해 거의 무용지물이 되어 버린 것이다. 2008년 중국을 방문한 자리에서 피지 수상은 "현재 우리 양국은 무역, 문화, 스포츠 등에서 매우 긴밀하고 화기애애한 관계를 나누고 있다"고 다음과 같이 언급했다.

"피지는 1987, 2000, 2006년 쿠데타를 겪는 동안 다른 국가들이 빠르게 피지를 저버릴 때, 중국을 비롯해 다른 아시아 국가들이 보여준 조금 더 관대하고 이해심

---

126) China In the Pacific : The New Banker in Town, Lowy Institute, Australia, April 2011.
http://www.lowyinstitute.org/files/pubfiles/Hanson_and_Fifita%2C_China_in_the_Pacific_web.pdf (그림 출처)

많은 반응들을 잊지 않을 것이다. 특히 중국은 피지가 피지의 문제를 피지 식으로 풀 수 있다고 말해 주었으며, 일체의 압박이나 간섭을 하지 않았다."

2009년에 피지가 태평양도서국포럼(PIF)에서 자격정지를 당하면서 압박을 받고 있을 때, 당시 중국의 부주석이었던 시진핑이 피지를 방문해 바이니마라마를 면담하고, "피지와 문화, 교육, 의료, 관광에서 협력을 더욱 강화했으면 좋겠다"는 입장을 전달했다. 양국 간 여러 건의 협력 MOU를 체결하고, 중국이 경제적·기술적 원조를 제공하며, 피지에서의 수입 규모를 늘리겠다고 말했다. 바이니마라마는 "피지의 존엄과 자결권을 인정해 주고 국내문제에 간섭하지 않은 것에 대해 감사"하다고 언급했다. 2009년 5월에는 바이니마라마가 호주 언론과의 인터뷰에서 "중국은 호주, 뉴질랜드와는 달리 피지의 현 상황에 대해 매우 공감적이며, 피지가 피지 식으로 이 문제를 해결해야 한다는 데 동의"한다고 발표했다.

2009년 6월에는 호주 외교부 장관 스티븐 스미스(Stephen Smith)가 중국 정부 측에 "피지의 민주주의적 총선을 목표로 압박을 가하고 있는 (서구 국가들의) 노력을 무효로 만들지 말라"고 언급했다. 2010년에는 유엔 인권이사회(Human Rights Council)가 피지를 시찰하고 보고서를 낸 뒤, 바이니마라마 정권하에서 자행되는 인권 유린 실태를 여러 국가에서 비판하자, 중국 측 대표단이 "피지가

2009년 피지의 무역 현황(수출 + 수입액) [단위 : 백만 달러(미화)][127]

	World	Australia	China	EU	Japan	Singapore	US	NZ
Fiji	2453.76	393.13	106.74	164.21	77.41	351.95	186.28	248.38
Nauru	243.91	19.08	0.02	3.92	1.68	0	3.6	2.96
Kiribati	108.76	19.78	3.91	5.21	14.79	N/D	2.1	4.05
Palau	N/D	0.51	1.31	N/D	20.51	N/D	0	0.27
PNG	11613.56	3935.49	896.54	822.31	749.13	331.61	337.03	137.49
Samoa	467.73	62.92	47.89	6.52	13.6	38.99	25.17	84.73
Solomon Islands	632.92	73.54	180.47	35.05	15.83	68.91	7.62	17.73
Tonga	166.89	11.98	8.84	6.02	3.36	0	17.66	39.06
Tuvalu	124.09	3.21	6.04	1.65	57.41	N/D	0.2	1.66
Vanuatu	651.76	63.33	53.43	111.96	104.08	53.78	6.29	32.89
Total	16463.38	4582.97	1305.19	1156.85	1057.8	845.24	585.95	569.22

출처 : IMF Direction of Trade Statistics CD-ROM

---

127) China In the Pacific : The New Banker in Town, Lowy Institute, Australia, April 2011. http://www.lowyinstitute.org/files/pubfiles/Hanson_and_Fifita%2C_China_in_the_Pacific_web.pdf (통계 출처)

태평양 도서국에 대한 중국의 연도별 연성 차관(soft load) 현황(추정치)[128]

	2005	2006	2007	2008	2009	Total loan Amount ($US millions)	GDP 2009 ($US millions)	% of GDP
Cook Islands	0	0	0	9.6	23.44	33.04	203	16
FSM	0	0	0	0	0	0	274	0
Fiji	0	20	150.3	83.1	0	253.4	2,825	9
Niue	0	0	0	0	0	0	13	0
PNG	10.3	0	0	0	117.11	127.41	7,893	2
Samoa	12.9	6	21	40	0	79.9	496	16
Tonga	0	0	57.8	0	42.6	100.4	311	32
Vanuatu	0	0	14.6	28.8	–	43.4	648	7
Totals	23.2	26	243.7	161.5	183.15	637.55		

인권 신장 및 보호를 위해 스스로 기울이고 있는 노력을 칭찬해야 한다"고 언급하여 피지를 방어해 주었다.

2006년 이후 중국의 피지 측에 대한 호의는 꾸준히 증가해 왔으며 호주, 뉴질랜드 등에서는 이에 대한 우려의 목소리가 계속 제기되었다. 중국의 개입으로 그간의 제재 정책이 수포로 돌아간 호주, 뉴질랜드는 결국 2012년 태평양 지역에서의 더 큰 영향력 상실을 우려하여 피지에 대한 제재정책을 철회하겠다고 발표하면서 피지와의 관계 정상화를 추진하겠다고 밝혔다.

인도[129]

2014년 현재, 피지 인구의 약 40%는 과거 피지로 파견된 인도계 계약노동자와 이주자들의 후손이다. 그래서 인도와 피지 사이에는 강한 문화적 연관성이 존재한다. 그러나 양국 간 사이는 좋지 않았는데, 피지의 인종차별 정책이 지속되어 왔기 때문이다. 인도는 국제사회에서 피지 내의 인도계 피지인 차별에 대해 여러 차례 비판하고, 인도계 정치인이 수상직에 올랐다가 쿠데타로 축출된

---

128) China In the Pacific : The New Banker in Town, Lowy Institute, Australia, April 2011. http://www.lowyinstitute.org/files/pubfiles/Hanson_and_Fifita%2C_China_in_the_Pacific_web.pdf (통계 출처)
129) Wikipedia, Fiji-India relations, http://en.wikipedia.org/wiki/Fiji%E2%80%93India_relations

1987년 및 2000년에는 피지에 대한 각국의 제재를 위해 로비활동을 벌이기도 했다.

그러나 2000년대 들어서 양국관계는 개선된다. 2005년에는 인도 정부가 사탕수수 압착시설 및 사탕수수를 이용한 바이료 연료 생산 설비 구축을 위해 피지 측에 8,600만 달러(피지 달러)의 차관을 제공했다. 피지 사탕수수 노동자의 90%가 인도계 피지인이기 때문이다. 동시에 인도 정부는 사탕수수 산업과 관련된 기술적 지원도 제공했다.

2005년에는 당시 수상이었던 웅가라세와 외교부 장관이었던 칼리오파테 타볼라(Kaliopate Tavola)가 인도를 공식 방문해 뉴델리에 새로운 영연방 고등 판무관 사무소를 개설하고 약 50명의 현지 직원을 채용했다. 당시까지 피지 영연방 고등판무관 사무소는 허름한 호텔이었다.

그 뒤 피지의 웅가라세 수상과 인도의 만모한 싱(Manmohan Singh) 수상은 개발협력, 관광협력 등을 골자로 하는 4건의 협약을 체결했다. 싱(Singh) 수상은 피지 정부 측에 다문화성을 국가 정체성의 일부로 받아들이라고 조언했고, 웅가라세 수상은 이번 인도 방문이 성공적이었다고 자축했다. 싱(Singh) 수상은 특히 피지의 사탕수수 산업에서 많은 것을 배울 것으로 기대한다고 언급했다.

2005년 인도-파키스탄 국경 지대에서 지진이 일어나자 피지 정부는 인도 정부에 3만 피지 달러(한화 약 1,800만 원), 파키스탄 정부에 6만 피지 달러(한화 약 3,600만 원)의 원조금을 보냈다.

2006년 쿠데타 후에 인도는 특별히 피지를 고립시키려 하지는 않았다.

태평양 도서국과의 관계
파푸아뉴기니[130]

피지와 파푸아뉴기니는 1875년 피지에서 최초의 선교사를 파푸아뉴기니로 파견한 이래 1975년에 정식 수교를 체결했고, 그 후 우호적인 관계를 맺어 왔다. 피지가 여러 번의 쿠데타와 정치적 혼란을 겪는 와중에도, 파푸아뉴기니는 국제사회에서 공개적으로 피지를 비판하거나 고립시키지 않았으며 그러한 외부의 요청을 거절했다. 여기에 대해 피지 역시 고마움을 표시한 바 있다.

---

130) Fiji, PNG to strengthen relations, The Fiji Times, 2012 Aug. 04.
http://www.fijitimes.com/story.aspx?id=208330130)Wikipedia, Foreign relations of Fiji, http://en.wikipedia.org/wiki/Foreign_relations_of_Fiji

2013년 피지 바이니마라마 수상이 파푸아뉴기니를 방문한 자리에서, 오닐 수상은 피지와 파푸아뉴기니를 태평양의 "양대 빅 브라더"라고 표현했는데, 이는 엄청난 광물자원과 문화적 다양성을 보유하고 있는 파푸아뉴기니와 남태평양의 허브 국가로서 훌륭한 입지와 인프라를 갖추고 있는 피지의 입지를 잘 보여주는 말이라고 할 수 있다. 그러나 2013년 피지의 독자적인 태평양 도서국 발전 포럼 창설에 대해서는 파푸아뉴기니가 반대 입장을 밝힌 바 있다.
　2013년에는 각국 수상이 상대방 국가를 방문하여 양국 간 무비자 협정을 체결하는 등 관계 강화를 위해 노력 중이다. 또한 2014년에 있을 피지 총선 및 평화적 정권 이양을 위해 파푸아뉴기니는 피지에 약 2천만 키나의 원조금을 지원했다.
　여기에 대해 파푸아뉴기니 총독인 Sir Michael Ogio는 "무역, 기술협력, 양국 간 국민들의 방문으로 지난 60년간 피지와 파푸아뉴기니의 관계는 더할 나위 없이 우호적이었다"고 언급했다. 현재 피지의 불안정한 정치 상황에도 불구하고 양국 간 투자나 원조는 계속 이어져 왔으며, 이는 앞으로도 계속될 것으로 추정된다.

통가

통가는 피지의 이웃 나라로서 수백년 간의 상호 교류 역사가 있다.
　구전 역사에 따르면, 13세기에 통가 왕국은 피지를 점령하고 피지를 통가의 한 주(Province)로 만들었다. 통가 왕국은 곧 해체되었으나 그 뒤 이웃 나라로서 피지에 많은 영향을 주었다.
　1840년대부터는 통가의 전사이자 왕자인 Ma'afu가 감리교 선교사들을 데리고 피지로 진출하여, 피지 본토와 섬들을 점령하고 피지 왕이 되었다. 그러나 피지가 영국에 이양된 1874년부터는 영향력이 감소했다.
　현대로 넘어와 2007년 통가에서 열린 태평양도서국포럼(PIF) 회의에 참석한 바이니마라마 피지 수상은 '열화와 같은 환호'와 환영을 받았다. 호주와 뉴질랜드 언론은 바이니마라마가 "마치 록스타나 영웅처럼 통가인들에게 환호를 받았다"고 보도했다.
　쿠데타 이후에도 통가는 피지 과도정부를 압박하여 민정 이양을 촉구하는

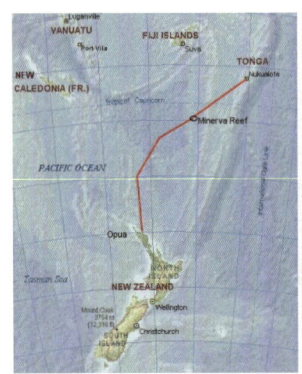 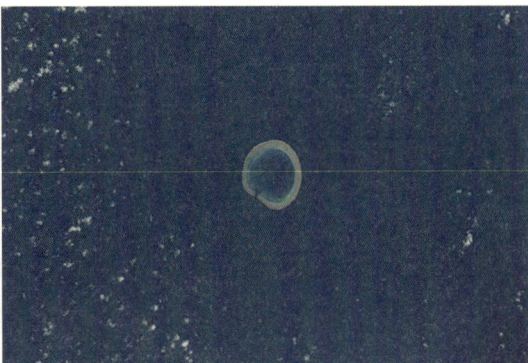

피지와 통가 사이의 해양영토 분쟁을 불러온 미네르바 리프(Minerva Reef) ⓒ 위키피디아

태도를 견지하지 않았다. 또한 통가 정부는 피지를 태평양도서국포럼(PIF)에서 제외시키자는 뉴질랜드 수상 헬렌 클라크(Helen Clark)의 제안을 여러 번 거절했다. 그러나 통가 수상인 펠레티 세벨레(Dr. Feleti Sevele)가 "피지 헌법에 근거해서 신뢰할 만한 로드맵을 구축하여 총선을 준비할 것"을 촉구하기는 했다.

2009년 피지가 태평양도서국포럼(PIF)에서 자격이 정지되자, 통가 수상인 세벨레는 이러한 자격 정지의 이유를 모르겠다면서, 피지를 소외시키는 것은 "무의미한 일"이라고 언급했다.

2011년 통가 수상이 된 투이바카노 경(Lord Tu'ivakanō) 역시 피지에 대한 호주, 뉴질랜드의 압박은 전혀 생산적이지 않고 바이니마라마를 '자극할 뿐'이라고 하며, "압박을 느슨하게 해라. 그러면 사태가 회복될 것이다. 이것은 다른 나라들에게 오히려 기회를 주는 일이다. 특히 중국과 많은 나라들이 기회를 엿보고 있고 피지는 '호주도 뉴질랜드도 필요없다. 우리를 도와줄 나라는 많다'고 말하고 있다"고 언급했다.

그러다 2010년부터 미네르바 리프(Minerva Reef)의 관할권 문제로 피지와 통가 사이에 외교적 마찰이 발생한다. 미네르바 리프는 통가와 피지의 해양관할권 경계에 위치한 곳으로 양국 모두 자국 소유라고 주장했다. 역사적으로 그 지역은 피지 Ono-i-Lau족의 어업 지역이었으나, 1972년 통가가 아직 아무도 관할권을 주장하지 않은 이 리프 지역을 부속령으로 지정했다. 피지는 이를 인정하지 않고 그 지역이 자국 영토라고 주장했다. 그리고 2010년 통가가 리프 중 하나에

등대를 설치하겠다고 하자, 피지는 자국 영토를 지키기 위해서라면 무엇이든지 할 수 있다고 맞섰다.

2011년 2월, 피지 정부는 "우리는 미네르바 리프가 환초이며, 피지의 배타적 경제수역 내에 위치해 있다는 입장을 재천명한다. 또 피지 정부는 미네르바 리프 주변 해역에 대한 모든 권리를 보유한다"고 밝혔다. 피지 외교부 사무차장인 Solo Mara는 양국 간에 '갈등'은 없고, 단지 '중복된 영토 주장'만 있었다고 언급했다.

2011년 5월, 피지의 해군 함대가 미네르바 환초대를 방문해 그곳에 있던 뉴질랜드 요트를 환초 바깥으로 나가라고 명령했다. 그 뒤 통가가 설치해 놓은 항행 표지를 파괴했다. 통가 정부는 항의성명을 발표하고 피지 외교부는 통가는 '피지와 가장 가까운 우호국 중 하나'이며, 비록 미네르바 환초는 피지의 해양 관할권 하에 있지만 최근의 의견 불일치가 '평화로운 대화'를 통해 해결되기를 바란다고 발표한다.

그해 6월, 2대의 통가 해군 함정이 다시 환초 지역을 방문해 피지 측이 파괴한 항행 표지를 설치하고 통가 영해라고 주장했다. 당시 근처에 있던 피지 해군 함정은 통가 해군 함대를 보고 철수하고, 뉴질랜드 언론은 양국 간 군사적 충돌이 간발의 차이로 모면되었다고 보도했다.

공교롭게도 그 무렵 바이나마라마 정권의 전복을 꾀했다는 명목으로 기소되어 있던 피지 중령 테비타 마라(Tevita Mara)가 보트를 타고 피지를 탈출했는데, 통가 정부의 순찰선이 그를 발견하고 통가로 운송해 갔다. 통가 정부가 관련 뉴스를 내자 바이니마라마는 통가 함정이 불법으로 피지 해역을 침범해 수배 중인 피지 인사를 '불법 유출' 했다고 비판했다. 바이나마라마는 통가 수상인 투이비카노에게 공식 항의를 발표하고, 마라 중령의 본국송환을 요청했다. 통가 수상은 피지 국내문제에 간섭할 뜻이 전혀 없다며 송환시킬 뜻을 내비쳤다.

그러나 4일 후 통가 정부는 피지 정부로부터 마라(Mara) 중령을 송환해 달라는 공식 요청을 받은 적이 없다면서, 인도적 문제를 이유로 들어 마라(Mara) 중령에게 통가 시민권을 발급했으며, 이로써 양국관계는 더욱 싸늘해졌다. 그 뒤 통가 정부는 통가 헌법에 따라 마라(Mara)를 환송시킬 수 없다고 했다.

솔로몬 제도

피지와 솔로몬 제도는 모두 멜라네시아에 위치하고 멜라네시아 선진 그룹(Melanesian Spearhead Group) 회원국이자 태평양도서국포럼(PIF)의 회원국이다. 2008년에는 솔로몬 제도가 피지에 영연방 고등사무소 설치를 희망하여 피지가 이를 승인한 바 있다.

제2차 세계대전 시에는 영국군 휘하의 피지 병사들이 솔로몬 제도에서 일본군과 전투를 벌였다. 양국 간 수교는 솔로몬 제도가 독립한 1978년 체결되었으며, 현재도 피지 병사들은 솔로몬 제도 지역협력군(RAMSI) 소속으로 솔로몬 제도에 파견되어 있다.

솔로몬 제도의 수도인 호니아라에는 피지인들이 모여 사는 소규모 커뮤니티가 있으며, 피지 수도인 수바에도 솔로몬 제도인들의 커뮤니티가 있다. 전 솔로몬 제도 수상인 데렉 시쿠아(Derek Sikua)는 피지에서 교육을 받았고 피지어를 할 줄 안다. 솔로몬 제도는 바이니마라마 정권의 민주화를 촉구하기도 했으며, 현재 양국 간 관계는 친밀한 편이다.

바누아투

피지와 바누아투의 외교관계는 양호한 편이나 최근 몇 차례 무역 분쟁이 있었다. 2005년 3월, 바누아투는 자국 비스킷 산업을 보호하기 위해 피지 FMF 사(Flour Mills of Fiji)에서 만든 빵 및 시리얼 등의 수입을 금지하고, 그 뒤 FMF사는 연간 약 2백만 피지 달러의 수익 손해를 보았다.

그해 6월, 피지는 바누아투의 모든 상품을 금수 조치하여 Vanuatu Kava(미화 약 320만 달러 손실), Air Vanuatu(미화 8백만 달러 손실) 등이 더 이상 피지에서 활동할 수 없도록 했다. 그러자 피지 외교부 장관은 피지 정부는 "인내심을 잃어 가고 있다"고 바누아투 정부에 공식 서한을 보냈다.

그해 10월, 바누아투 통상부 장관인 James Bule이 피지를 방문하여 바누아투도 피지 비스킷 수입 제한을 철회할 테니, 피지 측에서도 바누아투 카바의 수입 제한을 철회해 달라는 입장을 전달했다. 그 뒤 양국은 수입제한 조치를 철회하고, 그해 12월 바누아투 재정부 장관이 피지 비스킷 수입을 제한한 것에 대해 사과했다.

한국과의 관계[131]

우리나라는 1971년 1월 30일 피지와 외교관계를 수립했다. 1970년 10월 10일 피지 독립과 동시에 피지를 국가로 승인하고, 1980년 12월 17일 주 피지대사관을 설치했다. 피지 측은 주일 피지대사관에서 우리나라를 겸임해 오다가, 2012년 7월 주한대사관을 설치했다. 2012년 10월 5일 Filimone Kau 초대 주한대사가 신임장을 받았다. 양국은 1971년 1월 30일 외교관계 수립 이래 우호적 관계를 유지해 왔으며, 피지 측은 국제무대에서 우리 측 입장을 적극 지지하고 있다.

특히 피지 정부는 호주 및 뉴질랜드에 대한 지나친 의존에서 탈피하여 '북방 정책(Look North Policy)'을 주요 외교정책으로 설정하고 아시아 지역 국가와의 협력관계 강화를 추진 중이다. 피지를 포함한 태평양 국가들은 최근 한국에 호감을 갖고 협력관계 심화를 희망하고 있는데, 한국이 영국, 호주, 미국, 일본 등 기존의 식민국가들과 다르고, 식민지배를 받은 가난한 나라였음에도 눈부신 경제성장을 이루어 냈기 때문이다. 특히 피지는 최근 호주, 뉴질랜드의 지나친 간섭을 거부하면서 "우리에게는 아시아에도 친구가 있다. 중국도 있고 한국도 있다"라는 발언을 하기도 했다.

아직 우리나라는 태평양 지역에 대한 관심이나 지원이 중국, 일본 등에 비해 턱없이 부족한 실정이다. 피지가 한국에 대해 우호적 시각을 가지고 있으며, 피지가 태평양에서 가장 중요한 거점 국가 중 하나인 점을 감안하면, 피지와의 관계 강화는 향후 우리나라의 태평양 진출에도 큰 도움이 될 것으로 판단된다.

피지와 한국 간의 경제, 통상관계를 보면 양국은 항공협정(1994.10) 및 이중과세방지협정(1995.1)을 체결하였으며, 1995년 9월, 대한항공 직항편 개설로 경제·통상관계가 획기적으로 진전되었다. 양국 간 교역량은 2004년부터 연간 2-3천만 달러 수준을 유지하다가 2011년부터 4천만 달러를 넘어섰으며 우리 측 무역흑자가 지속되고 있다.

우리나라 주요 민간상사는 피지내 중계 무역상사 또는 현지업체와 대리점 계약을 맺어 교역하고 있으며, 대한항공 난디 지점 이외에 우리나라 기업의 지사는 설치되어 있지 않다.

---

131) 주피지대사관, 피지 개황 (표 및 그림 출처)
http://fji.mofa.go.kr/webmodule/htsboard/template/read/korboardread.jsp?typeID=15&boardid=3644&seqno=796848&c=&t=&pagenum=1&tableName=TYPE_LEGATION&pc=&dc=&wc=&lu=&vu=&iu=&du=

연도별 양국 간 교역통계   단위 : 천 달러(미화)

구 분	2001	2002	2003	2004	2005	2006	2007	2008	2009	2010	2011
수출	9,789	10,714	11,537	23,125	19,498	20,269	24,914	30,879	18,874	18,632	24,976
수입	1,136	887	1,031	687	2,485	3,494	1,969	3,115	4,079	15,465	20,451

자료 : 무역협회   ⓒ KIOST

경제, 자원협력

우리 한국공항공사와 (주)신명파워가 컨소시엄으로 참여한 피지공항공사 항행장비(DVOR/DME) 업그레이드 입찰 사업에서 2012년 3월 156만 달러의 입찰 사업을 수주하였으며, 2013년 1월 입찰 사업을 성공리에 종료했다. 이는 우리 기업이 20년 만에 피지에서 입찰사업을 수주하는 성과이다.

또 한국해양과학기술원(KIOST)은 2011년 4월 피지 EEZ 내 해저열수광상 독점 탐사권을 획득한 후, KIOST와 우리 민간기업과 컨소시엄을 구성하여 향후 6년간 탐사를 실시 중에 있다. KIOST의 피지 해저열수광상의 원활한 탐사활동을 위해 2012년 6월 23일 한국 국토해양부와 피지 광물자원부 간에 '한-피지 해양과학기술분야 협력 MOU'를 체결하여 양국 정부 차원의 지원체제를 구축했다.

이 밖에 우리나라 생수개발업체 Korea Resort Company사는 2012년 6월 주재국 내에서 생수개발 허가권을 획득하여 생수원 시추 탐사를 추진하고 있으며, 향후 생수 상업화를 추진할 예정이다.

수산협력

1968~1973년간 우리나라 수산개발공사 소속 어선들이 피지 수바항을 기지로 조업한 바 있으나 이후 사모아 파고파고(Pagopago)로 거점을 옮겼다. 현재는 연간 50척 정도의 우리 원양어선들이 수리, 보급, 정비를 위해 피지 수바항에 입항하고 있으며, 아울러 약 30~40명의 한국인들이 외국 국적 및 우리나라 국적 선박의 선장으로서 활동하고 있다.

한국해양수산개발원(KMI)은 2012년 10월 15일 최초로 '한-남태평양수산

포럼'을 피지에서 개최하여 한-남태평양 지역 간 수산자원 보존과 협력 강화 방안을 모색하고 인적 네트워크 활성화를 도모했다. 그리고 남태평양 대학과 해양수산 연구발전을 위한 MOU를 체결하기도 했다.

동원 그룹 스타키스트(Starkist)사는 2011년 말부터 참치캔 원료공급선을 피지에서 탐색해 왔으며, 2012년 5월 주재국 씨퀘스트(Sea Quest)사와 참치원료 공급계약을 체결했다.

관광

우리나라 국민들의 피지 방문은 1995년 9월 대한항공 직항노선 개설 직후 1996년에 최대치인 1만 4,770명을 기록했다. 1998년 4월 대한항공 운항중단으로 급감한 우리나라 방문객 수는 2000년 8월 대한항공이 재취항한 이후 점차 증가하여 2006년 1만 1,257명까지 회복되었다. 최근 세계적 경제 불황 및 남태평양 지역 대체 관광지 부상으로 인해 우리나라 방문객 수는 계속 감소 추세이다.

연도별 우리나라의 피지 방문자 통계

연 도	방문자 수(명)
1995	5,475
1996	14,770
1997	12,181
1998	1,613
1999	1,489
2000	3,386
2001	8,143
2002	6,992
2003	8,380
2004	9,132
2005	8,775
2006	11,275
2007	9,984
2008	7,421
2009	4,904
2010	6,327
2011	5,101

출처 : 피지 통계청

개발협력 및 ODA

1991~2012년까지 우리나라 KOICA에서 피지에 지원한 총액은 1,433만달러 규모로, 중국, 일본 등에 비해 상당히 적은 편이다. 연도별 지원금액 및 주요 지원내역은 다음과 같다.

주요 지원내역(출처:외교부, 피지 개황)

연도별 지원금액 (단위 : 만 달러)

연도	1991~2001	2002	2003	2004	2005	2006	2007	2008	2009	2010	2011
지원액	410	26	34	2	33	113	145	180	125	204	71

프로젝트

사업기간	사업내용(지원규모)
1995 – 1996	Rakiraki 병원 건축사업(62만 달러)
1997	Mauna 수력발전소 건축사업(31만 달러)
1997	Vatulele 보건소 건립사업(11만 달러)
2007 – 2009	북섬 응급의료 및 지역사회보건 개선사업(133만 달러)
2009 – 2013	USP를 통한 태평양도서국 재생에너지 개발사업(200만 달러)

물자지원

연도	사업내용
1991	차량, 앰뷸런스(12만 달러)
1992	공공행정 물자지원(7만 달러)
1993	공공행정 물자지원(6만 달러)
1994	차량 지원(12만 달러)
1995	봉사단 소규모 프로젝트 지원(1만 달러)
1996	선박 기자재 지원(4만 달러)
1997	자동차정비품(1만 달러), 오토바이 및 부품(3만 달러)
1998	사무기기(0.4만 달러), 의전차량(2만 달러)
1999	차량(2만 달러), 사무기기(0.5만 달러), 의료기기(4만불), 행정차량(3만 달러)
2000	차량(2만 달러), 사무기기(1만 달러)
2001	차량(2만 달러), 사무기기(0.6만 달러), 의료장비 사후관리(0.2만 달러), 교육장비(0.4만 달러)
2002	농기계 장비(4만 달러), 사무기기(1만 달러), 의료장비(3만 달러), 사후 관리(0.2만 달러)
2003	사무기기(4만 달러), 차량(5만 달러), 사후관리(700 달러)
2004	재봉용품 현금(2만 달러), 재봉용품(5만 달러)
2005	보건부 물자지원(6만 달러), 총무청 사후관리(0.2만 달러)
2006	외교부 의전차량 지원(3만 달러)
2009	비료 지원(4만 달러)
2010	없음
2011	없음
2012	농림수산부에서 피지 수산부에 차량 및 사무용품 지원(8.5만 달러)

긴급구호

연도	사업내용
1993	긴급원조(3만 달러)
1998	홍수피해 현금지원(1만 달러)
2003	태풍피해 지원(1만 달러)
2008	사이클론 피해 현금지원(5만 달러)
2010	사이클론 피해 의료용품 지원(5만 달러)
2012	홍수 피해 2회 지원[생필품(2월,5만 달러), 의료용품(5월, 5만 달러)]

기 타

사업형태	사업내용
국내초청연수	255명 250만 달러 (단기 230명, 장기 25명)
봉사단 파견	101명 449만 달러(2010년까지 파견)
전문가 파견	6명 12만 달러(2012년까지)
의료단 파견	1명 85만 달러
민간단체 지원	1건 2천 달러

※ 상기 국내초청 연수 사업과 별도로 외교부 주관 대 PIF 전자정부 연수사업(2008~2010)에 2009~2010년간 4명 참가

기타 국가들과의 관계

국가	수교연도	외교관계
브라질	2006	2006년, 피지 대사인 Isikia Savua와 브라질 대사인 Ronaldo Mota Sardenberg가 양국 간 수교 체결. Savua 피지 대사는 바이오연료 산업 분야에서 피지가 브라질의 기술적 도움을 얻기를 희망한다고 언급함.
쿠바	2002	유엔 측 피지 대사인 Berenado Vunibobo는 2008, 피지와 뉴질랜드의 외교관계가 약해진 상황에서 쿠바와의 협력 강화(특히 의료 분야에서)를 희망한다고 언급함. 또한 피지의 외교부 장관인 라투 에펠리 나일라 티카우(Ratu Epeli Nailatikau)는 쿠바 하바나에서 개최된 쿠바 - 태평양 도서국 장관회의에 참석함.
덴마크	1972	덴마크 영사업무는 영국 런던에 있는 피지대사관에서 관할함. 피지 수바에는 덴마크 영사가 설치되어 있음.
프랑스		2006년 쿠데타로 프랑스와의 관계는 다소 경직됨. 그 전까지 양국 간의 협력은 주로 군사협력에 초점이 맞춰져 있었음. 프랑스는 피지에 해양경계 조사, 개발원조 등에 도움을 줌. 그 이후 군사원조는 중단함. 이 외에도 각종 물자나 개발 프로젝트 지원, 재생에너지 프로젝트 등을 지원했고 태평양 지역에 대한 프랑스 문헌을 영어로 번역해 주기도 함. 또한 Alliance Française의 설치를 통해 피지에서 프랑스 언어 및 문화교육을 장려하고, 남태평양 대학에서도 프랑스 교육을 장려함.
인도	1970	피지와 인도의 관계는 피지 내의 인종갈등 때문에 때로 경직되기도함. 2005년 피지 수상 응가라세와 외교부 장관 Kaliopate 타볼라(Tavola)가 인도를 공식 방문함.

이스라엘	2002	피지가 유엔에서 이스라엘을 지지하기 때문에 이스라엘과의 관계는 좋은 편임. 그러나 2006년 이스라엘의 팔레스타인 공격 이후 피지 정부가 피지를 방문한 이스라엘인 3명을 나디 공항에서 입국시키지 않고 호주로 출국시켜 버린 사례가 있음.
코소보	2013	피지는 코소보 공화국을 2012년 정식 국가로 인정하고, 2013년 2월 공식 수교를 체결함.
대한민국	1970	양국 간 수교는 피지 독립 이후인 1970년에 체결함. 현재 피지의 수바와 한국의 서울에 양국 대사관이 설치됨. 양국 간 관계는 우호적이며, 특히 피지가 한국과의 관계 강화에 관심이 많음.
남아프리카 공화국	2006	2006년, 피지는 아프리카 대륙에서 최초로 남아프리카 공화국과 수교를 체결함. 무역 및 투자의 새로운 기회가 열림. 남아프리카 공화국은 피지에 영연방 위원회 사무실(High Commission)을 개설함.
영국	1970	2005년 영국은 키리바시 영사관, 통가 대사관을 폐쇄하고, 바누아투 영사관을 폐쇄함. 또한 영국이 창립 멤버였던 태평양 공동체 사무국(SPC : Secretariat of the Pacific Community))에서도 탈퇴. 이에 피지 외교부 장관인 타볼라(Tavola)는 태평양 지역에서 철수하는 영국 정부에 대해 우려를 표시함. 타볼라(Tavola) 장관은 영국의 철수로 다른 세력이 활용할 수 있는 힘의 공백이 생겨난다고 말함. 새로운 '냉전체제'가 도래하여, 중국, 대만, 일본 등의 국가가 경쟁할 수 있다고 말함.
미국	1971	피지의 정치적 혼란 때문에 미국 정부는 피지에 비판적 태도를 견지함. 2006년 쿠데타 이후에는 과도정부에 대한 반대 때문에 양국 관계는 좋지 않음.

피지의 국방

피지의 국방

피지의 군사력은 현역병 3,500명, 예비군 약 6,000명 수준으로 피지는 세계에서 가장 작은 군대를 보유한 나라 중 하나이다. 그렇지만 피지 인구가 100만 명이 되지 않고, 근처의 몇몇 태평양 도서국은 아예 군대가 없는 것을 감안하면 피지의 군사력은 나쁘지 않다고 할 수 있다. 피지 육군은 6개의 보병대와 1개의 공병대를 보유하고 있으며, 예비군은 약 6,000명이다.

피지군은 유엔 평화유지군에서 큰 활약을 하고 있는데 특히 정글전에 강한 것으로 알려져 있고, 정글에서의 활약 때문에 국제사회의 주목을 받았다. 피지 육군의 1, 2 보병대가 주로 돌아가며 해외에서 근무하는데, 1보병대는 레바논, 이라크, 동티모르 등에서 활약하고, 2보병대는 이집트 시나이 반도에서 활동한다. 이 평화유지군이 벌어들이는 수입은 피지군의 중요한 수입원이다. 또 3보병대는 수도인 수바에 있으며, 나머지 군대들은 여러 섬에 흩어져 배치되어 있다.

피지 군대는 국방의 영역에만 머무르지 않고 지금까지 여러 차례의 쿠데타를 통해 피지 사회 및 정치에 깊숙이 개입해 왔다.

피지군의 역대 사령관[132]

복지 및 교육[133]

지난 40년간 피지의 복지 및 교육 정책은 훌륭한 편이었다. 피지는 의료 및 교육 서비스에 관심이 많고, 무상서비스 지원도 아끼지 않고 있다. 또 지역 수준으로 복지서비스 확대를 위해서도 노력 중이다. 그러나 여전히 계층 양극화, 빈곤 등의 사회문제가 남아 있으며, 만족할 만한 사회적 발전이 이루어지지 않고 있다. 각종 정책 및 계획이 실제 만족할 만한 결과를 가져오지 못하고 있는 이유로는, 서비스 제공에서의 불평등, 허술한 관리, 부실한 리더십, 숙련된

---

132) REPUBLIC OF FIJI MILITARY FORCES. http://www.rfmf.mil.fj/ (사진 출처)
133) Paresh Kumar Narayan, Social Policies in Fiji, Draft paper prepared for the joint Commonwealth Secretariat/UNRISD Project on Social Policies in Small States, 2011.

인력의 해외 이민 등을 들 수 있다. 이러한 사회복지 시스템의 부실 운영은 계속된 피지의 정치적 불안정때문에 투자가 축소되고 성장이 제한되기 때문이다. 복지서비스를 향상시키려면 일단 민주주의를 정착시켜 사회 응집력을 강화하고 사법권 및 인력을 강화할 필요가 있다.

피지의 복지 현황

태평양 도서국의 복지 현황 중에서 피지의 복지 현황은 괜찮은 편이다. 교육지수, 수명, GDP, 식자율, 인간개발지수 등이 태평양 도서국 중에서는 상위권에 랭크되어 있다.

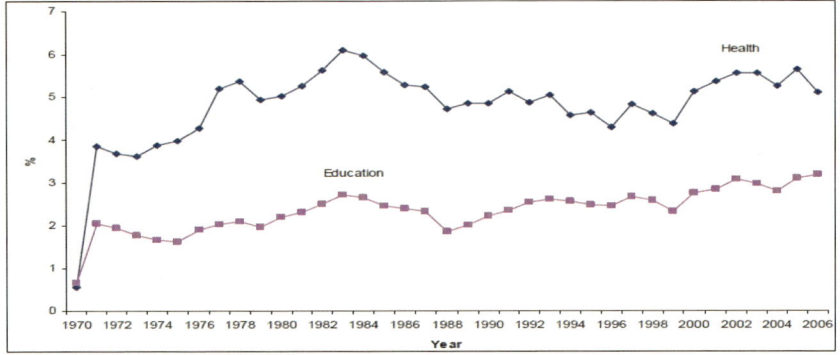

피지 정부가 교육 및 의료에 투자하는 예산은 꾸준히 증가 중이다. 출처 : 피지통계청

피지의 교육제도

피지 교육 시스템	
학년 시스템	6-4-3 제도
식자율	93~99%
교육비	초등교육은 무료지만 교통비 및 각종 부대비용을 대지 못해 학교를 다니지 못하는 아이들도 있음.
초등교육	1~6학년까지로 의무교육 기한으로 지정되어 있음. 거의 모든 피지 아동이 초등교육을 수료함. 쿠데타 이후 치안 및 교통 문제로 학생 수가 감소함.
중등교육	1~4학년까지로 역시 쿠데타 이후 치안 및 교통 문제로 학생 수가 감소함. 대학이나 기술/직업 학교에 진학하려는 학생들은 5~7학년까지 3년을 더 다닐 수 있음.
고등교육	현재 피지의 주요 대학으로는 6개의 국립 교육기관이 통합되어 만들어진 피지 국립대학(Fiji National University)과 12개 태평양 도서국이 공동 출자해 설립한 남태평양 대학(University of South Pacific)이 있음.

04 역사와 문화

피지의 역사

고대

피지에서 사람이 살기 시작한 것은 최소한 3,000년 전으로 추정된다. 태평양 원주민들의 조상은 남중국과 동남아시아에서 유래한 몽골계 인종으로 말레이반도를 거쳐 동쪽 태평양으로 전진하였으며, '라피타 문화'라 불리는 신석기 농경문화를 함께 지니고 갔다. 그 후 멜라네시아에서도 이주민들이 유입되어 피지에서는 폴리네시아 문화와 멜라네시아 문화가 섞인 독특한 문화가 형성되었다.

피지 남동 해안의 습지에서 발견된 조개껍데기, 야자나무 껍데기, 인간의 뼈 등을 탄소동위원소 측정법으로 검사했더니 지금으로부터 약 3,000~3,300년 전의 것이라는 결과가 나왔다. 또한 피지에 있는 라피타 도기 유적지를 검사해 본 결과 가장 오래된 것이 약 3,500년 전의 것으로 판명되었다. 이는 최소한 3,000년 전에 피지에 주민들이 살기 시작했음을 보여 준다.

지금까지 인류의 태평양 정착사에 대해서는 여러 설이 제시되었는데 학자들은 인류의 태평양 정착과정을 대략 3단계로 나누고 있다. (인류의 태평양 정착에 대한 더 자세한 내용은 본 총서 1,2권에 소개되어 있다.)

탄소동위원소 연대 측정을 실시한 피지 내 습지 위치.
인간은 대략 3,000~3,300년 전에 피지에 정착하였던 것으로 보인다.

인류의 태평양 정착사	
1기 (4만년 ~ 3만5천년 전)	최초의 원주민들이 오늘날의 뉴기니 섬, 호주에 정착. 파푸아뉴기니 섬 근해와 솔로몬 제도까지 진출
2기 (3,500년 ~ 2,000년 전)	오늘날의 동부 멜라네시아 지역(바누아투, 뉴칼레도니아 등)과 서폴리네시아(피지, 통가, 사모아) 지역까지 진출
3기 (1,500~500년 전)	동폴리네시아(하와이, 타히티, 쿡 제도, 이스터 섬 등) 지역으로 진출. 뉴질랜드 지역으로의 이주도 이 시기에 일어남

　　피지의 역사는 이 중 두 번째 단계에서 시작되었다. 이 시기에 파푸아뉴기니에서부터 통가, 사모아 지역에서 라피타 문화가 꽃피게 된다.

---

134) Geoffrey Clark, Atholl Anderson, The Early Prehistory of Fiji, ANU Press, 2009 (지도 출처)

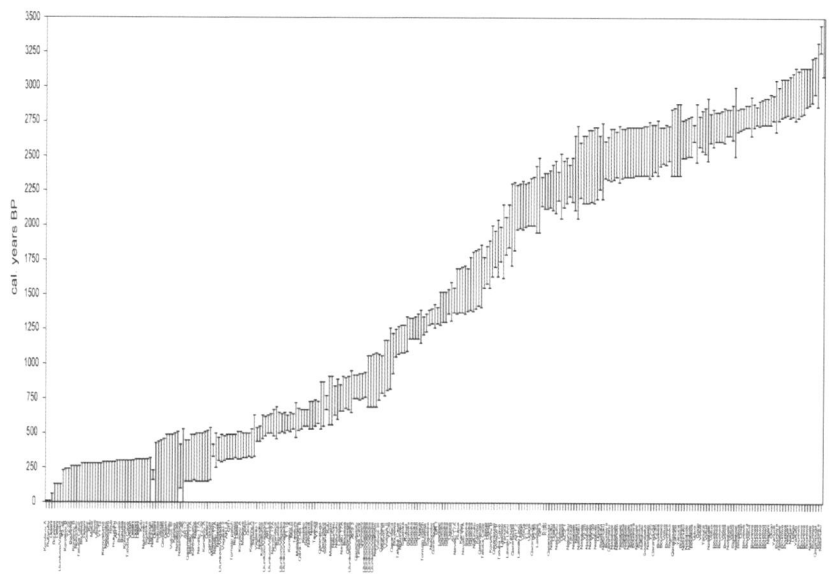

피지 라피타 유적지 탄소연대 측정 결과[135]
가장 오래된 유적지가 약 3,500년 전으로 거슬러 올라간다.

중세

대략 10세기 중반에 통가에 투이 통가 왕국(Tu'i Tonga Empire)이라는 강력한 해상세력이 등장한다. 이 ·왕국은 전성기에 사모아, 니우에, 피지 등 방대한 태평양 지역에 영향력을 미쳤으며, 피지 역시 10~13세기경에 통가의 지배하에 들어간 것으로 보인다. 학자들은 이를 "왕국"이라 표현하지만, 실제적으로는 항해자, 추장, 여행자들의 네트워크였을 가능성이 높다.

통가인들은 이러한 역사에 대해 대단한 자부심을 가지고 있지만, 이것이 실재하는 왕국이었는지, 그 영향력이 과연 그렇게 대단했는지에 대해서는 의문의 여지가 있다. 가장 큰 문제는 피지 언어나 풍습 등에 통가의 영향이 없는 것은 아니지만, 실증적인 유물이나 증거가 거의 없다는 데 있다. 또 실제 피지나

---

135) Geoffrey Clark, Atholl Anderson, The Early Prehistory of Fiji, ANU Press, 2009. (그림 출처)

사모아의 추장들이 정기적으로 통가를 방문해 조공 등을 바쳤는지도 불분명하다.[136] 그러나 구전 역사나 언어 연구에서는 한때 통가의 영향력이 대단했다는 사실이 태평양의 여러 섬에서 발견된다. 이 증거는 다음와 같다.

통가 해상왕국의 증거(12~17세기)				
섬 명칭	역사적 기록	구전 전승	언어학적 증거	고고학적 증거
Niuatoputapu (통가)	스하우텐의 기록에 따르면 통가 추장이 이 섬에 파견됨	그들의 조상이 통가인들과 연결되어 있다는 이야기 존재	1767년 통가 방언을 사용하고 있다는 기록 존재	17세기의 통가 유적재
Niuafo'ou (통가)	통가 본섬에 조공을 바침.	15세기 통가 본섬에서 Niuafo'ou 섬으로 건너온 인물 이야기 존재	통가 본섬의 언어 영향이 구어에 남아 있음	
Uvea (월리스 푸투나)	통가 본섬에 조공을 바침(선교사들의 기록)	12세기, 15세기 통가인과 교류한 이야기 존재	15세기 통가로부터의 언어적 영향 존재	통가 양식의 대규모 유적터 존재
Rotuma (피지)	딜리언(Dillion)의 기록에 따르면 19세기 초 통가에 조공과 노역을 바침	통가 Niuafo'ou섬(추정)에 의해 정복당했다는 이야기 존재		통가 양식의 매장터 존재
Futuna (월리스 푸투나)	1616년 르 메르(Le Maire)의 기록에 따르면 통가 추장이 이 섬에 파견됨	통가인들의 침략에 대한 이야기 존재		통가 양식의 유적터 존재
피지 본섬	쿡 선장의 기록에 따르면 통가와 피지 사이의 교류 활발	13, 16세기 통가에서 피지로 이주한 사람들 이야기 존재	통가어에 많은 피지 지명 존재	통가와 비슷한 건축, 도기양식 존재
사모아 본섬	1824년 von Kotzbue의 기록에 따르면 통가 고위 추장이 사모아 추장을 겸함	사모아 및 통가 신화에 두 섬 간의 교류에 대한 이야기 존재		통가에 사모아산 현무암 및 흑요석 유물 존재
니우에 본섬	1773년 앤더슨(Anderson)의 기록에 따르면 통가인들이 니우에의 존재를 언급	16, 17세기 통가로부터의 이주 및 침략에 대한 이야기 존재		
Pukapuka (쿡 제도)		통가에서 약 22세대 전에 섬의 최초 창시자가 건너 왔다는 이야기 존재		
Anuta (솔로몬)	1810년 딜리언에 따르면 Anuta 인들이 과거 통가인들의 침략에 대해 이야기함	통가 추장인 Pu Kaurave 라는 인물이 아누타(Anuta) 섬의 한 씨족의 시조라는 이야기 존재	'대형 카누'를 지칭하는 단어가 통가어와 동일함	정치적 건축 양식이 통가와 비슷
티코피아	딜리언에 따르면 티코피아 인들이 과거 통가인들의 침략에 대해 이야기함	통가, 우베아(Uvea) 등에서 티코피아로 건너왔던 사람들 이야기 존재	'매장지'를 지칭하는 단어가 통가어와 비슷	건축자재로 산호기원 역암을 사용하는데 이는 통가의 기법임

---

136) "The Pacific Islands: An Encyclopedia," edited by Lal and Fortune, p. 133.
Wikipedia, Tu'i Tonga Empire, http://en.wikipedia.org/wiki/Tu%CA%BBi_Tonga_Empire

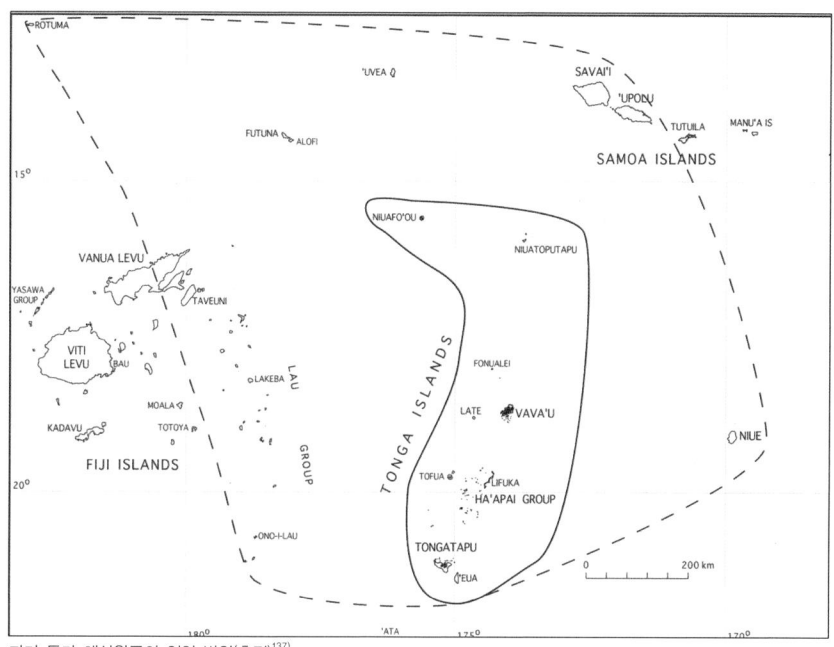

과거 통가 해상왕국의 영역 범위(추정)[137]

유럽인과의 접촉

피지를 최초로 방문했다고 알려진 유럽인은 네덜란드 출신의 아벨 타스만(Abel J. Tasman, 1603~1659)이다. 그는 네덜란드령 동인도 총독 휘하의 탐험가로, 1642년 8월, 바타비아(오늘날의 인도네시아 자카르타)를 떠나 태평양 지역으로 항해를 시작했다.

그는 1642년 11월, 호주 남동쪽 태즈메이니아(Tasmania) 섬을 발견했는데, 그 섬에는 아벨 타스만의 이름이 붙었다. 그 뒤 뉴질랜드 남섬, 북섬을 따라 항해한 다음 통가로 들어갔다. 1643년에는 피지 근해를 항해하며 피지에서 세 번째로 큰 섬인 타베우니(Taveuni) 섬을 목격했다. 그러나 날씨가 나빴고 암초가 많았기 때문에 그는 피지에 착륙하지 않고 다시 바타비아로 돌아갔다.

---

137) Geoffrey Clark, David Burley, and Tim Murray, Monumentality and the development of the Tongan maritime chiefdom, ANTIQUITY 82, 2008, pp.994~1008.
http://antiquity.ac.uk/Ant/082/0994/ant0820994.pdf (지도 출처)

 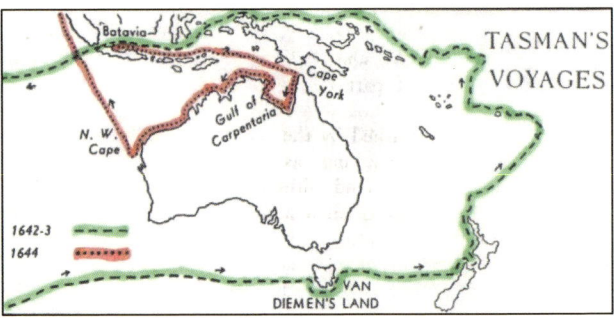

아벨 타스만과 그의 항해경로[138]

 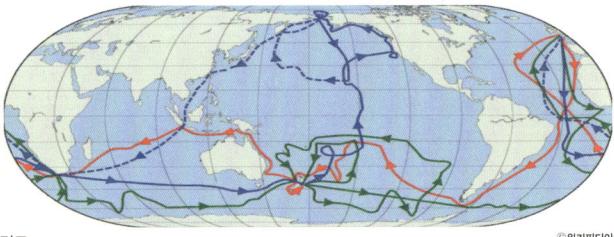

제임스 쿡 선장과 그의 항해 경로
붉은색이 제1차, 녹색이 제2차, 파란색이 제3차 항해를 나타낸다.

그 후 18세기에는 영국의 탐험가 제임스 쿡 선장(James Cook, 1728~1779)이 피지에 도착했다. 아벨 타스만은 피지에 착륙하지 않았으므로 사실상 피지에 첫발을 디딘 사람은 제임스 쿡 선장이다. 쿡 선장은 세 번에 걸친 긴 항해로 당시까지 거의 알려져 있지 않았던 남태평양 전역을 답사하고 매우 뛰어난 해도를 남겼다.

쿡 선장은 1768년부터 1780년까지 세 차례의 대탐험을 통해 뉴질랜드에서부터 호주, 피지, 통가, 하와이 베링 해에 이르기까지 태평양의 방대한 영역을 탐사했다. 그는 1774년 제2차 항해 때 타히티, 통가, 이스터 섬을 방문하고 바누아투로 향하던 중 1774년 7월 2일, 오늘날 피지 라우 제도(Lau Group)의 한 섬인 바토아 섬(Vatoa Island)에 착륙했다. 전해지는 말에 따르면, 당시 통가 사람들은 이 섬을 비티(Viti)라고 불렀는데 쿡 선장이 이를 피지(Fiji)라고 알아들었다 한다. 이것이 현재 피지라는 명칭의 유래라고 알려져 있다.

---

138) http://gutenberg.net.au/images/tasman-map.jpg (지도 출처)
　　　http://libweb5.princeton.edu/visual_materials/maps/websites/pacific/tasman/tasman-portrait.jpg (그림 출처)

백단나무와 해삼[139]
과거 피지는 백단과 해삼으로 유명했다. 백단나무는 향료에, 해삼은 말려서 약재 및 별미에 쓰였다.
가운데는 해삼을 말리는 모습.

ⓒ위키피디아

한편, 18세기 말부터는 유럽 상인들이 피지로 몰려들기 시작했다. 피지에서 자라는 백단나무(Sandalwood)와 해삼 때문이었다. 백단나무는 당시 중국과 인도 등 아시아에서 향료로 유명했고, 해삼 역시 별미로 유명했다. 유럽인들은 칼이나 담배, 머스킷 총(구식 장총), 화약, 철제 물품 등을 피지인들에게 주고 대신 백단나무나 해삼 등을 받아와 큰 이익을 챙겼다.

18세기 말부터는 태평양에서 고래잡이가 성행했는데 1830년에 피지의 렘부카에 고래잡이 촌이 만들어졌다. 유럽인 포경업자들은 이곳에서 휴식을 취하거나 물자를 공급받고 피지 사람들이 대단히 숭배하던 탐부아(Tabua)라는 고래 이빨을 사고 팔았다.[140]

영국의 식민통치

1874년 10월 10일, 피지는 공식적으로 영국의 식민지가 되었다.

그 후 약 100년간 지속된 영국의 식민통치는 피지 사회에 큰 영향을 끼쳤다. 1874년 피지를 식민지로 만든 뒤 영국은 아서 고든 경(Sir Arthur Gordon)을 초대 총독으로 임명했다. 또 그해 기본적인 식민정부 기구로 행정위원회, 입법위원회, 사법부를 마련했다. 고든 총독은 피지의 고유한 전통과 문화를 존중하는

---

139) http://archive.iwlearn.net/www.sprep.org/www.sprep.org/iwp/images/Beche-de-mer1.JPG (우측 사진 출처)
140) 2013년 유네스코 제37회 세계유산위원회는 피지의 오발라우 섬에 있는 옛 수도 렘부카(Levuka)를 피지공화국의 첫 세계유산으로 등록했다. 렘부카는 피지 본섬에서 동쪽으로 약 25km 떨어진 곳에 있는 오발라우 섬(102.3㎢, 주위 약 50km) 동쪽에 있는 도시로 19세기 초 구미의 상인과 선교사들에 의해 처음 개발되었고 이후 남태평양의 교역 중심지 역할을 했다. 1874년 피지가 영국으로부터 독립했을 때에도 이곳에서 조인식을 갖고 이후 8년 동안 피지의 수도로서 번창했지만 1882년 수도가 현재의 수바로 옮겨지면서 쇠퇴하기 시작했다. 렘부카는 과거의 수도답게 19세기 후반 식민지 시대풍의 건조물이 들어서 있는 남태평양의 독특한 항구 도시의 모습을 지금도 간직하고 있다. 피지는 1990년대부터 렘부카의 보존가치가 크다며 세계유산 등록을 시도했다가 2013년에서야 뜻을 이루게 되었다.

간접 통치 방식을 택했다. 그가 표방한 피지 통치 정책은 "피지인을 위한 피지(Fiji for the Fijian)"였다.

고든 총독이 피지에 부임해 행한 업적은 여러 가지가 있지만, 그 중 가장 중요한 것은 피지의 토지소유권 확립이다.[141] 고든 총독은 피지의 땅이 원칙적으로 원주민들의 소유임을 분명히 했다. 그는 피지의 모든 땅은 식민정부의 소유가 아니라 오직 원주민만 소유할 수 있고, 매매를 원할 경우에도 국가에만 팔 수 있다고 명시했다. 이 규정은 100년이 지난 지금도 계속 유지되고 있으며, 토착 피지인들의 인도계 피지인들에 대한 우위를 보장하고 각종 인종차별 정책 및 국수주의적 민족주의를 불러일으킨 핵심 정책이 된다. 이 때문에 현재도 피지 토지의 83%가 원주민들의 소유로 남아 있다.

아서 고든 총독[142]
피지의 초대 총독. 영국은 식민지 지배에 간접통치(Indirect Rule)를 실시했다. 이는 전통사회의 정치구조를 그대로 두고, 전통사회의 수뇌부를 이용하여 식민지를 간접적으로 통치하는 방법이다.

한편, 영국 정부는 각 지역의 대추장들로

다콤바우 추장과 그가 다스렸던 음바우 섬[143]
다콤바우는 19세기 말 피지에서 가장 강력했던 추장으로 피지의 주권을 영국에 이양했다.

---

141) 오직 피지인들만 토지를 소유할 수 있다는 이 규정은 지금까지도 유지되고 있으며, 피지인들의 정치, 경제 및 사회구조 전반에 큰 영향을 미쳤다. 이는 인도계 피지인들에 대한 차별정책, 토착 피지인들의 국수주의적 인종차별적 정치를 가능하게 했다.
142) http://www.slv.vic.gov.au/pictoria/b/5/0/im/b50065.jpg (사진 출처)
143) http://members.iinet.net.au/~royalty/states/fiji/fiji_cakaubau.jpg (사진 출처)

구성된 추장위원회를 자문기관으로 두고, 토착 피지인 관련법을 제정하기 위해 원주민관리청(Native Regulation Board)을 두었다. 향후 추장위원회는 대추장위원회로 발전하여 식민정부의 간접 통치를 돕고, 2012년 폐지될 때까지 100년 이상 토착 피지인들의 권리를 강력하게 옹호하는 초법적 권력기관이 된다.

피지 근현대 역사에서 가장 중요한 사건 중 하나는 인도인 노동자들의 대거 유입이다. 이는 향후 피지의 인종구성을 거의 토착 피지인과 인도계 피지인으로 양분하게 되고, 네차례의 쿠데타 및 악명 높은 피지의 인종정치의 원인이 된다.

식민통치가 갓 시작되었을 때 고든 총독은 피지에서 환금성이 좋은 사탕수수 농업을 실시하기로 하고 사탕수수 농장을 대거 건설했다. 그런데 토착 피지인들은 외국인이 운영하는 대형 농장에서 장시간 일하는 것을 꺼렸고, 자급자족에 필요한 물품 이상의 것을 생산하는 데 별 흥미가 없었다. 이 외에도 고든 총독은 토착 피지인이 곧바로 농장 노동자로 투입되면 기존의 마을경제 및 전통적 생활방식이 흔들릴 것이라 믿었다. 그래서 토착 피지인을 노동자로 쓰는 것을 정책적으로 반대했다.

그 결과 1878년 피지 정부는 인도에서 계약노동자들을 5년 계약조건으로 데려오기로 합의했다. 이들은 처음 5년 계약이 끝나면 인도로 돌아갈 수 있었고, 5년 더 계약을 연장하면 피지에 영구히 정착해서 살 수 있는 권리를 받기로 했다.

1879년 5월 15일, 500여 명의 인도인 계약노동자를 태운 레오니다스호(Leonidas)가 피지로 출발했다. 그 뒤 1879~1916년까지 약 6만 명의 인도인 계약노동자가 피지로 유입되었다. 37년간 이루어진 인도인 노동자들의 유입은

인도인 계약노동자들[144]
1879년 이래 피지에는 약 6만여명의 인도인 노동자가 유입되었다.

ⓒ위키피디아

---

144) http://fijipundit.blogspot.kr/2013/04/the-stolen-history-of-girmit-part-1-why.html (사진 출처)

레오니다스호[145]
1879년 약 500명의 인도인 계약노동자를 싣고 처음 피지로 도착한 배

향후 피지의 정치, 경제, 문화 지형도를 크게 바꿔 놓는 결정적 사건이 된다.

그 후 인도인 계약노동자들에 대한 비인간적 처우가 영국에 알려지면서 노동자들의 이주는 1916년에 중지되었다. 그러나 피지에 왔던 인도인 노동자들은 대부분 인도에 그대로 남아 '인도계 피지언(Indo-fijian)'이라는 새로운 인종 그룹으로 성장했다.

그들은 사탕수수 재배지의 일부를 빌려 소작농이 되기도 하고, 도시 지역으로 가 점포를 내기도 하는 등 상업 및 소규모 사업 등에 진출했다. 이런 이유로 인도계 피지인들은 현재 피지의 상업 및 경제를 장악하고 있다.

그러나 피지에 영국 정부가 데려온 계약노동자들만 있었던 것은 아니다. 1920년대 무렵부터 인도 구자라트, 펀자브 출신의 부유한 인도인들이 경제적 기회를 찾아 인도로 진출했다. 이들은 자신의 부와 사업적 감각을 이용해 피지에서 빠르게 성장하여, 1960년경에는 구자라트 출신 인도인들의 경제적 세력이 유럽인들과 거의 맞먹을 정도의 수준이 되었다.

---

145) http://www.fijigirmit.org/ (사진 출처)

독립 이후

피지는 1970년에 독립국가가 되었다. 1970년 10월 10일, 피지의 독립이 선언되고 양원제 의회가 도입된 것이다. 이로써 100여 년에 가까운 영국의 식민통치는 끝이 났다. 그러나 독립 후에 영국 식민통치의 후유증이 나타나기 시작했다.

1970년 독립 이후 피지의 인종갈등은 더욱 심해졌다. 피지 의회는 전체 피지 인구의 5% 이하인 유럽인에게 15.4%(52석 중 8석)의 하원 의석을 배당했고, 총인구의 44%인 토착 피지인과 총인구의 50%인 인도계 피지인에게는 똑같이 42.3%(22석)의 의석을 배당했다. 이러한 불평등한 의석 배분과 유럽인들의 지지, 마을 추장 및 대추장위원회의 권위가 더해져 토착 피지인들의 권한은 더욱 강화되는 한편, 인도계 피지인들의 정치적 영향력은 점차 제한되어 갔다.

그 외에도 주요 공직 및 정부기관, 군대 역시 토착 피지인만으로 구성되었다. 국립토지신탁청(Native Land Trust Board), 국토개발공사(Native Land Development Coporation), 피지 국방군 등은 토착 피지인만 채용했다. 또한 금융기관들은 토착 피지인의 경제활동을 우선 지원했다.

토착 피지인들은 평생 의존할 수 있는 토지와 식량이 있었기 때문에 정계나 전문직으로의 진출이 활발하지 않았다. 그러나 그간의 기득권을 활용해 정치계와 정부 공직을 장악하고 있었다.

 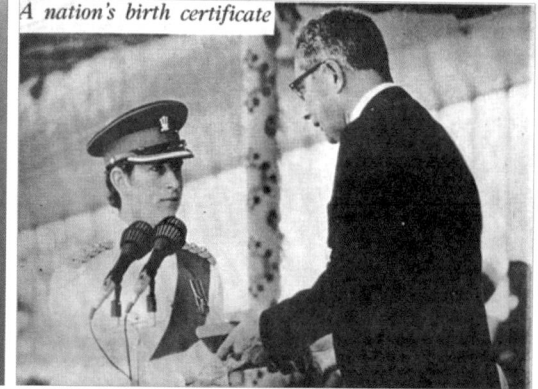

피지의 초대 수상 라투 마라(Ratu Mara)(좌)
1970년 피지 독립 시, 영국 찰스 왕자가 독립 증서를 수여하는 장면(우)[146]

---

146) http://www.radionz.co.nz/collections/u/new-flags-flying/nff-fiji (사진 출처)

반면 인도계 피지인들은 정치계나 공직 대신 경제와 상업 분야로 진출했다. 대부분의 토지를 소유한 토착 피지인들이 토지 임대기간을 연장해 주지 않거나 임대료를 올리는 등 여러 불안요소가 많았기 때문이다. 따라서 이들은 토지에 의존하는 대신 전문기술을 배우거나 고등교육을 통해 경제계, 전문직 등으로 뛰어들었다. 그래서 인도계 피지인들은 시간이 흐르면서 피지의 경제와 상권, 정계를 장악하게 되었다.

이렇게 서로 다른 교육 수준과 경제력, 그리고 사회정치적 입지 때문에 인도계 피지인과 토착 피지인은 자신이 소유한 기득권으로 상대방을 비난하고 배척하게 된다.

쿠데타

2014년 기준 피지에서는 총 네 차례 쿠데타가 발생했다. 대규모 인명피해나 유혈사태가 없었던 점은 독특하지만 이 쿠데타들은 피지 현대사에 여러 번의 정치적 불안정을 가져왔다. 이 쿠데타의 배경에는 모두 토착 피지인과 인도계 피지인 사이의 인종갈등이 자리하고 있다. 쿠데타의 패턴을 보면 제1차·제2차·제3차 쿠데타 모두 인도계 피지인 세력이 정권을 잡았을 때, 토착 피지인 세력이 쿠데타를 일으켜 전세를 역전시킨 것이었다. 2006년에 일어난 네 번째 쿠데타는 그 성격이 조금 다른데 이는 아래에 자세히 소개했다.

제1차 쿠데타(1987.5)

피지의 첫 쿠데타는 1987년 5월 14일에 일어났다. 1987년 4월에 총선이 실시되어 인도계 피지인을 대변하는 피지노동당(FLP : Fiji Labour Party)과 국민연방당(NFP)이 연합하여 제1 여당이 되었다. 양당은 하원의 52석 중 28석을 차지했다. 이로써 피지노동당의 의장이었던 티모시 바반드라(Timoci U. Bavadra)가 수상이 되었다.

새 정부는 다인종, 다문화적 민주국가를 지향했다. 인종정치를 지양하고 지나치게 막강한 추장들의 권력을 제약하려 했다. 그러자 그들의 특권을 잃을까 두려워진 추장들은 피지 국민들로 하여금 이 정부가 친인도인 성향을 가지고 있으며 결과적으로 피지의 토지권을 빼앗아 갈 거라며 불안을 부추겼다. 그 후 데모와 시위 등이 발생했고 거리에서 인도계 피지인들이 공격을 당하거나 정부 기관이 화염에 휩싸이기도 했다.

그러다 5월 14일, 피지군의 중령이었던 람부카(Sitiveni Rabuka)가 군대를 이끌고 피지 의회 건물로 입성해 정부 인사들을 체포했다. 그는 원주민을 대변하는 피지연합당의 당원들로 새 내각을 꾸리고, 당시 총독이던 응가닐라우(Ganilau) 추장을 국가의 원수로 앉혔다. 그는 인도인들로부터 토착 피지인들의 이익을 보호하기 위해 쿠데타를 일으켰음을 명분으로 내세웠다.

1987년 제1, 2차 쿠데타의 주역, 람부카 중령은 누구?

ⓒ위키피디아

1948년 9월생으로 1968년 군에 입대했으며, 1987년 중령으로서 쿠데타의 주역이었다. 충실한 군인으로서 여러 번 유엔 평화군으로 파견되기도 했으나, 쿠데타 당시 본인의 지위나 커리어에 불만이 있었다고 알려져 있다.

독실한 기독교 신자인 람부카는 극단적인 토착 피지인 중심의 민족주의자로 피지는 피지인들의 것이라는 신념을 가지고 있었다. 그는 인도계 피지인들이 기독교도가 아니라 믿을 수 없다고 생각했다. 또 전통적인 피지의 추장 시스템을 옹호하고, 자신을 피지의 전통사회와 추장을 지키는 호위병이라 믿었다.

몇몇 정치학자의 견해에 따르면 실제 1987년 쿠데타를 일으킨 것은 람부카 개인이 아니라 주변의 여러 세력이었다고 한다. 1987년 4월 총선에서 패배한 국민연합당(NAP) 세력이 람부카에게 접근해 쿠데타를 획책했다는 의견도 있고, 미국의 CIA가 이 쿠데타를 부추기고 조종했다는 견해도 있다.

1987년 4월 총선으로 피지 수상이 된 바반드라(Bavadra)는 '핵무기 없는 태평양'이라는 주장을 펴면서 피지 근해에 핵 함정의 기항을 금지시켰다. 그러자 태평양 지역 핵 함정 배치가 자국 안보에 필수적이라고 여겼던 미국이 이를 반기지 않았다. 1987년 5월, 쿠데타 직전에 람부카 중령은 전직 CIA 사무차장과 회담을 가졌으며, 사람들은 이것을 미국이 쿠데타에 개입한 증거라고 보고 있다. 이 외에도 피지가 기독교 국가가 되기를 바랐던 피지 감리교회에서 람부카의 쿠데타를 부추겼다는 설이 있고, 또 자신들의 특권을 잃을 것을 두려워한 추장들이 람부카를 이용해 정권을 탈취했다는 의견도 있다.

람부카는 1992년부터 1999년까지 수상직을 맡았으며, 전통추장 출신이 아님에도 불구하고 대추장위원회의 의장을 맡은 경험이 있다. 2008년에는 태평양 도서민 럭비팀의 회장을 맡기도 했다. 2014년 기준 66세의 나이로 생존해 있다.

제2차 쿠데타(1987.9)

1987년 9월, 람부카 중령은 다시 제2차 쿠데타를 일으켰다. 제1차 쿠데타 직후, 권력을 박탈당한 인도계 정당인 FLP와 NFP의 항의로 인해 FLP와 토착 피지인계 정당인 NAP 사이에 회담이 열려 새로운 정부 구성이 논의되었다. 그러자 람부카 중령은 같은 해 9월 다시 쿠데타를 일으켜 FLP와 NFP의 지도자들을 구속했다. 제2차 쿠데타로 1970년 독립 당시 만들어졌던 헌법이 폐지되고 피지는 공화국이 되었다.

같은 해 10월 피지의 영연방 자격이 정지되었고 국제사회의 비판이 잇따랐다. 1987년 12월에는 피지 초대 수상을 지냈던 마라(Ratu Mara)가 다시 수상직에 오르고 대통령으로는 라티 응가닐라우(Rati Ganilau)가 선임되었다. 람부카 자신은 피지 내무부 장관직에 올랐다.

1987년의 두 차례 쿠데타 결과 토착 피지인들의 권익과 추장들의 권세가 강화되었다. 1990년에 제정된 신헌법은 철저하게 토착 피지인들의 이익을 위한 것으로, 대통령, 부통령, 수상을 포함해 정부요직은 토착 피지인들만 맡을 수 있다고 규정하고 있었다. 또 인종별로 투표를 실시하는 인종투표제만으로 선거를 치르게 했고, 하원의석 69석 중 절반 이상인 37석을 토착 피지인에게 할당했다.

상황이 어려워지자 1987년부터 많은 인도계 피지인들이 피지를 떠났다. 공식 통계에 따르면 1987년부터 약 10만명 정도의 인도계 피지인들이 외국으로 떠났다.

그렇지만 1990년 신헌법의 지나친 인종차별적 색채에 반대해 1995년부터 헌법 개정 요구가 들끓었고 결국 1997년 신헌법이 공포되었다. 이 헌법은 토착 피지인들의 토지소유권을 강화하는 등 여전히 토착 피지인의 이익을 대거 대변하고 있었지만, 성차별 금지, 국가 요직에서의 인종차별 금지 등 민주적인 조항들도 포함하고 있었다. 이는 람부카 내각에서의 소기의 민주적 성과라고 평가할 수 있다.

제3차 쿠데타(2000.5)

제3차 쿠데타 역시 인도계 피지인들이 정권을 장악하자 여기에 반발한 토착 피지인들이 일으킨 것이었다. 인도인에 대한 차별을 금지하고 인권조항을 대거 포함시킨 1997년의 신헌법 제정으로 피지는 다시 영연방 국가로 복귀했다.

인도계 피지인 출신 ⓒ위키피디아
으로 수상직에 선출되었다가 쿠데타에
의해 실각한 마헨드라 초드리

1999년 5월 총선이 실시 되었는데 여기서 FLP당의 의장인 마헨드라 초드리(Mahendra Chaudhry, 1942~)가 이끈 인민연합 (People's Coliation)이 총 71석 중 52석을 얻어 승리했다. 그 결과 1999년 초드리는 인도계 피지인으로서 최초의 피지 수상이 되었다.

초드리 내각은 정권을 잡은 직후 기존과는 다른 정책들을 펴나갔다. 빈곤층에 대한 복지정책을 강화하고, 정부 재정을 엄격하게 관리하는 한편, 정부 위원들의 숫자를 줄이고 이전 정부에서 임명한 각종 위원회의 위원들을 해고했다. 그 결과 예전의 기득권층에서 불만이 쌓이기 시작했는데 제3차 쿠데타의 주역인 조지 스페이트(George Speight, 1957~) 역시 그중 한 명이었다.

수상에 오른 초드리는 피지 정부를 여러모로 쇄신 하려 노력했다. 그는 토착 피지인 기득권층을 향해 정치적 칼날을 겨누었다. 그러나 이러한 초드리의 행보는 정권에서 소외된 토착 피지인 정치가, 종교 지도자, 추장 등의 반발을 불러일으켰고, 이들은 초드리 정권에 대항해 피지 원주민을 옹호하는 '타우케이 운동(Taukei Move ment)'을 실시했다.[147]

제3차 쿠데타의 주역인 조지 스페이트[179]
기업가 출신으로 토착 피지인들의 권리
옹호를 부르짖으며 2000년 5월 쿠데타를
일으켰다.

2000년 5월 19일, 수도 수바에서 큰 시위가 열렸는데 그날 조지 스페이트는 피지 반혁명군 부대의 힘을 얻어 의회를 점거한 다음, 수상과 내각 장관들을 체포했다. 동시에 토착 피지인 시위대가 수바에서 인도계 피지인들의 상점을 불태우고 공격하는 사건이 일어났다. 그 후로도 몇 주간 인도계 피지인들에 대한 공격이 잇따랐다.

결국 초드리 수상은 해임되고 2000년 5월 29일, 피지군 총사령관이었던 보레케 바이니마라마(Vorege Bainimarama)가 군사력으로 혼돈정국을 진압 했다.

그후 2000년 7월, 피지 군부는 응가라세를 수상으로 하는 과도정부를 선포했다.

---

147) http://www.asiapac.org.fj/cafepacific/images/taukeigeorge.jpg (사진 출처)

제4차 쿠데타 (2006.12)

1987년부터 2000년까지 피지에서 일어난 세 번의 쿠데타는 그 패턴이 서로 비슷하다. 인도계 피지인 세력이 정권을 잡자 토착 피지인들이 쿠데타를 일으킨 것이다. 그러나 2006년 쿠데타는 (표면상의 명분만 놓고 보면) 토착 피지인 중심의 국수주의자, 민족 주의자들에 반대해 일어난 쿠데타로 약 80%의 토착 피지인이 지지하던 정부를 전복시킨 사건이다. 그 후 새 과도정부는 토착 피지인들의 맹렬한 반대에도 불구하고 인도계 피지인 정당인 FLP의원 9명을 내각 각료로 임명하고 2000년 쿠데타로 실각했던 전 초드리 수상 역시 내각으로 끌어들였다. 2000년 조지 스페이트의 쿠데타 후 과도정부가 수립되고 금융인 출신의 응가라세가 피지 수상에 올랐다. 응가라세는 수상직을 수행하면서 점차 토착 피지인 중심의 정책을 펴기 시작했다. 그러다 2005년 응가라세 정부는 군부의 반대에도 불구하고 문제가 되는 3개의 법안을 통과시켰다.

2006년 제4차 쿠데타의 주역인 보레케 바이니마라마
피지 과도정부의 수상이었다가 2014년 총선을 통해 재집권했다.[180]

1. 화해, 관용, 통합증진법(Promotion of Reconciliation, Tolerance and Unity Bill)
2. 어장반환법(I Qoliqoli Bill)
3. 토지위원회법(Land Tribunal Bill)

이 법안들은 토착 피지인들의 이익을 대변하는 것으로 화해, 관용, 통합 증진법은 과거 쿠데타에 개입된 인사들을 사면하기 위한 것이고, 어장반환법은 과거에 마을 추장들이 가지고 있었지만 국가 소유로 변한 어장들을 다시 추장들에게 되돌려주자는 것이었다. 그리고 토지위원회법은 국가에 의해 땅을 몰수당한 지주들에게 50만 피지 달러를 지원하자는 내용의 법안이었다.

그 후 응가라세 정부와 군부의 사이는 나빠졌으며 2006년에는 응가라세 정부에서 바이니바라마 총사령관의 입지를 약화시키려고 노력했다. 또 피지 경찰국에서 바이니마라마를 불법 무기거래 혐의로 체포하려고 하기도 했다.

그러던 와중에 2006년 12월 5일, 바이나마라마가 이끄는 군부는 쿠데타를 일으켜 응가라세의 연합정부를 무너뜨렸다. 군부는 12월 6일 계엄령을 선포하고 의회를 해산했으며 대통령인 일로일로(IloIlo)를 해임했다. 그리고 과도정부가 선포되고 2007년 바이니마라마가 과도정부의 수상직에 올랐다. 쿠데타 후 피지 대법원은 2006년 쿠데타라는 판정을 내렸지만, 결국 법관 전원이 해임되고 헌법은 무효화되고 말았다.

요약하면 2006년 쿠데타는 1987년, 2000년의 경우처럼 토착 피지인 세력이 총선에서 승리한 인도계 피지인 세력을 향해 벌인 투쟁이 아니었다. 오히려 지나친 토착 피지인 중심의 인종정치를 펼치는 응가라세 정부를 전복한 사건이었다.

바이니마라마는 계엄령을 선포하고 응가라세 정권에서 근무하던 많은 법관, 공직자들을 해고했으며, 대추장위원회 및 감리교회의 권위를 축소시켰다. 기존의 추장들과도 거리를 두었는데 피지의 주요 추장들인 Roko Tui Bau나, Ratu Joni Madraiwiwi 등의 요구를 거절했고 그들의 지나친 정치적 간섭을 부정적으로 평가했다. 또 호주와 뉴질랜드 정부의 비판과 권고를 받아들이지 않았고 언론을 통제하는가 하면, The Fiji Sun에서 근무하던 2명의 호주 저널리스트를 본국으로 추방했다. 그 후 많은 토착 피지인이 바이니마라마에게 등을 돌렸다. 그러나 반대로 인도계 피지인들은 대부분 그를 지지하고 있다.

2007년 9월 유엔에서 있었던 기조발표에서 바이니마라마는 자신의 쿠데타를 "모든 쿠데타를 끝낼 쿠데타"로 묘사했다. 부패로 얼룩진 피지를 "청소"하고 인종주의를 근절하여, 국수주의자들의 반복되는 쿠데타 패턴을 중단시키는, 피지 사회를 완전히 새로운 궤도에 올려놓는 쿠데타라는 것이다. 그의 표현에 따르면 2006 쿠데타는 "훌륭한 거버넌스"를 위한 쿠데타이며, 민주주의 확립을 위한 주춧돌로서의 쿠데타이다.

이는 쉽지 않은 목표이며 실제로 바이니마라마 정권은 2006 쿠데타 직후 상당한 어려움에 직면해 있다. 각국에서 원조금을 삭감했고 제재조치를 시행하는가 하면, 외국투자는 물론 관광객 숫자도 격감했다.

2012년 바이니마라마 과도정부는 100년 이상 토착 피지인의 이익을 대변하면서 무소불위의 권력을 휘둘렀던 대추장위원회를 폐지했다. 2013년 8월에는 신헌법을 제정하여 지금까지 문제가 된 인종별 투표를 완전히 없애고, 모든 투표자가 인종에 관계없이 후보자를 고를 수 있는 보통선거제를 도입하기도 했다. 피지 정부는 2014년 9월 17일 최초의 민주적 총선을 치렀다. 민주화라는 어려운 과제를 피지 정부가 어떻게 풀어갈지 귀추가 주목된다.

2014년 피지 총선을 둘러싼 잡음들[148]

2014년 9월 17일, 피지 군부가 쿠데타로 정권을 잡은 지 거의 8년 만에 첫 민주적 총선이 실시되었다. 이 선거에서 피지 과도정부의 수상 바이니마라마의 FijiFirst당이 다시 한 번 승리했다. 바이니마라마는 지난 2006년 피지 군부의 총사령관시절 쿠데타를 일으켜 피지를 실질적으로 통치해 왔다.

바이니마라마 수상은 지나친 친피지인 위주의 정책을 폈던 그간의 피지 정권들을 비판하며 2012년 대추장위원회를 폐지하고 향후 국정운영 및 정책수립에서 인도계 피지인들의 권익을 존중할 것이라는 의사를 내비쳐 왔다. 또 2013년에는 신헌법을 제정하여 인종투표제를 폐지하고 보통선거제를 도입했으며, 상원과 양원으로 나뉘어 있던 의회를 하나로 통합하고 의석수를 축소시켰다.

그러나 현 피지 과도정부는 피지 헌법을 무효화하고, 각종 정부기관을 장악하는 한편, 언론과 표현의 자유를 통제해 세계 각국의 비난을 받아 왔다. 2013년 신헌법 초안이 제정되었지만 피지 정부는 곧 교묘한 개정안을 발표해 군부의 입법권을 보장하고 현 정부 인사들의 과거 과오를 물을 수 없게 하는 내용의 조항을 포함시켰다. 또 최근에는 다소 의문스런 절차에 의해 바이니마라마의 최고 정적들인 전 피지 수상 응가라세(Laisenia Qarase), 초드리(Mahendra Chaudhry) 등이 총선에 참여할 수 없게 되었다.

특히 바이니마라마와 경쟁할 강력한 야당 당수 마헨드라 초드리는 2014년 4월 주가조작 및 환율법 위반 혐의로 15개월의 징역형을 선고받았는데, 피지 헌법에 따르면 1년 이상의 징역형을 선고받은 이는 총선에 출마할 수 없다. 초드리는 판결에 불복해 고등법원에 항소했지만 고등법원은 2014년 8월 이를 기각했다. 초드리 측은 피지 대법원에 항소한다는 계획이지만 이번 총선의 후보자 등록이 2014년 8월 18일에 만료되고, 항소 결과가 8월 18일 이전에 나올 가능성이 희박하기 때문에 초드리의 총선 참여는 불투명한 상황이다. 이 외에도 피지 정부는 2014년 8월 갑작스럽게 후보자 등록요건을 변경하기도 했다. 총선에 출마할 후보자들은 선거일로부터 최소한 2년 이상 피지에 거주해야 한다는 요건을 추가한 것이다. 여기에 야당 측은 "후보자 등록마감일이 며칠 남지 않은 순간에 후보자 등록요건을 변경하다니 이게 말이 되는 일인가?", "부끄러운 일이 아닐 수 없다"며 반발한 바 있다. 호주, 뉴질랜드의 언론들은 이와 같은 정황들을 비판하며 2014 피지 총선의 합법성과 공정성에 의문을 제기했다. 2014 피지 총선을 둘러싼 이러한 잡음들로 인해 현 피지 정부는 총선과정에 간접적으로 개입한 것이 아닌가 하는 의혹을 피할 수 없게 되었다.

이번 피지 총선에는 14개 국가가 옵서버 자격으로 참관했다. 옵서버 국가의 참관단은 투표용지의 회수, 개표, 처분기간 내에 피지에 머무르며 선거과정을 지켜보았다. 2014 피지 총선의 14개 옵서버 국가는 호주・인도네시아・파푸아뉴기니・인도・이스라엘・남아프리카공화국・브라질・러시아・터키・일본・뉴질랜드・한국・프랑스・영국이다.

---

148) 14 countries to observe Fiji election, 2014 August 13, RNZI.
http://www.radionz.co.nz/international/pacific-news/252009/14-countries-to-observe-fiji-election
Fiji Labour Party leader Mahendra Chaudhry unable to contest election after court dismisses appeal, 14 August 2014, Radio Australia.
http://www.radioaustralia.net.au/international/2014-08-14/fiji-labour-party-leader-mahendra-chaudhry-unable-to-contest-election-after-court-dismisses-appeal/1356942
Grant Bayldon: Fiji needs more than a well-run election, Aug 8, 2014, New Zealand Herald.
http://www.nzherald.co.nz/opinion/news/article.cfm?c_id=466&objectid=11305641
Fiji opposition furious at election law change, August 08, 2014, The Gulf Today.
http://gulftoday.ae/portal/ad1ae9bf-5470-4cad-a547-46f4cf0e1ace.aspx

피지의 문화

개요

피지 문화는 멜라네시아, 폴리네시아 문화를 바탕으로 인도, 중국, 유럽 및 통가, 로투만 등 기타 태평양 문화가 혼합된 양상을 띤다.

피지문화에서 가족, 마을, 대지는 매우 중요하며, 추장의 권위는 아주 강력하다. 추장에도 위계가 존재하며 마을, 부족, 씨족은 추장이 이끄는데, 추장직은 세습된다. 한 추장이 죽으면 그의 직계 남자 후손 중 하나가 추장이 되고, 꼭 그의 아들일 필요는 없다. 피지에서 가장 큰 사회적 유닛은 야부사(Yavusa)로, 같은 조상을 둔 직계후손 전부를 말한다. 씨족은 마탕갈리(mataqali)라 부르며 서로 다른 의무를 갖는 여러 직급으로 구성된다(Turuga : 마을, 부족, 씨족에서 가장 높은 직책. 추장직; Sauturaga: 추장을 보좌하고 추장의 명령을 이행하며, 다음 추장의 선출에 최종 결정권을 갖는 사람들; Mata ni vanua : 의례 집전을 담당하며 마을의 공식 전령; Bete: 사제 계층; Bati: 전사 계층; Dau and Matai: 기술자 및 공예인 계층).

한편 피지에서 개인과 친족 그룹, 또는 그가 속한 공동체와의 유대는 매우 중요하며 개인과 개인, 개인과 집단, 개인과 커뮤니티 사이의 호혜적 교환제도가 잘 발달했다. 이러한 피지인들 사이의 호혜적 관습을 케레케레(Kerekere)라 하는데, 이는 피지인들 사이에서 행해지던 상호부조 정신, 또는 그러한 행위를 일컫는다.

언어[149]

	피지 언어 현황
사용 인구	83만 8천명(2007년 기준)
공식 언어	피지어, 영어, 힌디어
식자율	94%(2004)
공식 언어 개수	10개 (영어, 피지어, 서부 피지어, 곤 다우어, 힌디어, 키리바시어, 라우어, 로마이비티어, 나소미 – 나이타시리 – 세루아어, 로투만어)
언어현황	공식 언어 3개, 활발히 사용 중인 언어 5개, 발전 중인 언어 1개, 사용 미비한 언어 1개

---

149) http://www.frommers.com/destinations/fiji/0208020558.html
　　 http://en.wikipedia.org/wiki/Languages_of_Fiji
　　 Ethologue, Languages of the world, Fiji. http://www.ethnologue.com/country/FJ

피지에서는 1997년부터 영어, 피지어, 힌디어 등 3개의 공식 언어가 사용되고 있다. 피지어는 피지 인구의 절반 이상을 차지하는 토착 피지인들이 제1, 또는 제2의 언어로 사용한다. 한편, 피지 인구의 약 40%를 차지하는 인도계 피지인들은 피지식으로 변형된 힌디어인 피지 힌디어를 쓴다. 영국 식민지배 시의 잔재인 영어는 1997년부터 유일한 공식 언어이며, 정부, 비즈니스, 교육 등에서 공통어로 쓰인다. 물론 지금도 대도시를 벗어난 지역에서는 많은 비즈니스에 피지어가 쓰인다. 이 외에 피지 고유의 여러 토착 방언이 존재하며, 현재 표준어로 쓰이는 피지어는 피지 동부 언어군(East Fijian Group)에 속하는 언어이다. 또한 이민자들이 로투만어, 중국어 등을 사용하고 있다.

한편 피지의 문맹률은 6% 정도이며(2004), 현재 SIL International에 공식 집계된 피지의 전체 언어 개수는 10개이다. 그중 3개 언어는 공식 언어이며, 1개 언어는 발전 중이고, 5개 언어는 활발하게 사용되며, 1개 언어는 위기에 처해 있다.

19세기까지 피지 인구는 거의 토착 피지인으로 구성되어 있었다. 이들은 폴리네시아인과 멜라네시아인의 후손으로 말레이-폴리네시아 언어군에 속한다. 그 뒤 영국 식민통치가 시작되고 많은 계약노동자가 영국령 인도에서 유입되었다. 그 뒤로 힌디어가 퍼져 나갔다. 피지의 세 가지 공식 언어는 어휘, 문법 등의 측면에서 서로에게 큰 영향을 주었다. 또 소수 언어인 웨스트 피지어, 중국어, 바나바어, 로투만어, 투발루어 등이 피지의 다채로운 언어 풍경을 만들어 냈다.

영어, 피지어, 힌디어 중에서는 영어가 가장 널리 쓰인다. 피지어는 오스트로네시아 어족에 속하며, 많은 방언이 있지만 음바우 지역 피지어가 가장 널리 쓰인다. 피지 알파벳은 영어와 비슷하지만, x가 없고 h와 z도 거의 쓰이지 않는다. 또 발음상의 차이도 있다. c는 '드'로 발음되며, d는 앞에 n을 붙여 발음해야 한다. 또한 b도 m을 붙여 발음해야 하며, g는 '잉' 으로 발음되고, q는 '잉그' 로 발음된다. 또한 r도 스페인어에서처럼 "흐"에 가깝게 발음된다. 그래서 Nadi도 '나디'가 아니라 '난디'이며, 유명한 추장 이름인 cakobau도 '카코바우'가 아니라 '다콤바우'이다. 또 양고나 술을 의미하는 yaqona도 '야코나'가 아니라 '양고나'이다.

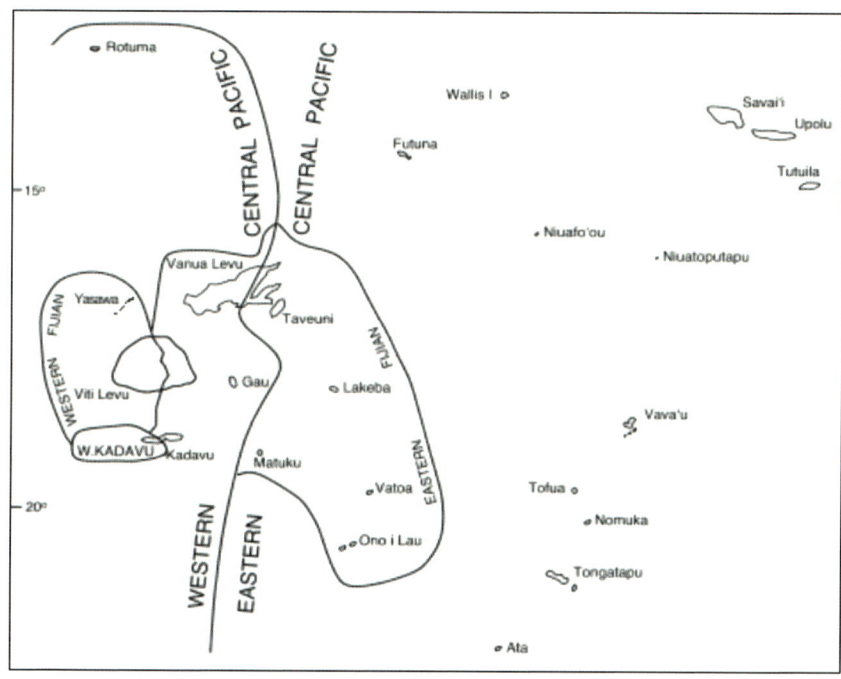

피지의 언어지도[150]
피지의 언어군은 크게 동부 피지어와 서부 피지어로 나뉜다. 동부 피지어는 폴리네시아 어족과 가깝고, 서부 피지어는 로투만 어와 가깝다.

영어

영국에 의한 식민통치 경험 때문에 피지에서는 영어가 100년 이상 사용되어 왔다. 초기에는 탐험가, 무역상들이 영어를 사용했다. 식민통치 시에 피지의 고위층들은 간단한 영어를 이해했다. 정부 기관에서는 아주 공식적인 영어를 사용했지만, 최근에는 지나친 문어체 영어는 사용하지 않는다.

현재 피지에서는 학교, 교회, 직장 등에서 준공식적인 레벨의 영어가 사용되는데, 물론 영국 영어와 똑같지는 않고 피지어나 힌디어에서 유래한 간단한 문법들이 접목된 영어이다. 현재 피지에서 일반 대화시 광범위하게 사용되는 영어는 피지 영어(Fiji English) 또는 핑글리시(Finglish)라고 부른다. 몇몇 언어학자는 피지 영어를 남태평양권 영어(South Pacific English)의 한 방언으로

---

150) http://www.hawaii.edu/oceanic/rotuma/os/schmidt/Schmidt.html (지도 출처)

보기도 한다. 과거에 남태평양에 영국이나 호주 식민지가 있었기 때문이다.

피지어

피지어는 말레이-폴리네시아 어족에 속하는 오스트라네시아어이다. 약 30만 명이 모국어로 사용 중이며, 나머지 30만 정도는 외국어로 사용한다. 초기 선교사들은 비티 레부섬 동쪽의 음바우 지역 피지 방언(Bauan)을 위한 표준 피지어로 선정했기 때문에, 현재는 음바우 피지어가 표준 피지어가 되어 있다.

음바우 지역 피지 방언은 현재 토착 피지인들의 공식 피지어이다. 음바우 방언이 표준 피지어가 된 것은 피지의 영국 이양 당시 음바우 지역 추장이 가장 강력했기 때문이다. 19세기 중반에는 선교사들의 영향으로, 비티 레부섬 서부에서도 음바우 방언이 사용된다. 당시 비티 레부섬 서부 지역은 폴리네시아-로투만어에 속하는 별도의 방언을 사용하고 있었다. 그 뒤 음바우(Bauan) 어휘가 서부 지역 언어에 많이 포함된다. 현재 표준 피지어에는 여러 영어, 힌디어, 기타 피지 방언이 많이 포함되어 최초의 음바우(Bauan) 방언과는 많이 다르다.

간단한 피지어	
영어	피지어
Welcome	Bula
Hello	Bula (inf) Drau bula (dl) Dou bula (pl) Nibula (mp)
How are you?	Vacava tiko?
Long time no see	Sa dede da sega ni sota
What's your name? My name is ...	O cei na yacamu(ni)?
	Na yacaqu o ...
Where are you from? I'm from ...	O ni lako mai vei? O kemuni mai vei?
O yau mai ...	
Pleased to meet you	Ia (ni) bula
Good morning	Yadra, Ni sa yadra
Good afternoon/evening	Bula, Ni sa Bula
Good night/Goodbye	Moce, Ni sa moce
Good luck	Vanuinui vinaka
Cheers/Good health!	Bula!
Have a nice day	Vanuinui vinaka ki na siga ni kua

Bon appetit	Da kana!
Bon voyage	Vanuinui vinaka e nomu volau
I don't understand	Au sega ni taura rawa
Could you speak more slowly please?	Vosa mada vakamālua?
Could you repeat that?	Tukuna tale mada
Please write it down	Kerekere, mo ni vola
Do you speak Fijian? I speak little Fijian	O(nī) kilā na vosa vakaviti?
Au kilā vakalailai na vosa vakaviti	
Do you speak English?	O(nī) vosa vakavālagi?
How do you say ... in Fijian?	Na cava na kena vosa vakaviti ni ...?
Pardon (what did you say?)	Ō?
Excuse me	Au lako mada yani (to get past)
How much is this?	E vica na kena i-sau?
Sorry	(Nī) vosota sara / (Nī) vosoti au (general Tulou / Jilou (when invading space)
Please	Yalo vinaka
Thank you	Vinaka, Vinaka vaka levu
Where's the toilet?	E vei na vale-lailai?
This gentleman/lady will pay for everything	Na turaga/marama oqo e na sauma taucoko
Would you like to dance with me?	Ko via meke kei au?
I love you	Au domoni iko / Au lomani iko
Get well soon	Nuitaka ni ko na vabulabula totolo
Leave me alone!	Biuti au tu madaga!
Help! Fire! Stop!	Kere veivuke! Kama! Kele!
Call the police!	Qirita na ovisa!
Merry Christmas and Happy New Year	Me Nomuni na marau ni siga ni sucu kei na tawase ni yabaki vou
Happy Easter	Vanuinui vinaka ni Siga ni Mate
Happy Birthday	Vanuinui vinaka ki na nomu siga ni sucu
Father	tata
Mother	Nana
Brother	tagane
Sister	yalewa
Son	luvequ tagene
Daughter	luvequ yalewa
Wife	watiqu
Husband	daulomani

힌디어

피지 힌디어는 거의 인도계 피지인들이 사용한다. 인도 힌디어 중에서도 아와디(Awadhi) 및 브호즈푸리(Bhojpuri) 방언이 사용되는데 역시 피지어, 영어에서 많은 단어를 차용하고 있다. 피지 힌디어와 인도 정통 힌디어는 역시 많이 다르다. 피지로 온 계약노동자들은 대부분 인도 동부, 북서부, 남부 등에서 왔는데 이들끼리도 출신지에 따라 다양한 힌디어를 구사했다. 그러다 피지어, 아랍어, 영어 등을 혼용해 피지에서 사용하기에 알맞은 힌디어가 탄생했고, 본토 힌디어와 상당히 달라졌다. 그 뒤 구자라트, 펀자브 지역에서 부유한 인도인들이 유입되면서 피지 힌디어에 새로운 요소가 추가되었다.

소수언어

피지에는 여러 인종, 문화 간 소수언어도 존재한다. 로투만어는 과거 피지의 속령이었고 현재 피지의 자치구인 로투마 섬 사람들이 쓰는 언어로, 폴리네시아 지역 문화의 영향을 강하게 받았다. 로투만어는 오스트라네시아 어로 현재 약 1만 2천명이 로투만어를 사용하고 있다.

그 밖에 최근 중국인들의 대거 유입으로 인해 광동어, 북경어 등이 사용되고 있다. 또한 마이크로네시아, 폴리네시아 도서국 언어들이 사용되며, 과거 영국의 인광석 채굴지였던 바나바 섬 주민들의 바나바어, 투발루어, 통가어 등도 사용된다.

친족구조[151]

친족관계는 피지인들의 일상에서 매우 중요하다. 개인 간 관계는 그들의 친족 내 지위에 의해 규정되는데, 인류학자 래드클리프 브라운이 말한 존경과 회피의 원리가 발견된다. 즉, 더욱 존경해야 하는 사람일수록 어려워하고 회피한다는 원리이다. 이때 나이, 성별, 사회적 거리에 따라 존경을 가늠하는데, 성별이나 사회적 지위와 상관없이 나이가 많으면 더 많은 존경을 바쳐야 하며, 평소에 자주 마주치는 사람보다는 낯선 사람에게 더 많은 존경을 바쳐야 한다.

피지인들의 정체성은 그가 속한 친족 그룹 및 사회적 네트워크와의 연결성에 기반하고 있다. 또 개인에게는 이러한 사회적 관계 및 공동이익을 개선하고

---

151) History and Tradition in Melanesian Anthropology, Edited by James G. Carrier, UNIVERSITY OF CALIFORNIA PRESS, 1992
Samantha Russell, Low Pressure Systems in Fiji, 2012.
https://bulasamantha.wordpress.com/tag/low-pressure-systems-in-fiji/

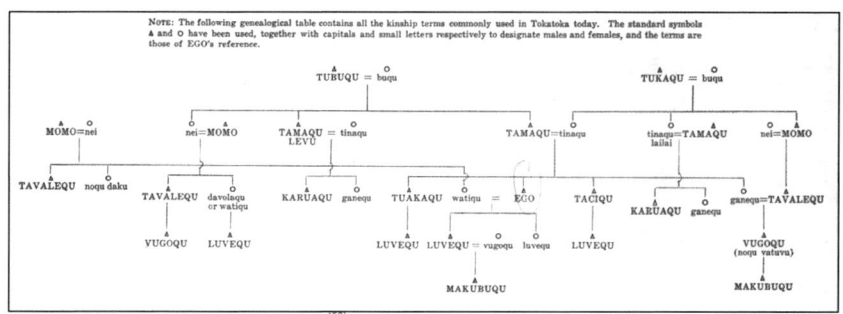

피지 확대가족(Tokatoka) 내에서의 친족 호칭[152]
피지 전통사회는 직계친과 방계친의 명칭을 구별하지 않는 유별적 호칭체계(Classificatory System)를 보여 준다. 유별적 호칭체계란 어머니와 어머니의 자매를 모두 '어머니'라 부르고, 아버지와 삼촌을 모두 '아버지'라 부르는 체계이다. 반면 우리나라처럼 직계친과 방계친을 구분하는 호칭체계를 기술적 체계(Descriptive System)라고 한다.

발전시킬 것이 요구된다. 그래서 자기희생, 관대함, 겸양 등의 덕목이 매우 칭송된다.

20세기 초에 피지를 방문했던 딘(W. Deane) 목사는 피지의 공동체주의에 대해 다음처럼 언급했다. "유럽과 다르게 피지에서는 개인주의를 꿈꾸려면 투쟁해야 한다. 공동체 정신으로 가득한 시스템에서 개인이 나설 수 있는 여지는 거의 없다"(1921).

피지 남태평양 대학, 태평양 학부의 아세셀라 라부부(Asesela Ravuvu) 학장은 영국 식민통치와 기독교의 영향이 "피지인들에게 개인주의를 기를 수 있는 기회를 제공"했지만, 피지인들은 여전히 "자신의 배경 및 친족들로부터 완전히 분리되는 것을 어려워한다"고 언급했다.

"개인주의는 집단의 단합 및 조화를 위해 매우 혐오된다. 예외는 거의 없다. 개인적 욕구와 바람은 억제되고, 모든 이들의 기본적 욕구는 친족 그룹의 사회적·문화적 프레임워크 안에서 해결된다"(Ravuvu, 1988).

따라서 피지에서는 개인을 친족, 지역 커뮤니티와 이어주는 여러 메커니즘이 발달하였으며, 복잡한 프로토콜을 가진 의식적 교환이 여러 그룹 간의 호혜적·상호적 관계를 유지시킨다. 피지인들이 칭송하는 개인의 덕목은 바카투랑아(vakaturaga), 즉 추장적 덕목이다. 이는 피지인들이 이상적으로 생각하는 귀족적 덕목으로 '도움' '타인에 대한 배려' '사랑' '함께 있음' '같은 정신을 공유함'

---

152) The Fijian system of kinship and marriage, by R. R. Nayacakalou, Volume 64, The Journal of the Polynesian Society, 1955, p 44~55
http://www.jps.auckland.ac.nz/document/?wid=2743 (그림 출처)

등이다. 따라서 개인의 자율성이나 독립성은 상당히 위축된다.

관계성이 강조되는 상황에서 개인의 성취나 육체적 매력 등을 지나치게 드러내는 것은 바람직하지 않다. 그리고 오만, 으스댐은 전통가치에도 어긋날 뿐 아니라, 초자연적 힘의 응징을 불러온다고 생각된다.

피지의 친족세계는 수많은 비친족 관계로 둘러싸인 복잡한 그물망이다. 피지사회에서의 개인의 자리매김은 그가 속한 사회적 네트워크의 밀도와 질에 의해 결정된다. 사람—사람 간 관계의 중요성은 사람을 지칭하는 호칭에서도 나타나는데, 개인의 이름을 직접 부르기보다 다른 사람과의 관계를 통해 그를 부르는 식이다. 예를 들면 '누구의 아들', '누구의 아버지' 하는 식으로 개인을 지칭한다.

또 피지에서는 친족구조가 사회적 상호작용을 결정짓는다. 낯선 사람을 만날 때도 한 개인이 속한 지역적·친족적 네트워크의 토대를 통해 그 사람의 정체성을 파악하려 한다. 처음 만났을 때 사람들이 보통 던지는 질문도 그들의 친족 네트워크의 질(quality)과 밀도(density)를 가늠하려 하는 것이다.

예를 들어, 두 사람이 처음 만났을 때 이들은 상대의 출신 지역과 출신 친족이 어딘지를 알기 위해 다음과 같은 질문을 던진다. "어디서 왔소?" 그다음으로는 "부모님은 살아 계시고? 잘 지내시고?" 또는 "형제 자매는 어떻게 되오?" 등의 질문이 따른다.

그러면 짧은 시간 내에 두 사람은 상대의 배경을 알게 되고, 만약 서로 공통되는 먼 친족이 있을 경우 여기에 기반해 관계 설정을 하게 된다.

혹시라도 뚜렷한 친족관계가 둘 사이에 존재하지 않으면, 어떻게서든 서로를 이어 줄 것, 예를 들면 같은 성씨라든지, 그들의 지역 조상들이 서로 친구였다든지 등등의 연결고리를 찾아본다.

피지의 친족관계는 복지 및 치안제도의 기능도 가지고 있다. 고아나 독신을 '혐오스럽고 경멸할 만한' 이들로 여기는 사회에서처럼, 피지에서도 친족이 없는 이들을 불쌍하게 여긴다. 하지만 여전히 이들을 커뮤니티 내로 수용하기 위한 노력이 존재한다.

현대로 오면서 토착 피지인과 인도계 피지인 사이의 인종적 적대감이 존재하게 되었지만, 피지 전통사회에는 그들의 사회적 범주 밖에서 온 외부인,

즉 손님(Vulagi)을 극진히 대접하는 전통이 존재했다. 유명한 인류학자 레비스트로스는 원시사회에서는 외부인을 매우 중요한 자산으로 여겼다고 언급했다. "외부인은 이국성이라는 위신을 가진 인물이며, 그의 존재를 통해 사회적 관계를 확장할 기회가" 생기기 때문이다. 일반적으로 전통적 피지인들은 그들의 마을을 가로질러 가는 뜨내기, 여행자, 부랑아들을 환영했고 그들을 통해 외부 그룹과 관계맺기를 늘 희망했다.

이런 뜨내기들은 일련의 정교한 의식을 거쳐 새로운 친족이나 마을 구성원으로 맞아들여지는데, 최초의 환영식으로는 일단 양고나를 주고받는 의식이 있다. 그리고 때로는 손님 앞에 풍성한 음식과 선물을 대접하며 잔치에 초청한다. 다시 손님이 떠나야 할 경우에는 손님 쪽에서 떠남을 요청하고 감사 인사를 하는데, 이것 역시 양고나 의례의 형식에 따라 행해지며 마지막 송별 잔치가 열린다.

사회적 자본형성 및 호혜적 교환체제 – 케레케레(Kerekere)

원시사회의 경제관념은 오늘날 자본주의의 그것과는 성격이 다르다. 이들에게 자본의 축적이라는 개념은 존재하지 않았다. 재물을 쌓아 놓거나 축적하려는 추장들은 '인색한 추장'이라고 불리며 위신을 잃게 되었다. 이들이 추구하려는 자본도 오늘날과 같은 화폐 자본이 아니라 인간과 인간 사이의 관계적 자본, 즉 인맥자본 또는 사회적 자본에 가깝다. 피지 사회에서 사회적 자본의 형성과 유지는 매우 중요하며, 이를 위해 부족사회 구성원들은 끝없는 호혜적 교환을 실시했다. 귀중품, 선물, 의례품을 끊임없이 주고받은 것이다.

피지 전통사회에서 귀중품(iyau), 즉 탐부아(고래 이빨), 양고나, 석유등, 매트, 수피포, 직물 등은 축적을 위한 재화가 아니라 상호교환을 위한 재화였다. 이것들은 축적되는 게 아니라 사람들 사이를 오고 가면서, 서로의 관계를 더욱 강하게 엮어 놓고 돈독하게 만들었다. 역사학자 폴라니는 이러한 성격의 재화를 '일반 목적적 화폐'에 대비되는 '특수 목적적 화폐'라고 불렀다.

예를 들면, 한 젊은 여자가 남편의 마을로 시집을 가면 성대한 축제와 기념품 교환이 이루어진다. 이때 여자의 친정 측에서는 때때로 음식을 보내 그녀에 대한 존경을 표시한다. 그리고 여자가 사망하면 여자가 속해 있던 마을의 각 마탕갈리들은 장례식에 기념품을 보내고 성대한 잔치를 연다. 이런 행사에서 거두어진 석유등이나 탐부아, 매트, 수피포 등은 다시 그녀의 친정 식구들에게 분배된다. 또 이 기념품을 받은 그녀의 친척들은 다시 다른 행사가 있을 때 이 기념품을 희사한다.

여기서 말하는 기념품의 축적은 일반적으로 매우 일시적이다. 여기서 지속적인 것은 각각의 교환을 통해 더 강화되는 서로의 사회적 관계이며, 주는 사람과 받는 사람 사이의 위신, 유대의 강화이다. 마르셀 모스는 『증여론』에서 이러한 교환 관계가 두 측면, 즉 증여의 호혜성과 증여의 강제성에 대해 언급했다.

피지 전통사회에는 두 종류의 차용이 있는데, 하나는 다시 갚을 필요가 없는 케레케레이고, 다른 하나는 일정 시간이 흐른 후 갚아야 하는 디나우(dinau)이다.[153]

케레케레는 한쪽이 다른 쪽에게 부탁해 재화나 물건, 서비스 등을 빌리는 것인데, 받은 사람이 되갚을 필요는 없지만 미래에 다시 다른 누군가가 동일한 요청을 했을 때 거절할 수 없다는 측면에서 피지 사회를 관통하는 상호 부조의 원리를 가리킨다. 즉 '내 등을 긁어 주면, 너의 등을 긁어 주겠다'는 정신이다.

이 말의 어원이 되는 동사는 '케레(kere)'이다. 케레의 뜻은 경제적인 의미에서 '요청하다', '부탁하다' 정도의 의미이다. 이때 부탁을 받은 쪽이 이 요청을 거절하는 것은 상당한 수치이자 명예 훼손이 된다. 이때 케레케레의 대상에서 제외되는 것은 사람들이 거주하는 집 정도이다. 전통적으로 토지 또한 세습이 불가능하지만, 토지 사용권은 부탁할 수 있으며, 이 외에 음식이나 모든 형태의 재화, 서비스 등도 간청하여 구할 수 있다.

그렇지만 케레케레는 단순한 구걸이나 일방적 요청과는 구별되는데, 케레케레는 친족 사이에서 암묵적으로 공인되는 상호보답의 원리이기 때문이다. 케레케레는 내포적인 원리이지만 피지 사회를 돌아가게 하는 공식적 거래원리로, '친족 커뮤니티에서의 재화의 평등성'을 보장하는 시스템이기도 하다.

피지인들은 케레케레에 대해 양가적 감정을 느끼고 있는데, 개인적 시간, 물건, 음식 등 거의 모든 것이 부탁의 대상이 될 수 있어 개인의 소유권 개념이 희박해지기 때문이다. 그래서 "마을에서 사실 당신에게 속한 건 없어요. 당신 것은 당신의 삼촌이나 이모, 조카나 다른 누구의 것이 될 수도 있기 때문이에요"라는 말이 나오는 것이다.

---

153) 이러한 원리는 사업적 목표와 개인적 유대 사이의 구분을 흐려 놓아, 피지에서의 비즈니스 진행에 방해가 되기도 한다.

전통사회[154] [155] [156]

전통사회 구조

피지 전통사회의 가장 작은 사회단위는 가족(Tokatoka)이다. 이 가족이 여러 개 모여서 마탕갈리가 된다. 각 추장들은 마탕갈리라 불리는 친족 집단을 이끌며, 각각의 특수한 업무를 담당한다. 이러한 마탕갈리가 여러 개 모여 야부사(Yavusa)-대부족-를 이루고, 야부사가 여러 개 모여 바누아(Vanua: 땅, 지역)를 이룬다.

전통적으로 피지 사회는 크게 2개의 계층, 귀족계층(Liga-ni-Magiti : '만찬의 주재자')과 평민계층(Liga ni Wau : '방망이의 주재자')으로 나뉜다. 귀족계층에는 추장과 사제가 포함되고, 평민계층에는 전사, 기술자, 공예인 등이 포함된다. 각 계층은 다시 하위 계층으로 나뉘는데, 귀족계층의 추장계층은 추장(Ratu)과 피지의 전통적 귀족계층(Adi)으로 구성된다. 이들은 태어날 때부터 리더 및 지배자로서의 권한을 부여받는다. 두 번째로 사제계층은 사제 및 전령 역할을 하며, 이들은 전통적으로 대지 및 조상들의 영혼의 대변인, 각종 문제에 대한 자문, 검토자의 역할을 한다.

한편 평민계층은 세 가지 하위 계층으로 나뉜다. 제일 먼저 전사계급(Bati)는 전쟁을 수행하고, 평화를 수호하며, 추장을 대신해 커뮤니티의 훈련을 담당한다. 그다음 기술자(Matai)는 특정한 기술을 가진 이들로, 목수, 공예자, 카누 제작자 등이 여기에 포함된다. 마지막으로 Dau는 기술 외의 특별한 능력을 가진 인물로, 시나 음악을 짓거나 물자를 관리하는(회계) 사람 등이 여기에 속한다. 보통 Dau라고 하면 특정 분야의 '전문가'를 지칭한다. 피지의 가장 기본적인 사회적 단위가 되는 마탕갈리의 구성은 다음과 같다.

기본적인 마탕갈리(씨족)의 구성	
투랑아(Turaga)	마탕갈리는 원래의 조상에서 장자상속제로 이어지는 집단으로, 투랑아는 그 씨족의 추장을 의미함. 마탕갈리 내에서 추장은 언제나 그 추장의 가문에서만 선출함.
사우 투랑아 (Sauturaga)	추장 다음의 직급으로 추장을 보좌하고, 추장의 명령을 집행하며, 추장 임명에 큰 영향을 미치는 인물. 행정 담당.

---

154) http://en.wikipedia.org/wiki/Culture_of_Fiji
155) http://en.wikipedia.org/wiki/Fijian_traditions_and_ceremonies
156) http://www.go-fiji.com/culture.html

마타 니 바누아 (Mata ni vanua)	추장의 공식 전령으로 각종 의식을 담당. 외교 담당.
음베테 레부 (Bete-Levu)	전통적인 사제직으로 신은 이 음베테를 통해 자신의 메시지를 전달한다고 믿어음. 대제사장
음베테 라이라이 (Bete-Lailai)	소제사장
음바티(Bati)	마탕갈리의 전사 계급
다우(Dau) 및 마타이(Matai)	특수한 기술 및 기예를 가진 집단. 예를 들어 Dau ni vucu는 시가나 음악, 춤을 짓는 사람, Dau ni yau는 물자의 입출입(오늘날의 회계)을 담당하는 사람, Mataisau는 목수 및 카누 제작자를 의미함.
고넨다우(Gonedau)	어부 집단

피지 전통사회의 가장 작은 사회적 단위는 토카토카(Tokatoka)로 가족과 가장 비슷한 개념이지만, 서구식 핵가족은 아니고 비교적 가까운 구성원으로 이루어진 확대가족이라 할 수 있다. 이 가족들이 여럿 모여서 마탕갈리를 구성하고, 여러 개의 마탕갈리는 다시 부족(야부사)을 이루는데, 여러 개의 야부사는 특정 지역(대지)에 속하게 되며, 이 땅을 바누아(Vanua)라고 한다. 여러 개의 부족이 모여 하나의 지역(땅)을 이룬다는 개념은 상당히 흥미로운 것으로, 바누아는 우리가 말하는 땅, 대지만이 아니라 거기 속한 인간, 부족 등을 모두 포함한 개념이다. 피지 전통사회의 구조를 그림으로 나타내면 다음과 같다.[157]

피지의 전통사회 구조
보통 확대가족으로 이루어진 가구(Tokatoka)가 모여서 씨족(Mataqali)이 된다. 씨족이 모여 부족(Yavusa)이 되고, 부족이 모여 한 지역(Vanua)이 된다. 여기서 바누아(Vanua)란 땅, 대지 등으로 번역되는 말이지만 인간, 자연, 지리 등을 모두 포괄하는 개념이다.

---
157) 이태주, 휘지의 『마탕갈리와 야부사』, 한국문화인류학회 심포지엄, 2001.

관계를 지칭하는 용어	
피지에서는 보통 처음 만나면 "당신은 어디 출신입니까?"라고 묻는데, 그 대답에 따라 양자는 여러 사회적 관계하에 놓이게 된다.	
타우부(Tauvu)	Tau는 친구, Vu는 영혼이라는 뜻으로 같은 뿌리, 즉 같은 조상을 가진 사람을 말함. 이들은 공동조상, 공동의 신을 모시는 이들로 엄격한 상호부조의 의무가 있음.
타코라보 (Tako – Lavo)	Tako는 아버지, Lavo는 아들이라는 뜻으로 직역하면 아버지 – 아들 관계가 되지만, 같은 지역 출신 사람들을 타코라보라고 부른다.
카이 농우 (Kai – noqu)	서로의 친족 중에 공통의 친척이 있는 사람
야카(Yaca)	이름이 같은 사람

Dr Asesela Ravuvu(1983, p. 76)는 바누아를 다음과 같이 정의했다. "바누아란 사람들이 스스로 거기에 귀속되어 있다고 여기며, 동시에 그것을 소유하고 있다고 생각하는 특정한 물리적 환경(땅)을 말한다. 이 땅은 물리적·지리적 개념을 포함한 것으로서 그 사람들의 생존의 터전이 되는 곳이다. 따라서 땅은 인간의 확장이며, 인간 역시 땅의 확장이다. 바누아는 사람이 없으면 생명이 없는 곳이 되며, 사람 역시 땅이 없이는 번성할 수 없고 불안정한 존재가 된다."

한편, 바누아보다 조금 더 큰 개념으로 지역연합(Matanitu)이라는 것이 있는데 이는 피지의 자생적 집단 개념은 아니고, 영국 식민통치 시에 생겨난 것으로 피지 현대사에서 상당한 영향력을 행사한 집단이다. 조상이 같거나 전통적 교류가 있는 것이 아니라, 전쟁 및 정치적 공동요구로 맺어진 관계인 것이다. 과거에는 3개의 지역연합이 존재했고 그중 하나가 큰 영향력을 행사했다.

의례

피지의 사회적 관계는 여러 의식으로 구성된다. 다른 문화권에서처럼 가장 중요한 의식은 출생, 장례, 결혼의식이다. 보통 피지 전통사회에서는 생일을 따로 축하하지 않지만 가문의 장자의 첫돌은 양가 모두에게 큰 행사이다. 그러나 이 역시 한 개인이 바치는 축제라기보다 집단 행사이다.

결혼

오늘날은 전통식 결혼이 드물어지고 있지만 전통사회에서 결혼은 남자 측 부모와 어른들이 신부를 고르는 것으로, 두 씨족 간의 결합을 의미했다. 과거에는 결혼이 개인 간 일이 아니었으며 두 개인의 결합이라기보다 두 집단의 사회적·

경제적 결합이었다. 이때 남녀는 두 집단의 사회적 관계를 강화하기 위한 일종의 도구이며, 이전에 아무 관계도 없던 두 집단 간의 남녀가 만나 결혼하는 일은 드물었다.

한편, 집단의 허락을 받지 못한 남녀도 있었는데 이들은 흔히 달아나곤 했다. 이 경우 남자가 여자 가족 측의 소중한 자산을 '훔쳐' 달아났다고 보므로, 여자 측 친족과 갈등이 생긴다. 이런 일이 발생하면 남자 가문에서는 불루불루(Bulubulu)(의미는 '땅에 묻다')라는 의식을 행하여야 한다. 이 경우 양가 간 관계가 다시 회복될 수 있다. 그러나 불루불루(Bulubulu) 의식을 행하는 데는 상당한 재물이 소요되기 때문에 커플이 도주한 몇 년 후에 치를 수도 있다. 일반적으로 불루불루(Bulubulu) 의식이 치러질 때까지 여자는 자신의 마을로 다시 돌아오지 못한다.

장례

누군가가 사망하면 관련 씨족 및 가족이 모여 슬픔을 나누고 유대를 다진다. 이때 죽은 자를 매장지로 운반하는 것을 '레구레구(Reguregu)'라 하며, 이때는 모든 친구와 친척이 모여 애도를 표한다. 이때 매트, 카바, 탐부아 등의 물품을 사용하는데, 매장 후 며칠이 지날 때까지 매트와 마시(Masi)라 불리는 직물을 무덤 주위에 흩어놓는다.[158] 장례의식은 사자를 땅에 묻을 때, 그리고 4일째, 5일째 밤까지 치른다. 사망 후 100일이 지나면 애도 기간이 해제되며, 이때 장례와 더불어 수반되었던 각종 터부들도 해제된다. 그다음 1년 후 다시 의식을 치른다.

양고나 의례

피지에서 가장 중요한 의례 중의 하나로 양고나 의례가 있다. 이것은 양고나라는 일종의 술(음료)을 함께 나누어 마시는 행위이지만, 사회적·의례적 성격이 대단히 강하다.

양고나는 태평양 지역에 서식하는 후춧과 식물로 *Piper methysticum*이 학명이다. 라틴어로 Piper는 pepper(후추), methysticum는 '취하게 하는, 마비시키는

---

[158] 피지 전역에서 사용되던 전통 의례품으로는 양고나라 불리는 술(카바), 탐부아라는 고래 이빨, 매트, 그리고 마시(Masi)라 불리는 버드나무 수피로 짠 직물이 있다.

양고나(카바) 식물과 양고나 뿌리를 말리는 모습　　　　　　　　　　　　　　　　　　　　ⓒ위키피디아
양고나는 후춧과 식물로 술을 만들려면 먼저 이 식물의 줄기와 뿌리를 말려 가루를 낸다. 이 가루를 하얀 천에 놓고 즙을 짜낸 것이 양고나 술이다.

이라는 의미인데, 실제 양고나 안에는 신경안정 및 마취 성분이 있다.

양고나는 통가에서는 카바(kava), 하와이에서는 아와(awa), 사모아에서는 아바(ava), 피지에서는 양고나(yaqona), 그리고 마이크로네시아 폰페이 주에서는 사카우(sakau)라 부른다. 양고나는 그 식물이나 이 식물로 만든 술, 그리고 이 술과 함께하는 모든 의례를 동시에 지칭한다. 양고나 만드는 절차는 다음과 같다.

1. 식물의 줄기와 뿌리를 깨끗이 씻은 다음 완전히 말려 가루를 낸다.
2. 가루를 물과 섞은 다음 하얀 체에 걸러 받는다

양고나는 전통 피지사회 의례의 핵심으로, 한때는 사제, 추장, 고위직들만 마셨지만 지금은 전 국민이 즐겨 마시는 국민음료가 되었다.

전통적으로 양고나는 직사각형 판다누스 매트 위에서 마시는데, 매트 한 쪽 끝에 타노아(Tanoa : 나무나 진흙으로 만든 양고나 제작용 그릇)가 있다. 한편, 앞쪽에는 마기마기(Magimagi : 코코넛 섬유로 만든 로프)와 고둥 껍질이 놓여 있다. 이 로프는 추장 쪽을 향해 펼쳐 놓으며 추장 옆에는 대변인, 또는 '말하는 추장'이 앉아 있다. 타노아 그릇 뒤에는 보통 3명이 대기하는데, 한 사람은 양고나를 만들고 두 사람은 그것을 손님들한테 전달한다.

양고나 의례 시 사용하는 Tanoa 그릇. 양고나를 담는 커다란 사발이다.[159]

    모든 것이 준비되면 타노아 앞의 양고나 제작자는 양반다리를 하고 꼿꼿히 앉아서 이렇게 말한다. "Qai vakarau lose Saka Na Yaqona vaka Turaga" (나는 추장 앞에서 존경심을 가지고 양고나를 만들 것입니다). 다 섞고 나면 그는 코코넛 껍질로 된 그릇을 들고 거기에 양고나를 채운다. 그다음 추장의 전령이 볼 수 있도록 그릇을 높이 쳐들었다가 내용물을 다시 타노아에 흘린다. 그러면 전령은 양고나 상태를 보고 만약 그것이 너무 진하면 "Wai" (너무 강하다) 라고 소리친다.

    이 소리를 들으면 양고나 만드는 사람은 다시 물을 조금 더 붓고, 추장의 전령이 "Wai Donu"라고 할 때까지 같은 행동을 반복한다. 이 말이 들리면 양고나가 잘 섞였고 농도가 적당해서 마셔도 된다는 뜻이다. 그러면 양고나 만드는 사람은 손을 모으고 타노아 그릇을 두 손으로 잡은 다음 "Qai darama saka tu na Yaqona Vakaturaga"(추장이여, 양고나가 완성되었습니다)라고 말한다. 그 뒤 그는 박수를 세 번 치고 양고나를 코코넛 껍질에 부어 사람들에게 나누어 준다. 의례장에 있는 모든 사람들은 전부 1개의 컵으로 양고나를 돌려 마신다. 그러나 추장에게 바칠 때는 추장 개인의 컵을 쓴다.

    서빙하는 사람이 양고나를 건네면 추장은 손을 모은 다음 깊고 장중한 소리가 나게 손뼉을 친다. 그리고 컵을 받아 양고나를 마신다. 그가 양고나를 마실 때 모든 사람은 천천히 박수를 치고, 그가 다 마시면 '말하는 추장'은

---

159) http://museumvictoria.com.au/fiji/images/mn011824_lg.jpg (사진 출처)

양고나 만드는 모습[160]

"Maca"라고 소리친다. 그러면 다시 모든 사람이 세 번 더 손뼉을 친다. 그 다음에는 '말하는 추장'이 마시는데, 모든 절차는 추장과 똑같지만 그가 다 마시고 나면 박수를 두 번만 친다.

'말하는 추장'은 양고나를 마신 후 양고나를 만든 사람에게 술을 모든 사람에게 돌리라고 신호를 준다. 이때 타노아 그릇의 한쪽을 건드리면서 "Taki vakavo Na Yaqona vaka Turaga"(이제 모두 추장의 양고나를 마셔도 됩니다)라고 말하고 손뼉을 두 번 친다. 그러면 나이 든 사람부터 모든 사람에게 양고나를 배달한다. 만약 양고나 의례 중에 새로운 사람이 올 경우, 그 손님은 존경의 표시로 작은 선물(양고나 뿌리)을 가져와야 한다.

손님은 공손하게 자기를 소개하고 인사한다. 그러면 연장자들이 그를 양고나 의례에 불러들인다. 그는 자기가 가져온 양고나를 매트 위에 얹기 전에 다른 사람들에게 몇 마디 존경의 말을 한다. 그러면 누군가가—대부분 말하는 추장이—그 양고나를 만지고 "Tarai Saka tu na sevusevu Levu"(당신의 존경의 선물을

---

160) http://whatisinhotdogs.info/kava-powder-from-buykava-info/ (사진 출처)

받겠습니다) 라고 말한다. 그러면 다시 수많은 이야기가 오가는 양고나 술자리가 계속된다. 타노아 그릇이 비면 말하는 추장이 이를 알아채는데, 이때 양고나를 다시 더 만들지 못하게 한다. 그는 양고나 만드는 사람에게 말한다. "Qai maca saka tu na Yaqona Vakaturaga"(존경하는 여러분들이여, 추장의 양고나가 전부 동이 났습니다).

친구나 가족들 사이의 양고나 의례는 이것보다 조금 덜 엄격하며, 지방에 따라 각종 에티켓이 조금씩 다르다.

전통적 귀중품

의례 및 일상생활에서 사용되는 피지의 전통적 귀중품은 아래와 같다. 이 물건들은 출생, 장례, 결혼 및 축제 의례 등에 사용되며, 사람과 사람이 주고받는 귀한 선물로도 쓰인다.

탐부아(Tabua)

탐부아는 고래의 이빨로 피지 의례에서 매우 높이 평가받는 귀중품이다. 탐부아의 숫자가 더 많을수록 더 귀중한 선물이 된다. 이때 표현상으로 선물을 주는 사람은 보통 자신의 선물을 원래 가치보다 깎아내리는 경향이 있고, 선물을 받는 사람은 받은 선물을 원래 가치보다 높이 평가하는 관습이 있다. 선물을

탐부아
고래 이빨로 만든 장식품이다.

줄 때는 자신의 선물이 별것 아니라는 식으로 말하고, 선물을 받을 때는 그 탐부아가 작고 볼품없어도 대단히 아름답고 화려하다고 말하는 식이다. 이때 그 표현에 얼마나 존경과 겸손함이 깃들어 있는가가 관건이 된다.

돗자리와 마시(Masi)

돗자리는 대부분 직사각형으로 지역에 따라 디자인이 다르며, 태평양 및 동남아 지역에 서식하는 염생식물인 판다누스 잎으로 만든다. 판다누스 잎을 물에 끓여 커다란 나무방망이로 평평하게 두드린 다음 말려서 다양한 디자인의 돗자리로 만드는 것이다. 판다누스 잎으로 만든 돗자리 색깔은 대부분 은은한 갈색이나 베이지색을 띠며, 맹그로브 나무에서 추출한 염료로 염색했을 경우에는 검은색이나 갈색을 띤다. 오늘날은 가장자리를 화려하게 만들기 위해 다채로운 직물을 쓰기도 한다. 과거에는 집단 및 개인 간에 판다누스 돗자리의 교환이 널리 행해졌다.

마시(Masi)는 뽕나무의 수피로 만든다. 뽕나무 줄기에서 껍질을 벗겨낸 다음 어두운 색을 띠는 제일 바깥쪽 층을 벗겨 낸다. 그리고 이 섬유를 나무나 딱딱한 표면 위에 놓고 나무방망이로 두들겨서 거의 0.5mm 두께로 늘어날 때까지 때린다. 그다음 수피를 여러 겹 겹치고 이어 붙여서 더 큰 직물을 만든다. 다 만든 직물은 햇볕에 말린다.

이때 직물 염색은 맹그로브 염료, 진흙, 그을음 등을 이용하는데 대부분 검은색 또는 갈색을 띤다. 그다음 이 직물은 사탕수수 줄기를 태워 만든 불로 그을리는데 그러면 마시 특유의 그을린 듯한 색깔이 나온다. 마시의 디자인은 지역마다 다르다. 가장 유명한 마시는 Vatulele 섬에서 난다. 마시는 집안을 장식하거나 다양한 의례에서 의례장을 장식할 때 쓴다.

이 외에도 아기가 태어나면 마시로 아기의 몸을 감싸기도 하고, 사람이 사망했을 때 매장 전 빈소를 장식할 때도 사용한다. 또한 관을 감싸거나 무덤 주변을 장식할 때도 사용한다.

판다누스(Pandanus utilis)
줄기는 돗자리를 만들고 열매는 식용한다.

예술과 공예[161]

피지 전통예술은 다양하고 아름다운 도예, 목공예, 천 짜기 등으로 구성된다. 공예, 음악, 건축 등은 폴리네시아 문화 및 멜라네시아적 요소를 모두 갖추고 있는데, 전통적으로 남자와 여자의 공예는 구분되어 있다.

---

161) http://en.wikipedia.org/wiki/Culture_of_Fiji

결혼식에 쓰였던 19세기 피지의 마시
뽕나무의 수피로 만든 천으로 돗자리, 의복 등에 쓰인다.

ⓒ위키피디아

피지의 전통공예	
여성의 공예	도자기 굽기, 버드나무 수피로 만든 직물 짜기 등이 여성의 공예임. 칸다부 섬의 Na Lotu 마을은 여성들이 만든 섬세한 도자기로 유명하며, 버드나무 수피로 만든 마시라는 직물도 유명함. 마시는 종종 공식 의례에서 선물로 사용되는데 비티 레부섬 동남부 해안의 Vatuelele 섬이 마시 제작으로 유명함. 이 외에도 판다누스 나무의 잎사귀로 만든 매트 짜기, 바구니 짜기, 코코넛 로프 짜기, 코코넛 잎으로 만든 방석이나 가리개 짜기 등도 여성의 일임.
남성의 공예	남성의 공예로는 조각, 무기 만들기, 의식용 제기 만들기 등이 있음. 카바 의례에 사용되는 Tanoa라는 커다란 사발 조각과 카누(Drua) 만들기도 중요한 남성의 공예 중 하나임. 카누는 피지 사회에서 매우 중요한 운송수단으로, 의례를 위한 음식 운반, 취합 및 전쟁 등에 사용함. 카누 제작술은 지역이나 부족에 따라 다르지만 형태는 비슷하며, 2개의 속을 파낸 카누를 이어 붙인 것으로 운송 및 어업에 사용함. 부족 간 해상전에는 종종 수백 척의 카누가 동원되기도 하는데, 적에게 공포를 주기 위해 대부분 화려하고 위엄 있게 만듦. 카누 진수식에는 사람을 죽여 그 위로 카누를 굴리는 관습도 있음. 피지의 유명한 초창기 탐험가인 윌코스(Wilkes) 제독이 1840년 "카누의 커다란 하얀색 돛은 압도적인 인상을 주었다. 그 속도는 믿기 어려울 만큼 빠르다"는 기록을 남김.

　　춤과 이야기, 노래가 곁들여진 피지의 전통공연은 Meke로 불리며, 여성들의 부채춤인 Seasea, 남성들의 창춤인 Meke wesi등이 포함되어 있다. Meke에서 상연되는 주된 이야기는 전쟁, 추장 임명, 남녀 스캔들 같은 주제이며, 매우 중요한 피지의 구전 공연 양식으로 여기고 있다. 예전에 Meke를 신이 내리는

피지의 전통공연인 Meke[162]
춤과 이야기, 노래가 곁들여진 피지의 전통공연으로, 남성들의 창춤과 여성들의 부채춤이 포함되어 있다.

신탁으로 여겨, 공연자는 공연 시작 전 종종 망아 상태에 빠지기도 했다.
　피지 음악은 멜라네시아, 폴리네시아 전통의 영향이 강하며, 민요도 자주 불린다. 피지의 민요는 교회음악에서부터 전통 춤, 음악까지 다양하다. 전통 피지 음악에서 쓰는 악기는 기타, 우쿨렐레, 만돌린, 랄리 드럼 등이 있으며, 마을에서 사회적 행사가 있을 때 사람들을 부르는 용도로도 쓰인다.

음식

피지에는 피지 고유 요리와 인도계 요리가 공존한다. 칠리 소스·토티·밥, 야채·카레·차 등 인도계 음식과 타로·카사바·카바 등 피지계 음식이 있다.
　전통 피지음식은 탄수화물이 주성분으로, 타로, 얌, 고구마, 카사바 등의 전분질 음식과 빵열매·바나나·견과류 등이 있다. 재배가 쉬워서 카사바가 가장 널리 즐겨 먹는 작물이며, 이 외에도 육류, 어류, 수산물, 채소 등을 먹는다. 특히 고기 및 생선 통조림은 피지인들이 매우 좋아한다. 야자과즙에 끓인 채소도 매일 먹고, 사람들은 물을 가장 많이 먹지만 코코넛이나 주스 등도 먹는다.
　피지인들은 하루 세 번 식사를 하지만 식사시간은 매우 큰 차이가 있고 군것질도 한다. 대부분 끓인 음식을 많이 먹지만, 굽거나 튀긴 것도 있다. 저녁 식사는 가장 성대하며 보통 가족들이 전부 모여 먹는다. 피지는 부계사회여서 식사에서는 남자들이 가장 크고 맛있는 부위를 먹는다. 식사는 유대강화의 표현으로, 토템 동물이나 식물은 과거에 먹지 않았으나 최근에는 이런 풍습이

---
162) http://www.jbnoell.org/FamilyPhotos.html (사진 출처)

거의 사라졌다.

    인도계 피지인들의 식단 역시 주식과 부식으로 나뉘며, 남자와 여자가 따로 먹는다. 인도계 피지인들은 보통 빵이나 쌀을 먹고, 채소 위주로 먹지만 고기도 먹는다. 힌두교에서는 소고기를, 이슬람교에서는 돼지고기를 금지한다. 피지인들처럼 대부분의 요리는 여자가 담당한다. 현재 피지에는 많은 식당, 찻집, 카바 술집, 음식점이 있다. 대도시에는 각국 음식점들이 모여 있다.

    전통 피지 사회에서는 일이 있을 때마다 큰 잔치를 거행하는데, 한쪽이 다른 쪽에게 엄청난 양의 음식을 선물하는 것이 관례였다. 이 음식들은 조리하거나 생으로 선물하며, 보통 돼지, 소, 바다거북에서부터 생선 통조림, 소고기 등이 포함된다. 또한 의식용 음식을 제공하기 전에 '기념 선물'로서 피지에서 중요하게 여기던 몇 가지 선물을 준다. 이것들은 실용적 가치는 없지만 유대강화, 위신 및 체면유지에 중요한 것으로 탐부아, 버드나무 껍질로 만든 천, 카바 등이다.

의복

전통적으로 피지에서 남성은 허리와 엉덩이에 천을 두르고, 여성은 풀로 만든 치마를 입었다. 미혼 여성은 짧은 치마를, 기혼 여성은 긴 치마를 입는데 신분이 높은 여성들은 대부분 문신을 하고 있다. 또 추장들은 더 화려한 복장을 입는다.

    피지의 전통의상은 술루(Sulu)라는 것으로 폴리네시아의 Sarong 또는 Pareau와 매우 비슷하다. 술루는 치마와 비슷한데 남녀 모두 입을 수 있다. 최근 도시 지역에서는 술루를 서양식 정장처럼 개조해서 입는데, 아래는 치마식 술루를 입고 전통샌들을 신은 다음, 위에는 셔츠, 재킷, 넥타이를 하는 식이다. 이것이 공식 정장으로 주요 국제회의에서 바이니마라마 수상이 입기도 한다.

    여성들은 보통 공식 행사에서 여러 겹의 Tapa 천으로 만든 전통복장을 입는데 여성들의 술루는 상의가 조금 더 화려한 편이다.

신화와 전설

• 뱀신 데게이(Degei) 이야기

피지 창조신화에 따르면 인간은 다음과 같이 창조되었다. 오랜 옛날 피지에는 거대한 뱀 신 데게이가 살았다. 데게이는 처음에 친구였던 매 투루카와와 함께 외로이 살았다. 어느 날 투루카와가 사라지고 데게이는 그녀를 찾으러 떠났다. 그는 투루카와의 새 둥지를 발견하고 거기서 2개의 알을 집으로 가지고 와서 길렀다. 몇 주 뒤 그 알에서는 2명의 작은 사람이 부화했고 데게이는 이들을 기르면서 만물의 본성에 대한 많은 이야기를 해 주었다.

많은 시간이 흐른 후 데게이는 2명의 인간 및 그들의 자손들과 바다를 건너 라우토카 섬에 정착해, Viseisei 마을을 건설했다. 이것이 피지 최초의 마을로 알려져 있다. 전설에 따르면 데게이는 비티 레부 섬과 다른 작은 섬들을 만들었으며, 현재 비티 레부 섬 Nakavadra 산맥에 있는 굴 속에 살았다. 갓 죽은 사람들의 영혼은 데게이의 굴을 통과하며, 이때 데게이는 그 영혼을 검사한 다음 천국으로 보낼 것인지, 아니면 호수 바닥(벌을 받는 곳)으로 보낼 것인지 결정한다.

데게이는 피지 종교의 전통 신들 중 가장 강력한 신이다. 그 밖의 신으로는 데게이의 아들인 Rokolo가 있는데 그는 목수 및 카누 제작자들의 수호신이다. 또 Ratumaibulu는 건강과 풍요의 신이고, Ravuyalo는 망자의 영혼이 저승으로 무사히 건너가지 못하게 방해하는 신이다. 피지 신화의 대부분의 신들은 다정함이나 배려심리 없으며, 인간에게 무관심하거나 고통을 준다.

• 무서운 식인 개 이야기

먼 옛날 통가에 마우이(Maui) 부자가 살았다. 이들은 피지에 사람을 잡아먹는 무서운 개가 있다는 소문을 듣고 피지의 모툴리키(Motuliki) 섬을 향해 카누를 띄웠다. 그 개의 이름은 풀루부부타(Fulububuta)였는데 크기는 말만하고 사람들을 잡아먹어 모툴리키 섬에서는 신으로 여기고 있었다. 누군가 모툴리키 섬에 올 때마다 풀루부부타는 방문객들을 족족 잡아먹었다. 이미 그 개는 모툴리키 섬의 모든 주민을 잡아먹은 상태였다. 물론 개는 아직도 그 섬에 세 사람의 주민이 숲에서 숨어 산다는 사실은 몰랐다. 그들은 알루사, 투이타바케, 시나일렐레라는 세 형제자매였다.

그들은 눈에 잘 띄지 않는 숲 속의 동굴에 살면서 오직 밤에만 요리를 했다. 식인 개 역시 자신의 동굴에서 살았다.

마우이 부자는 모툴리키 섬에 도착해 식인 개를 찾기 시작했으나, 그러나 찾을 수 없었기 때문에 다시 자신들의 카누로 돌아왔다. 그때 카누가 파도에 밀려 그 개가 숨어 사는 동굴 근처의 해안으로 떠내려갔다. 마우이 부자는 그 해변에서 수영을 하고 파도를 타면서 놀았다.

그런데 바다에서 놀다 보니 나이 든 아버지가 좀 더 일찍 추위를 느꼈다. 그래서 그는 다시 해변으로 올라왔다. 그러나 그의 아들인 키지키지(Kijikiji)는 여전히 혈기가 왕성하여 계속 바다에서 놀았다. 아버지는 따뜻한 모래에 몸을 눕히고 햇볕을 쬐었다. 그러자 곧 졸음이 밀려와 잠이 들었다.

한편, 키지키지는 계속 바다에서 놀았다. 바다 저편에서 사람을 잡아먹는 상어의 지느러미가 키지키지를 향해 다가왔지만, 키지키지는 겁내지 않고 맨손으로 상어를 잡아 죽인 다음 아버지가 누워 있는 해변가를 향해 던졌다.

"아버지, 고기를 한 마리 잡았어요!"

그러나 아버지는 계속 잠들어 있었다. 곧 다른 상어 한 마리가 키지키지를 향해 다가왔지만 역시 키지키지는 그 상어를 죽여 해변으로 던졌다. 그때쯤 키지키지는 해변에서 아버지가 아무 대답도 하지 않는다는 것을 깨달았다. 그는 아버지를 찾아보았지만 찾을 수 없었다. 그가 수영을 하는 동안 그 무서운 식인 개가 자기 동굴의 문을 열고 나와 아버지를 한입에 꿀꺽 삼켰던 것이다. 그러고는 개는 다시 자기 동굴로 들어가 돌문을 닫아 버렸다.

키지키지는 아버지가 실종된 이유가 그 개 때문일지도 모른다는 생각이 들어 해안가를 샅샅이 조사하기 시작했다. 그는 아버지가 앉아 있던 자리 근처에서 거대한 동물의 발자국과 핏자국을 보았다.

"아, 아버지가 이 개한테 당했구나!"

그는 천천히 발자국과 핏자국을 따라갔고 결국 거대한 바위 앞에 이르렀다. 그 바위가 동굴의 돌문이라는 걸 모르고 키지키지는 그 주변을 조사했지만 아무 성과가 없었다. 그는 다시 해변가로 돌아와 아버지가 누워 있던 곳에서 아버지와 똑같은 자세로 누워 있었다. 그렇지만 아버지처럼 잠드는 대신 잠든

척하며 주변을 살피고 있었다.

그러자 다시 한 번 거대한 바위 돌문이 열리면서 괴물 개가 서서히 해변 쪽으로 내려왔다. 키지키지는 개가 자기 쪽으로 다가오는 것을 보고 있었지만 전혀 겁을 먹지 않았다.

"이 개를 죽여야 한다니 안타깝구나. 그렇지만 저놈은 내 아버지를 죽였어."

식인 개는 슬금슬금 다가오더니 먼 거리에서 놀랄 만큼 빠른 속도로 키지키지를 덮쳤다. 그러나 키지키지는 번개처럼 빠르게 피한 다음 식인 개의 목덜미를 붙잡았다. 그러자 개가 펄쩍 뛰어 몸을 뺀 다음 다시 자신의 굴로 들어가서 돌문을 닫았다. 키지키지는 개를 쫓아가 거대한 돌문을 발로 차서 연 다음, 개의 목덜미를 움켜쥐고 목을 부러뜨렸다. 그렇게 식인 개는 죽었다.

키지키지는 개의 배를 갈라 죽은 아버지를 꺼낸 다음 적당한 곳에 묻어 주었다. 하지만 그는 죽은 아버지에 대한 그리움에 식음을 전폐하고 그 자리에 있다가 곧 죽었다. 시간이 흘러 풀밭 위에 2개의 뼈무더기만 남게 되었다.

• 무서운 추장 우드레 우드레 [163]

피지에는 식인종과 관련된 전설들이 있다. 1800년대에 피지는 유럽인들에게 식인종의 섬으로 알려져 있었다. 식인종에 대한 두려움 때문에 오랫동안 피지에 발을 디디는 걸 꺼릴 정도였다. 당시 피지는 여러 부족끼리 보복성 전쟁을 벌였는데, 승자들은 패한 부족의 어린아이들을 카누의 삭구에 매달아 놓는가 하면, 잡힌 포로들을 구멍에 파묻고 새 건물을 짓기 위한 지지대로 사용하기도 했다.

당시 피지인들에게 가장 큰 모욕은 상대의 살을 먹는 것이었다. 승리한 추장들은 심지어 적군의 손가락과 혀를 베서 그들이 보는 앞에서 먹기도 했다고 한다. 1840년 미국 탐험대의 회계를 담당했던 윌리엄 스페이든(William Speiden)은 이런 기록을 남겼다. "한 남자가 내 옆에 서서 구운 두개골에서 눈알을 뽑아 먹었다. 그는 계속해서 '베네카, 베네카' 하고 말했는데 이는 '매우 좋다는 뜻이었다.'"

---

163) Bill Goodwin, Frommer's Fiji, Wiley Publishing, Inc. 2010. p.30.
　　Wikipedia, Ratu Udre Udre, http://en.wikipedia.org/wiki/Ratu_Udre_Udre

또 1867년 비티 레부 섬 내륙 주민들을 개종시키러 갔던 토마스 베이커(Thomas Baker) 목사는 주민들을 개종시키지 못하고 그들에게 잡아먹히고 말았다.

피지에서 식인으로 가장 악명 높은 사람은 19세기 피지의 추장인 우드레 우드레(Ratu Udre Udre)였는데 그는 2003년 "가장 식욕이 왕성한 식인종"으로 기네스북에 등재되었다. 우드레 추장은 잡아먹은 적군의 숫자만큼 돌을 쌓아 놓았는데 추정에 따르면 약 900명 정도의 인간을 먹은 것으로 보인다.

이야기의 유래는 다음과 같다. 1849년 리처드 리스(Richard Lyth) 목사는 우드레 추장이 다스리던 마을을 지나가면서 마을 양쪽에 놓인 872개의 돌을 발견했다. 그는 추장의 아들에게 "저 돌은 뭐죠?"라고 물었고 그 아들은 자신의 아버지가 잡아먹은 인간의 숫자라고 대답했다. 추장의 아들에 따르면, 우드레 추장은 먹성이 대단해서 사람고기 외에는 다른 고기를 찾지 않았고, 전쟁에 나가면 부하들이 죽은 적군의 고기를 부위별로 추장에게 바쳤다고 한다.

피지의 인종문제

피지는 세계에서 인종갈등의 양상을 가장 극명하게 보여 주는 국가 중 하나이다. 역사적으로 멜라네시아인과 폴리네시아인이 순차적으로 피지로 건너왔고, 각 그룹 간 혼합, 정복 등이 일어났다. 여기에 19세기 인도인 계약노동자의 대거 유입과 태평양 도서국민 및 중국인 등의 유입으로 피지의 인종구성은 더욱 복잡해졌다.

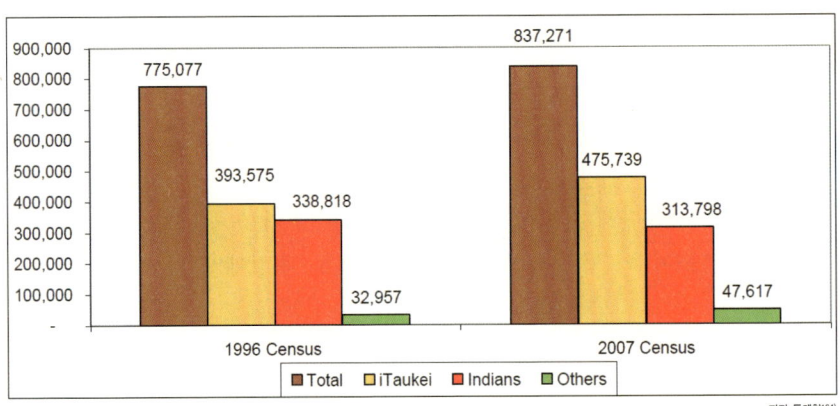

피지의 인종구성   피지 통계청[164]

2007년 기준, 피지 총인구는 약 83만 명이며, 피지 원주민은 57%, 인도계 피지인은 38%를 차지한다. 기타 태평양 도서민, 중국인, 유럽인 등은 인구의 5%를 차지한다. 현재 피지 원주민들의 높은 출생률 때문에 원주민 인구는 조금씩 늘고 있다. 그러나 1987년 이후, 인도계 피지인들은 감소 추세이다.

피지의 인종 그룹[165] [166]

토착 피지인(i Taukei)
토착 피지인들은 피지 섬의 주요 원주민으로 멜라네시아 계통에 속한다. 정확한

---

164) http://www.statsfiji.gov.fj/
165) Satendra Prasad, Jone Dakuvula and Darryn Snell, Economic Development, Democracy and Ethnic Conflict in the Fiji Islands, 2001
166) Fiji Bureau of Statistics, Population, http://www.statsfiji.gov.fj/
     Fiji Bureau of Statistics, Facts and Figures 2011, http://www.statsfiji.gov.fj/

기원은 밝혀지지 않았지만, 토착 피지인들은 대략 3,500년 전, 멜라네시아 서부에서 피지로 건너온 것으로 보인다. 그 뒤 이들은 로투마 섬(Rotuma) 같은 외곽 섬들로 이주했고, 통가나 사모아에서 온 폴리네시아 주민들과 섞였다. 토착 피지인들은 로투마 섬을 제외한 피지 전역에 거주한다. 이 최초의 거주자들은 '라피타인'으로 불리는데, 이는 기원전 800년경부터 서태평양 지역에서 널리 출토되는 정교한 '라피타 도기문화'에서 유래한 것이다.

그러나 1000년경에, 피지인들은 폴리네시아 문화의 영향을 받고, 이들과 혼인하면서 피부색이 옅어지기 시작했다. 이 무렵 통가 왕국이 피지 동부를 침공했기 때문이다.

대부분의 토착 피지인들은 연안 및 강가, 언덕 지역의 작은 마을에서 살아간다. 과거에 이들은 마탕갈리라 불리는 씨족에 속해 있었고, 씨족의 연장자들이 추장을 선출하는데 이 추장을 라투(Ratu)라고 한다. 현재 피지 토지의 80% 이상은 토착 피지인들에게 속해 있으며, 피지 토지신탁청(Native Lands Trust Board)에서 관리한다.

대부분의 토착 피지인들은 19세기 웨슬리안 선교사들의 영향을 받아 기독교(감리교파)를 믿으며, 역사적으로 피지에서 감리교 교회는 강력한 친피지 정치 세력을 형성한 바 있다.

토착 피지인은 피지 최대의 인종 그룹으로 피지 총인구의 50% 이상을 차지한다. 그러나 토착 피지인은 균질적이지 않은 다양한 그룹, 즉 인종, 언어가 다른 수많은 커뮤니티와 씨족으로 나누어져 있다. 토착 피지인들의 경우 시골-도시 및 본섬-외곽 섬 주민 간 발전의 격차가 크고, 토착 피지인들 사이에서도 경제적 불균형이 나타난다. 주기적으로 서로 다른 지역 출신의 토착 세력이 경제력 및 역사를 바탕으로 영향력을 행사했으며, 이 때문에 토착 피지인들을 하나로 결합시키는 것도 쉽지 않다.

현재 교육, 상업 및 경제 참여 등에서 토착 피지인들은 다른 인종들에 비해 뒤처져 있다. 그러나 피지 사회에서 여러 특권도 누리고 있다. 피지 국토의 80% 이상을 소유하고 있음은 물론, 피지 군대(FMF)의 99%, 피지 경찰의 75%, 사무차관의 90%, 간호사의 75%를 토착 피지인이 차지하고 있다. 이는 법률로 일정 비율 이상의 토착 피지인을 채용할 것을 규정했기 때문이다. 또한 법조계, 군대, 경찰계 대부분의 고위직도 토착 피지인이 차지하고 있다. 다만, 경제 및 교육 분야는 토착 피지인의 진출이 저조하여, 피지 정부는 이에 대해 다각도로 대응책을 내놓고 있다.

1970년 독립 이후, 피지 내의 토착 민족주의 세력들은 피지인들이 정부를 장악해야 한다고 믿고 토착 피지인들을 위한 다양한 차별정책을 시행했다. 이런 차별에는 토착 피지인을 위한 세금 감면, 특정 상업 부문의 토착 피지인 할당, 정부 고위직 및 의회 의석의 불평등한 분배 등이 포함되어 있다.

그러나 피지인의 경제 부문 참여 장려정책은 지금까지 거의 실패로 돌아갔다. 예를 들어, 피지 개발은행은 1975~1999년까지 약 1억 9,200만 피지 달러를 토착 피지인들에게 저리 대출로 제공했다. 그러나 1999년경, 대출 자산은 330만 달러 규모로 감소했다. 그 주된 이유는 토착 피지인들이 사업에 실패하면서 빚더미에 올라앉았기 때문이다. 소수의 몇몇 개인 및 가족만 이 융자 프로젝트로 이득을 보았다.

토착 피지인들의 상업 분야 진출 부진은 이들의 낮은 교육 수준과 긴밀히 연관되어 있다. 대부분의 토착 피지인들은 교육에 대한 열의가 적고, 이들의 초등·중등 교육을 위한 교육 인프라나 자원도 부실한 편이다. 지역 커뮤니티에 대한 고려나 커리큘럼 작성, 학부모들에 대한 지원, 교사 연수 등에 대한 지원도 부족하며, 특히 수학, 과학 분야에서 많은 학생이 낙제하고 있다. 과거 피지 정부는 토착 피지인들의 교육 수준 향상에 우선권을 두고, 토착 피지인만을 위한 교육 예산을 별도로 책정하거나 장학금을 지원했다. 하지만 2000년 피지 교육위원회가 밝혔듯이 미미한 성공을 거두는 데 머물렀다. 교육 및 경제 분야에서의 이러한 상대적 박탈감이 인도계 피지인과의 인종 갈등을 부추기는 주요 원인 중의 하나이다.

인도계 피지인(Indo-Fijian)
인도계 피지인은 피지 제2의 인종 그룹으로, 영국 식민정부에 의해 피지로 들어온 계약노동자들의 후손이다.

1879년 5월 14일, 인도 캘커타에서 피지 사탕수수 농장에서 일할 464명의 계약노동자를 실은 레오니다스(Leonidas)호가 피지 렘부카(Levuka)에 도착

토착 피지인 가족
ⓒ 위키피디아

한다. 그 뒤 37년 동안 6만 명이 넘는 인도 노동자가 피지로 유입된다. 이들은 피지에서 5년간 일하기로 계약했고, 5년을 더 일하면 자유롭게 인도로 돌아갈 수 있었다. 이들은 대부분 가난에 찌든 인도에서의 생활과 다를 바 없는 불결한 막노동꾼의 막사에서 살아갔다.

계약기간이 끝난 노동자들은 대부분 피지에 그대로 남았다. 이들은 '사탕수수 벨트'라고 불리는 비티 레부 섬과 바누아 레부 섬의 건조한 북부, 서부 연안 마을에 그대로 정착했다. 오늘날도 피지의 가장 중요한 농업수출품인 피지의 사탕수수는 대부분 소규모 임대토지에서 재배되며 인도계 피지인들이 경작한다.

한편 1900년대 초 제1, 2차 세계대전이 진행될 무렵, 인도 구자라트 지방에서 돈 많은 인도인들이 경제적 기회를 찾아 인도로 이주했다. 이들은 계약노동자 인도인들과는 계층이 다르며, 피지의 현대적 상인 및 전문가 계층을 구성하게

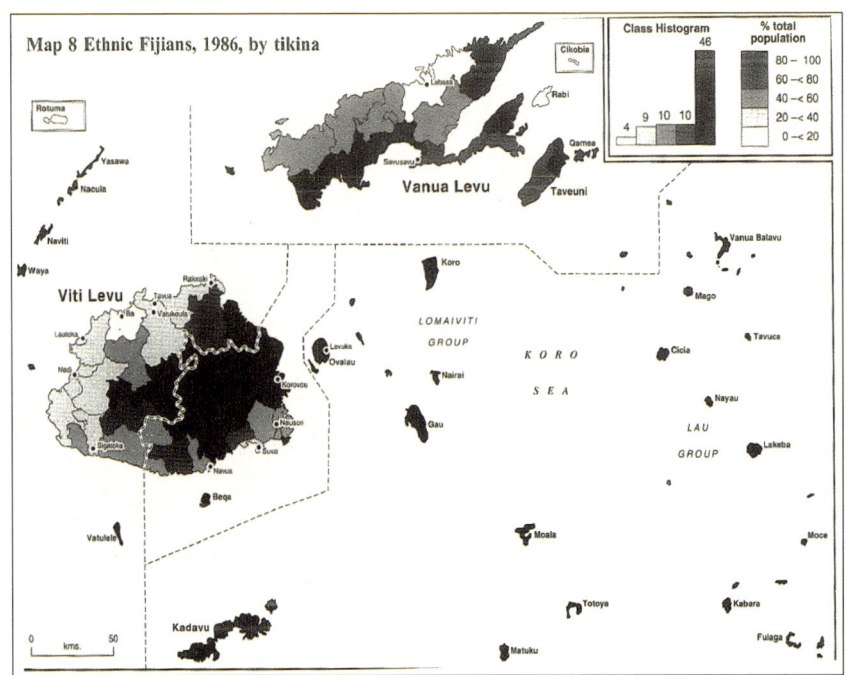

지역별 토착 피지인 인구비율.[167]
토착 피지인들은 피지 본섬(비티 레부, 바누아 레부)의 동부 및 내륙 지역, 도서 지역에 많이 분포한다.

된다. 그리고 1960년경이 되자 피지 경제에서 구자라트 출신 인도인들의 세력이 커져 거의 유럽인들과 맞먹을 수준이 되었다. 현재 피지에 살고 있는 인도계 피지인들은 대부분 최초 계약노동자들의 후손이거나, 그 뒤에 피지로 온 구자라트 출신 인도인들의 후손이다.

인도계 피지인들은 1987년 쿠데타 이전에는 피지 인구의 절반 이상을 차지했지만, 그 뒤 인도계 피지인들에 대한 불리한 국가정책 등이 발표되면서 외국으로의 이민이 증가해 2007년에는 총인구의 약 38%로 줄어들었다.

1987년, 2000년 쿠데타 시 인도인들에 대한 공격이 있었고, 수바 및 인근 주에 있는 인도계 피지인들의 가옥 및 사원, 사업장이 약탈당하고 불태워졌다. 당시에는 유엔군 역시 치안 유지에 실패했고, 몇몇 사례에서는 피지 군대 및

---

167) An Atlas of Fiji, p.35, Department of Geography, University of South Pacific, 1998 (지도 출처)

19세기 말, 피지로 유입된 인도인 계약노동자들[168]

---

168) http://fijipundit.blogspot.kr/2013/05/fiji-girmit-foundation-restores-and.html (사진 출처)

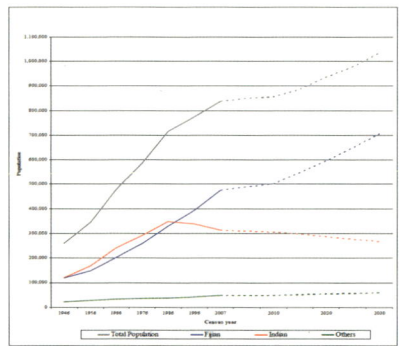

Census Year	Fijians (%)	Indians (%)	Others (%)
1946	45.5	46.4	8.1
1956	42.8	49.0	8.2
1966	42.4	50.5	7.1
1976	44.2	49.8	6.0
1986	46.0	48.7	5.3
1996	50.8	43.7	5.5
2007	56.8	37.5	5.7

인도계 피지인의 연도별 인구 현황.[169]
1987년 쿠데타 이후 인도계 피지인들의 인구는 계속 감소했다.

경찰들이 이러한 인도계 피지인에 대한 폭력행위를 직·간접적으로 용인하기도 했다.
  1970~1987년간 피지는 지속적으로 친 토착 피지파인 연합당(Alliance Party)에 의해 집권되어 왔다. 인도계 피지인들의 권익을 옹호하는 1987년의 NFP-FLP 연합 정부, 그리고 1999년의 FLP 정권은 처음에는 쿠데타에 의해, 그다음에는 의회 탈취에 의해 폭력적으로 짓밟혔다. 두 경우 모두 정권의 전복은 토착 피지인 커뮤니티가 지지했으며, 이런 사건들은 인도계 피지인들의 정치적 소외감을 증대시켰다.
  또 토착 피지인 정권의 인종차별적 정책, 2000년 군부가 임명한 응가라세 과도정부의 피지인 중심 정책은 이러한 박탈감을 강화했다. 인도계 피지인들은 특히 고위 공무직 임명 등에서 큰 차별을 받았다. 또한 교육 및 고용에서도 차별을 받고 있다. 1998년 인도계 피지인 및 기타 소수 인종그룹은 피지정부 장학금 700만 피지 달러 중 200만 달러만 지원받았다. 이 외에 빈곤, 농촌개발, 사회복지 등에서도 인도계 피지인들에 대한 정책은 더 열악한 실정이다.
  인도계 피지인들의 생계 불안의 또 하나의 요인은 토지 임대이다. 피지 법률에 의해 토지 소유가 금지되어 토착 피지인들에게 토지를 임대해 농업을 하고 있기 때문이다. 특히 1987~1999년 사이에 농업용 토지 임대 비용은 3배 이상 증가했다. 게다가 1999~2000년에는 1,200명이 넘는 인도계 피지인이

---
[169] Fiji Islands, Bureau of Statistics, CENSUS2007 RESULTS: POPULATION SIZE, GROWTH, STRUCTURE AND DISTRIBUTION. http://unstats.un.org/unsd/demographic/sources/census/2010_phc/fiji/fiji.pdf (그림 출처)

사탕수수 농업을 위한 토지임대 계약 갱신을 하지 못했다. 이런 이유로, 당시 많은 인도계 피지인이 시골이나 도시에 있는 친척들에게 의지해야 했다.

그렇지만 인도계 피지인들은 경제활동에서는 토착 피지인을 앞서고 있다. 평균 교육수준이나 전문직 비율도 토착 피지인들보다 높고, 화폐 경제활동에의 참여율도 높다. 또 일부 인도계 피지인들은 피지의 경제와 상권을 장악하고 있다.

영국 식민정부의 정책에 따라 토착 피지인들은 고된 노동에서 제외되었고, 농장 일은 인도계 및 기타 피지인들에게 맡겨졌다. 그러나 광업, 군사 분야에서는 피지인과 로투만인을 채용했다. 이런 정책은 식민시대에 토착 피지인이 일반 상업 분야에 진출하는 것을 막았다. 그 결과 토착 피지인들은 저임금, 저숙련 직책에 집중되는 경향이 있었고, 2차 세계대전 시까지 거의 자급자족 경제에 종사했다.

그러나 현실은 소수의 인도계 피지인들만 부유한 형편이며, 여전히 대다수의 인도계 피지인 커뮤니티는 피지의 극빈층 중 하나를 구성하고 있다. 1997년 UNDP는 50% 정도의 인도계 피지인들이 최저수입 수준 미만으로 생활하고 있다고 발표했다.

소수 인종 그룹

피지에는 인도계 피지인 외에도 여러 소수 인종 그룹이 살고 있다. 토착 피지인과 인도계 피지인들 간의 인종갈등이 두드러진 탓에 다른 소수 인종그룹들의 곤경은 무시되거나 은폐되는 측면이 있다. 피지에 있는 주요 소수 그룹들은 다음과 같다.

바나바 커뮤니티

피지에 있는 바나바인들은 대부분 바누아 레부 섬 근해의 라비(Rabi) 섬에 거주한다. 바나바인들은 현 키리바시에 속한 바나바 섬에서 왔다.

바나바 섬에서는 1900년에 인광석이 발견되었는데 이 인광석을 발견한 태평양 도서국회사(PIC)는 영국 정부에 바나바를 부속령으로 지정하라고 설득했다.

1912년 영국 정부는 인광석을 터무니없이 낮은 가격으로 채굴하기 위해 이 섬을 부속령으로 선포했다. 그 뒤 바나바 신탁기금을 설립하고, 바나바 커뮤니티를 위한 로열티를 주었으나 상대적으로 매우 적은 액수였다.

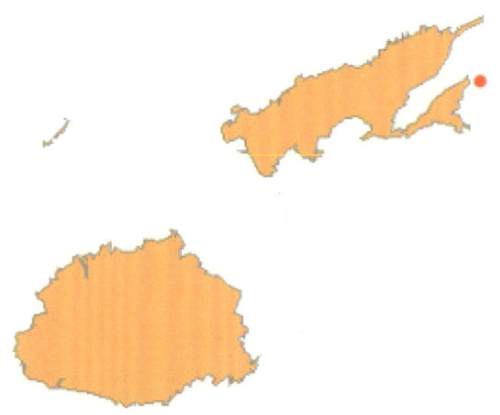

라비 섬의 위치
피지 내 바나바인들은 대부분 바누아 레부 섬 동편의 라비 섬에 거주한다.

    1916년 바나바 섬은 주민 동의나 상의 없이 길버트 & 엘리스 제도의 일부가 된다. 1920년 호주, 영국, 뉴질랜드 정부는 바나바에서 얻은 수익을 나눠 가졌고 그 뒤 영국 인광석 위원회가 인광석 산업을 본격적으로 추진했다. 시간이 가면서 인광석 채굴 면적이 넓어져 바나바 섬의 자급자족적 커뮤니티는 파괴되었지만, 영국은 극도로 적은 보상만 제공했다.

    1947년 영국 관료들과 바나바 지도자들 사이에 성명이 체결되었고, 바나바인들이 피지 라비 섬으로 이주하기로 하였다. 이 성명에 따라 1945년 바나바 이주법이 발효되어, 라비 섬에 행정권이 부여된다.

    그 뒤 라비 섬의 바나바인은 곧 피지 정부의 관할 아래 들어왔다. 영국 인광석 위원회는 1965년부터 연금, 보너스, 로열티 등을 증가시키면서 라비 섬 주민들을 회유하려 했다. 곧 바나바 신탁기금위원회도 설립되었다.

    그러나 적당한 보상이 주어지지 않자 바나바인들은 영국 인광석 위원회 및 영국 정부에 법적 소송을 제기했고, 법원은 바나바인들의 손을 들어 주었다. 그 뒤 영국 정부와 위원회는 합의를 준비했고, 바나바인들은 1천만 피지 달러를 보상받았다. 이는 신탁기금으로 전환되어 바나바인 정착법에 의해 관리되었다.

1989년 라비 섬 위원회가 신탁기금에서 불법적으로 돈을 빼내려 한 사건이 있었다. 특별조사위원회에 따르면 1981~1988년까지, 잘못된 투자 및 운용 불량으로 약 5백만 피지 달러가 낭비되었다. 1992년 위원회는 약 2,700만 피지 달러가량의 빚을 지게 되었고 당시 피지 수상의 명령으로 위원회가 해산되었다.

자체적인 발전기금을 소유, 운용한다는 사실 때문에, 바나바 커뮤니티는 피지 정부의 주요 개발계획에서 소외되어 왔다. 1980년대부터 커뮤니티의 모든 사회복지 수준은 급격히 저하되었다. 현재 바나바 커뮤니티는 빈곤에 시달리고 있으며, 수십 년간의 식민지 경험은 이들의 정신적 의욕 및 자원을 심각하게 훼손했다. 또한 최근 피지에 편입되었으면서도 여전히 이방인으로 간주되어 상황은 더욱 어렵다.

중국인 커뮤니티
중국인이 피지를 찾아온 것은 19세기 중반이다. 당시 중국인들은 중국에서 귀하게 여겨지던 해삼과 백단을 찾아 피지로 왔다. 제1차 세계대전 이후 피지 내 중국인 숫자가 증가했는데, 1920~1930년대에 새 정착자들이 당시 성장하던 바나나 업계에 뛰어들었다. 이들 대부분은 토지를 임대받아 바나나 다른 작물을 생산하기 시작했다. 그러다 1930~1940년대에 더 중국인들이 대거 이주하고 시민권을 신청했다. 제2차 세계대전 후 중국인들은 다시 증가했으나, 피지 독립 후 입지 상의 불안함을 느끼고 1968~1974년 사이에 20% 정도의 중국인이 피지를 떠났다.

1970년대 중반 중국인은 소매업 및 기타 판매업에 뛰어들었고, 전문직으로도 활발히 진출했다. 1996년 기준, 경제활동을 하는 중국인 중 40% 이상은 법률가, 전문직, 고위 공무원 및 기술직에 종사하고 있는데 이는 토착 피지인 내의 전문직 비율(15%), 인도계 피지인 내의 비율(22%)보다 높은 편이다.

이는 중국인들의 학업 성취도와 관련이 있는데, 토착 피지인, 인도계 피지인과 비교할 때 중국인들 중에는 고학력자가 많다. 하지만 중국인들의 경제적 성공에도 불구하고 중국인 커뮤니티의 정치적 영향력은 작다.

전반적으로 중국인 커뮤니티의 입지는 다른 소수 커뮤니티와는 다르다. 일단 이들은 고학력자에 사업 및 경제적 성공을 거두고 있어 언제든 피지를 떠날 수 있다. 또 정치적 영향력은 작지만 자체적 교육 및 문화기관을 소유하고 있다. 그래서 피지 내에서도 중국인들의 인적자원을 피지를 위해 활용하려면 이들에 대한 우호적 정책을 펴야 한다는 주장이 제기되기도 했다.

로투마인 커뮤니티
로투마 섬은 피지 본섬인 비티 레부 섬에서 약 500km 북부에 있는 외딴 섬이다. 1881년 로마 가톨릭 세력과 웨슬리안 감리교 세력의 종교전쟁 후 영국에 공식 이양되었다. 이 전쟁 때문에 로투마 섬의 추장이 영국 측에 로투마 섬을 부속령으로 지정할 것을 요청했다. 그러나 1881년 영국 정부는 로투마 섬이 피지 식민사무국의 통치를 받아야 한다고 결정했다.

    섬 자체의 제한된 경제적·교육적 기회 때문에 로투마인들은 식민지 초기부터 비티 레부 섬에서의 교육 및 취직을 추구했다. 1981년 피지의 로투마인은 8,078명으로, 이 중 로투마 섬에 사는 인구는 32%가량인 2,500명 정도밖에 안 되었다. 2007년 인구조사에서도 로투마 섬 현지에 사는 인구는 약 2,000명, 외지에 거주하는 로투마인은 약 1만 명 정도로 집계되었다.

    1996년 기준, 30%가 넘는 로투마인이 법률, 전문직, 기술직에 종사하는 것으로 드러났는데, 이는 토착·인도계 피지인의 전문직 비율보다 훨씬 높은 것이다. 또한 로투마 학생들의 학력도 토착 피지인보다 높다. 그러나 로투마인은 로투마 섬으로의 불규칙한 해운서비스, 열악한 인프라, 경제 및 교육적 기회의 부족 등에 불만을 가지고 있다.

    1997년 헌법 개정에서는 로투마인들에게 우호적인 정책변화가 이루어졌다. 의회 의석을 보장하고, 로투마 출신 상원의원을 임명하기로 한 것이다. 이 외에 로투마 법과 로투마 토지법도 발효되었다. 또한 사회적 약자들을 위한 복지 향상과 관련된 조항이 마련되었는데, 그 수혜자 중 하나가 로투마인들이었다.

유럽인 커뮤니티
유럽인은 1800년대 초부터 피지로 들어왔다. 식민화 이후, 무역기회 증가로 유럽인 인구도 증가했는데, 식민지 시대에는 유럽인 커뮤니티가 상업 및 행정권의 장악으로 특권적 지위를 누렸으며, 법률적 특혜도 누렸다.

1970년 헌법에 의해 유럽인들은 인구비율 대비 아주 높은 정치적 발언권을 보장받았다. 그때부터 유럽인들은 토착 피지인 정당인 연합당(Alliance Party)을 지지했다. 그러나 1990년대부터 유럽인들의 발언권이 감소했다. 토착 피지인들과 유대가 깊던 혼혈 유럽인들이 1990년 토착 피지인 선거명단에서 제외된 것이다.

유럽인 커뮤니티는 지금까지 피지에서 최고 소득을 누려 온 상류층에 속한다. 경제활동을 하는 유럽인과 혼혈 유럽인의 50%가량이 고소득직, 법률, 전문, 기술직에 종사하고 있다. 또 재력 덕분에 해외로의 이주도 자유로운 편이다.

멜라네시아인 커뮤니티
피지에서 가장 소외되고 취약한 소수 그룹 중 하나는 멜라네시아인 커뮤니티이다. 이들은 솔로몬 제도, 바누아투등지에서 왔으며, 대부분 19세기 초, 강제 노역자로 피지에 끌려왔다. 이들은 수바, 라우토카, 렘부카 등의 도시에 소규모 그룹을 이루어 살며, 몇몇 연구에 따르면 피지에서 사회적 수준이 가장 낮은 계층이다.

이들 중 60% 이상이 평균 빈곤 수준 이하 생활을 하며, 소수만 고소득층이다. 1999년 통계를 보면 고교 이상에 재학 중인 멜라네시아 계통 학생 수는 12명에 불과하다. 1987년까지 멜라네시아인 커뮤니티는 자신들을 토착 피지인과 가깝다고 여기며, 혼인, 문화적 유사성 등을 바탕으로 유대관계를 형성했었다. 그러다 1987년 쿠데타를 계기로 토착 피지인 중심의 보수적 민족주의가 강화되면서, 멜라네시아인들이 토착 피지인 카테고리에서 제외됐다. 이로 인해 양자 간에 벽이 생겼다.

멜라네시아인 커뮤니티는 인종차별적인 1990년 헌법에 의해 '기타 그룹' 카테고리로 분류되어, 국가적 의사결정 과정에 적극적으로 참여할 수 없게 되었고, 이 정책은 지금까지 유지되고 있다. 그 후 멜라네시아인 커뮤니티는 피지 내에서 자신들의 정체성을 더욱 강하게 주장하고 있다.

피지의 인종갈등[170]

	피지의 인종갈등 구도	
	토착 피지인	인도계 피지인
실권	정부, 군대, 정치기관 장악	경제, 상권 장악
토지	피지 토지의 83% 소유	피지인들에게 토지 임대, 소작
교육	교육 수준 및 전문직 비율 낮음	교육 수준 및 전문직 비율 높음
상대인종에 대한 인식	"인도계 피지인들은 믿을 수 없고 인색하며, 욕심 많고 인정 머리가 없으며, 무엇이든 움켜쥐려 하고 비협조적이며, 이기적이고, 계산적이며, 꼼수를 부리는 사람들이다."	"토착 피지인들은 가난하고 후진적이며, 무능력하고, 멍청하며 대대로 내려오는 토지에 빌붙어 살아가는 원시인들이다."

　피지 사회의 기저에는 토착 피지인과 인도계 피지인 사이의 인종갈등이 깊숙이 자리 잡고 있다. 1980년 후반부터 발생한 네 차례의 쿠데타는 물론, 현대 피지의 정치적 불안정의 원인 역시 인종 간 갈등이다. 피지의 악명 높은 인종갈등의 기원은 영국의 식민통치이다. 역사적으로 식민주의는 안정적인 식민지 통치와 경제적 이익을 위해 특정 종족집단을 강제 이주시키기도 하고, 행정과 정치 단위를 인위적으로 분할 하거나 통합함으로써 종족 간 분쟁의 원인을 제공해 왔다.
　영국은 1879년부터 1916년까지 약 6만여 명의 인도인을 피지로 이주시켰다. 피지에 이주한 인도인 계약노동자들은 5년 계약 종료 후 약 40%가 본국으로 돌아갔다. 나머지는 피지에 남아 살게 되었다. 1920년대 이후에는 자유 이주자들이 피지로 이주하여 이들의 인구가 급속히 증가하였고, 1946년부터는 피지 원주민보다 인구가 많아져 정치, 경제적인 수적 우위를 점할 수 있었다. 1987년 쿠데타가 발발했을 당시에도 인도계 피지인들은 원주민보다 숫자가 많았다.

영국의 간접 통치와 토착민 보호주의
　피지에서 인도인과 원주민들 간의 인종갈등은 영국의 간접 통치에서 기인한다. 간접 통치는 식민지가 된 나라의 문화나 정치구조를 그대로 보존한 채 식민지 지배를 하는 것을 말한다. 즉, 기존의 권력구조나 정치 시스템에 큰 변화를 가하지 않고 식민지를 통치하는 것이다. 피지 역시 마찬가지였다. 영국은 피지의 전통적 권력(추장제)과 공동체의 통치체제를 그대로 인정하였다. 영국 식민통치자

---
[170] 이태주, 「남태평양의 원주민 민족주의와 종족정치 : 인도계 피지인과 원주민들 간의 종족갈등 사례를 중심으로」, 「국제지역연구」 7(3), 2003을 참조함.

들은 토착피지인들을 우대하고 인도계 피지인들을 멸시하였다. 이것이 나중에 피지 인종갈등의 맹아가 되었다.

영국 식민 지배자들은 피지 원주민들의 추장, 제사장, 연장자를 중심으로 하는 전통적 위계질서를 존중하였고, 이러한 전통적 권위를 바탕으로 대추장들과 결탁했다. 이를 통해 쉽게 식민지를 경영할 수 있었다. 유럽인들은 피지 전통사회를 추장과 바누아(vanua, 땅과 주민들)를 중심으로 잘 통합된 동질적인 사회로 보았으며, 피지인들의 관대함, 충성스러움을 찬미하였을 뿐 아니라, 원주민들을 보호해야 한다는 일종의 도덕적 의무감을 지니고 있었다. 유럽인들의 이러한 태도는 일종의 박애적 보호주의(benevolent protectionism)라고 할 수 있다(Lal, 1986).

반면에 유럽인들은 인도인들을 천박한 하층 노동자들(coolies)로 여겼다. 인도인들의 초기 정착 기록들은 '지옥(narak)과 같은' 플랜테이션의 생활을 묘사하고 있는데(Lal, 2000a; Ali, 1980; Sanadhya, 1991), 여기에 유럽인 농장주들의 인도인에 대한 인종적 편견이 더해져 피지인들은 보호받아야 할 인종으로, 인도인들은 노예같이 부려야 하는 인종으로 여겨졌다.

식민지 행정기구와 권력구조에서도 두 민족집단을 분리하는 이중적 행정체계가 수립되었다. 영국은 원주민들의 토지소유권과 추장제에 기반한 전통적인 권력체계를 그대로 유지하기 위해 원주민토지위원회(Native Land Commission)와 대추장위원회(Bose Levu Vakaturaga)라는 2개의 헌법적 기구를 설치했다. 원주민토지위원회는 피지의 모든 토지 소유권을 부계 출계율에 따라 피지 호적부에 등록된 부계친족집단, 즉 마탕갈리의 구성원들에게만 허용했다. 한편, 대추장위원회는 국가의 모든 중대 사안을 심의, 결정하기에 앞서 대추장들에게 보고하고 사전 승인을 받도록 함으로써, 실질적으로 초법적인 지배권을 행사하도록 보장한 식민지 기구였다. 이 2개의 원주민 보호를 위한 식민지 기구에 의해 인도인들과 원주민들 간에는 경제적·정치적 차별과 격리가 심화되고 두 인종에 대한 이중적 지배 정책이 전개되었다.

피지가 독립한 이후에도 식민지배의 유산은 지속되고 두 종족 집단의 갈등은 증폭되었다. 영국 식민주의자들은 피지인들의 공동체적 토지소유관계와 관습을 보호한다는 명분으로 인도인들에게는 장기간 임대만 허용하고 토지소유권은 원천적으로 봉쇄했다.

요약하면 피지의 인종갈등은 오래전부터 피지에 내재해 왔던 것이 아니라 영국의 식민통치 전략으로 인한 역사적인 구성물이다. 토착 피지인 또는 인도계 피지인이라는 인종 개념 역시 식민통치 이후에 만들어진 것으로, 토착 피지인 내에서도 다양한 문화, 풍습, 언어집단이 존재하며, 인도계 피지인들 역시 마찬가지이다. 이러한 다양한 그룹을 '토착 피지인' 또는 '인도계 피지인'이라는 '단일인종'으로 만든 것은 유럽인들의 사고구조였다. 피지의 인종갈등은 이렇듯 영국 식민통치가 남긴 고통스런 유산인 것이다.

피지의 인종갈등 현장[171]

아래는 토착 피지인과 인도계 피지인 간의 인종갈등이 어떤 양식으로 전개되고 있는가를 체험수기 형식으로 보여주는 글이다. 우리나라에서 매우 드물게 태평양 지역(피지)에서 인류학적 현지조사를 수행한 바 있는 이태주 교수의 논문에서 발췌한 것으로, 가치 있는 자료라고 판단되어 길게 옮겨 실었다(이태주, 남태평양의 원주민 민족주의와 종족정치, 인도계 피지인과 원주민들간의 종족갈등 사례를 중심으로, 국제지역연구 7(3), 3~6쪽, 2003).

종족성(ethnicity)과 종족갈등 – 몇 가지 체험들

피지에서 종족과 종족성이란 어떤 것을 의미하는지를 살펴보기 위해 필자가 현지에서 체험한 몇 가지 경험을 먼저 제시하고자 한다. 1990년 12월, 나는 처음으로 뉴기니를 거쳐 피지를 방문하게 되었다. 난디 국제공항에 도착하여 수도인 수바까지는 다시 비행기를 갈아타고 30분을 이동해야 한다. 그러나 나는 저녁 노을이 지기 시작한 아름다운 남태평양 섬나라의 비취빛 해변과 전원 풍경을 보고 싶어 망설이지 않고 작은 도시 마을들을 거쳐 이동하는 장거리 버스를 이용하기로 했다. 무거운 짐을 들고 난디-수바 간 완행 버스에 올라타서는 버스 안에 동승한 피지 원주민들과 인도계 주민들 간의 다소 섬짓한 눈빛을 느꼈다. 당시까지만 해도 나 같은 동양계 인종을 버스에서 만나는 것은 그들에게도 기이한 일이었겠지만, 그들의 큰 골격과 암갈색 피부, 거친 털, 문신 등은 매우 낯설게만 느껴졌다. 그런데 버스가 출발한 지 30분이나 되었을까. 난디 외곽의 한 정거장에서 술 냄새를 풍기는 거구의 피지 원주민이 차에 탔다. 그는 버스에 타서는 인도계 피지인인 운전사에게 큰 소리로 윽박 지르고 욕하고, 웃으며 희롱하기 시작했다. 당시 버스 안에는 인도인이 100여 명 있었고, 그보다는 많은 피지인이 있었지만 그의 행패를 아무도 말릴 줄 몰랐다. 오히려 피지 원주민들은 박장대소하며 즐거워하기도 했고 맞장구치며 함께 떠들고 희롱하였다. 나는 약간 겁이 났지만 유심히 이 광경을 관찰하였다. 인도계 피지인들은 한동안 거의 대응하지 않다가 너무 지나친 소란과 욕설에 운전사는 더 이상

---

171) Jone Dakuvula, POLITICS OF ETHNICITY, CITIZENSHIP, AND THE RULE OF LAW IN FIJI, 2004, Citizens' Constitutional Forum (CCF) http://portal.unesco.org/education/en/file_download.php/a9c0a95a5c9e5f7b75d6a061737e15b0Cit+Ed-Fiji+Case+Study.pdf

참을 수 없었는지 마구 차를 몰아 인근의 경찰서로 들어갔다. 그런데 경찰서에서 나타난 두 명의 경찰은 모두 피지 원주민이었고, 경찰들과 행패를 부렸던 거구의 남자는 함께 어깨를 툭툭 치며 아무 일도 없었던 듯이 웃으며 이야기했고, 버스는 다시 길을 떠났다. 이것이 내가 피지에 처음 도착하여 경험한 인도계 피지인들과 피지 원주민들 간의 일상적인 종족갈등의 한 장면이었다. 그 후 수 차례에 걸쳐 피지를 다시 방문하였고, 그때마다 택시 기사와 시내 상점주인과 점원, 중·하위 공무원들과 같은 인도계 피지인들은 피지 원주민들에 대한 나쁜 감정을 노골적으로 표현하는 것을 자주 들을 수 있었다. 그들은 피지인들을 'jungali'(정글의 원시인이라는 뜻) 또는 'bushman'이라고 말했다. 또 '매일 양고나(yaqona : 나무 뿌리를 갈아 만든 피지인들의 전통음료이며, 그록(grog)이라고도 하고 카바(kava)라고 함)만 마시고, 일하지 않는 게으른 사람들'이라고 했으며, '예전에 사람 잡아 먹었던 야만인들', '땅만 믿고 개발할 줄 모르는 무식한 사람들'이라는 이야기를 일상적으로 하는 것을 보았다. 반면에 피지 원주민들은 고위 공무원들이나 군인, 경찰과 같은 직업을 차지하고 있었고, 주민들은 자기들끼리 전통적인 마을인 꼬로(koro)에 모여 살았으며, 인도인들과 거의 접촉하지 않았다. 피지 원주민들은 인도인들에 대한 불신이 대단했다. 항상 '속이는' 사람들이라고 했으며, 'kaisi'(천한 노예들), '돈벌이밖에 모르는 간사한 자들'이라고도 했고 '하나님을 믿지 않는 불신자들', '꿀리(coolie : 苦力, 하층 노동자)로 왔다가 피지를 빼앗으려는 자들', '피지에서 돈 벌면 떠나는 자들', '예의를 모르는 자들'이라는 식의 이야기를 자주 하였다. 또한 피지 마을의 주민들은 인도인들을 아직도 자신들의 토지를 임차하여 빌려 쓰고 있는 '땅 없는 불량이들(vulagi : 외지인, 뜨내기)'이고 노동자들이라고 인식하였다. 자신들은 땅 주인(taukei : 원주민)이고 그들은 종인 것이다. 차츰 나는 피지라는 하나의 국가에는 두 민족집단의 대립적이고 구조화된 권력관계가 불안하게 지속되고 있음을 깨달았으며, 종족갈등 양상은 폭풍 전야와도 같은 심상치 않은 상황이라는 것을 느낄 수 있었다.

그리고 1995년부터 나는 수바 인근의 피지인 원주민 마을에서 본격적으로 현장연구를 시작하게 되었다. 마을에서 특히 청년들은, 인도인들과의 관계를 이야기할 때마다 1987년 총선에서 패배한 피지 원주민들에 의한 군사 쿠데타 이후, 인도인들이 호주에서 피지로 무기를 밀수입하고자 선적한 화물이 발견된 사건을 이야기한다. 이 사건이 신문에 보도된 이후에 피지인들은 인도인들을 모두 바다에 몰살시켜 버리겠다고 하면서 거리로 나섰으며, 대나무로 죽창을 만들어 손에 들고 떼지어 몰려다니며 인도인들이 사는 집집마다를 직접 샅샅이 뒤졌고 인도인들을 거리로 끄집어냈다고 마을 청년들은 말한다. 이때부터 피지인들과 인도계 주민들과의 잠재적인 갈등 양상은 폭력화되었고, 당시에는 이러한 사태를 아무도 말릴 수 없었다고 말한다.

2002년 11월에 다시 피지를 찾았을 때, 피지의 청옥색 바다, 산호초와 라군(lagoon), 푸른 초원의 야자수들은 여전하였지만 2000년 5월에 있었던 또 다른 쿠데타의 어두운 그림자가 사회 구석구석에 드리워져 있었다. 공항에서는 이민 가는 가족들과 작별하는 인도인 친지들의 눈물겨운 장면들을 목격할 수 있었다. 쿠데타 이후 8만여 명의 인도인들이 피지를 떠나 뉴질랜드, 호주, 캐나다, 미국 등으로 또다시 이민을 가고 있었고, 이들의 대부분은 의사, 변호사, 기술자, 교사 등 전문가 집단이었다. 30년 계약의 농지 임대차가 끝나면서 피지인들이 재계약을 해 주지 않으므로 사탕수수 농장에서 3~4세대를 거쳐 일해왔던 인도인들도 떠나야 했다. 그들은 한결같이 "우리들은 고통받는 일상에 익숙하여 참을 수 있으나, 자손들이 당하는 것은 더 이상 참을 수 없어 외국으로 보낸다"고 이야기했다. 외국인 투자와 대외원조 및 관광객의 현격한 감소로 불황은 계속되었고, 거리에는 실업자들과 떼지어 다니는 청년들, 부랑자들이 현저히 증가하여 불안한 감마저 느낄 수 있었다. 인도인들은 치안이 매우 불안하고 피지 원주민들에 의한 도둑질과 행패, 습격이 심해 늘 주위를 살피지 않으면 안 된다고 이야기했다. 한 인도계 트럭 운전사는 쿠데타 당시 나우소리 공항 인근에서는 끔찍한 일들이 많이 발생하였다고 말하면서, 부모 보는 앞에서 여자를 강간하고 폭행한 일들이 벌어졌다고 증언했다.

한편, 내가 연구했던 수바 인근의 따마부아 마을에서는 쿠데타로 인해 큰 변화가 일고 있었다. 우선 피지 원주민들에게 쿠데타는 여러 가지 현실적 보상과 이익을 가져다주었다.

예를 들면, 향후 13년 동안 피지 원주민들에게는 소득세를 면제해 주는 원주민 우대정책이 발표되었고 인도인들과의 소득 격차를 줄이는 구체적 방안들이 등장하였다. 또한 국유지(crown land)를 원주민들에게 모두 반환하기로 하였으며, 농촌에 거주하는 원주민들에 대한 교육 혜택도 증대시켰다. 이러한 원주민 우대정책 이외에도 따마부아 마을의 추장인 '내륙의 왕(Roko Tui Colo)'은 쿠데타 이후 새로 결성되어 2001년 총선에서 다수당이 된 피지원주민 연합당(SDL : Soqosoqo Duavata ni Lewenivanua)의 사무총장이 되었다. 대부분의 따마부아 마을 인근 피지인들은 쿠데타에 직접 간접으로 참여하고 지원하였으며, 이 당의 당원이 되어 매년 2달러씩의 당비를 내고 있었다. 쿠데타 이후 마을에는 추장을 중심으로 하는 전통주의 정치가 강화되었고, 기독교의 주일 성수(siga tabu; Sunday ban)가 다시 강조되어 주일에는 양고나도 마시지 못한다고 하였다. 모금행사를 통해 마을의 감리교회 건물도 웅장하게 새로 건축하고 있었다. 마을 주민들에게 쿠데타의 주동자인 스페이트(Speight) 일당은 영웅시되는 분위기였고, 스페이트는 종신형을 선고받고 한 섬에 구금되어 있었지만 곧 정치에 복귀하게 될 것이라고 주민들은 생각하고 있었다. 추장은 2000년의 쿠데타를 정당화하면서 내게 이렇게 말했다.

"인도인들은 우리들과 한 형제들인데, 어린 동생(인도인)이 재산을 모두 가지고 교육도 혼자만 받고 혼자 잘살고 큰 형(피지인)은 아무것도 가진 것이 없게 되었다. 경제, 교육 격차가 너무 심하다. 그러니 앞으로 얼마 동안은 피지인들을 집중 지원해야 한다. 서로 비슷해지는 상황이 오면 그때는 피지인들도 선거 결과를 받아들일 수 있다. 그러나 지금은 인도인 정부를 받아들일 수 없다"

05 피지의 경제와 산업

피지 경제 개요[172)][173)]

피지의 경제는 주로 농업과 설탕 생산, 관광업, 경공업에 기반을 두고 있다. 최대 산업은 제당업이지만 최근 관광업이 빠르게 성장 중이다. 1인당 국민총소득(GNP)은 개발도상국으로서는 높은 편이며, 남태평양 도서국 중에서는 최고 수준이다. GNP의 약 1/5을 차지하는 농업 부문에 전체 노동력 중 2/5 이상이 종사하고 있다.

쌀·옥수수·담배·마 카카오·파인애플등이 주요 자급작물이며, 사탕수수·코프라(말린 코코넛 속의 내용물)·생강이 주요 환금작물이다. 해안에는 넓은 코코넛 농장들이 있으며, 비티 레부의 일부 지역에서는 소가 많이 사육된다. 이국적이고 원시적인 삼림자원에 기반을 둔 목재산업이 발전했으며, 최근에는 목재수출이 금지되어 내수용으로만 이용한다.

광물은 금·은·석회암이 채굴되며, 구리·보크사이트·망간도 소량 발견되었다. 화석 연료는 수입한다. 제조업은 GNP의 약 1/10을 차지하며, 가공식품, 청량음료, 작은 선박, 목재, 시멘트, 페인트 등의 경공업이 대부분을 차지한다. 관광업이 제당업 다음을 차지하는 피지 제2의 외화수입원이다. 피지는 물류 및 항공의

---

172) 주 피지대사관, 피지 개황, 2013.3.
http://fiji.mofa.go.kr/webmodule/htsboard/template/read/korboardread.jsp?typeID=15&boardid=3644&seqno=796848&c=&t=&pagenum=1&tableName=TYPE_LEGATION&pc=&dc=&wc=&lu=&vu=&iu=&du=

173) Commonwealth Network, Fiji, Business Sector. http://www.commonwealthofnations.org/sectors-fiji/business/
"피지의 경제" 한국 브리태니커 온라인 〈http://preview.britannica.co.kr/bol/topic.asp?article_id=b24p1280b003〉
"피지의 정치와 사회" 한국 브리태니커 온라인 〈http://preview.britannica.co.kr/bol/topic.asp?article_id=b24p1280b004〉

허브이기도 한데, 호주·뉴질랜드·일본·미국에서 출발하는 항공·선박의 경유지로서도 중요한 역할을 한다. 주요 교역상대국은 호주·영국·뉴질랜드·일본이다.

주요 경제지표

구 분	2001	2002	2003	2004	2005	2006	2007	2008	2009	2010	2011
1인당 GDP (PPP/달러)	3,626	3,780	3,869	4,163	4,300	4,504	4,584	4,706	4,662	4,679	4,876
GDP (PPP/백만 달러)	2,919	3,061	3,157	3,418	3,556	3,739	3,814	3,939	3,930	3,968	4,156
경제성장률(%)	1.9	3.2	0.8	5.4	-1.3	1.9	-0.5	1.0	-1.3	-0.2	2.1
물가상승률(%)	4.3	0.7	4.2	2.8	2.3	2.5	4.8	7.8	3.6	5.5	8.7

출처 : ADB, Key Indicators 2012

주요 무역통계

구 분	2001	2002	2003	2004	2005	2006	2007	2008	2009	2010	2011
상품수출 (백만 달러)	536.5	517.7	669.5	695.6	705.2	694.0	751.2	922.8	628.3	842	479
상품수입 (백만 달러)	886	900.8	1205.2	1443.5	1610.1	1804.7	1794.6	2259.3	1436.0	1817	993

출처 : ADB, Key Indicators 2012

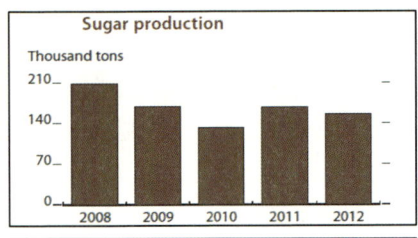

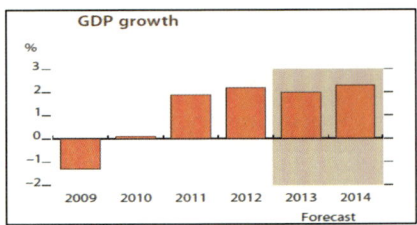

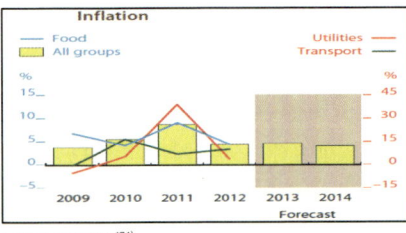

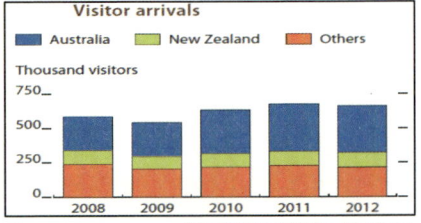

피지의 경제전망[174]
2011년부터 피지는 2%대의 경제성장률을 보이고 있다. 피지의 2대 국가 산업인 제당업과 관광업도 현재 상태를 유지할 것으로 보이며, 물가 역시 2012년부터 안정화에 접어든 추세이다. 아시아 개발은행의 분석에 따르면 단기적으로 피지 경제는 계속 성장할 것으로 보인다.

---

174) Asian Development Outlook 2013, Fiji. http://www.adb.org/sites/default/files/ado2013-fiji.pdf (그림 출처)

경제전망

아시아 개발은행에 따르면 2013년 기준, 피지의 향후 경제전망은 다음과 같다. 세계적 경기불황에도 불구하고 2012년 소비 증대 및 투자 등으로 피지의 경제는 성장했다. 앞으로도 관광 및 공공 인프라 투자 등으로 단기적 성장을 보일 것으로 보인다. 한편, 장기적 경제성장은 정치 및 경제발전 등에 영향을 받을 것으로 보인다.

피지의 경제구조

천연자원 및 관광업에 대한 높은 의존도

피지 경제에서는 임업, 광업, 수산업의 비중이 매우 크다. 그 외에 사탕수수를 원료로 하는 설탕 산업이 발달했다. 특히 설탕수출 산업과 관련하여 해외에 거주하는 피지 국민의 국내 송금과, 매년 40~50만명에 이르는 관광객을 통한 수입이 외화 수입의 많은 부분을 차지한다.

관광업의 경우 피지 수출수입에서 차지하는 비중이 1995년 34.0%에서 2010년 42.4%로 증가 추세인데, 이는 피지 정부가 관광업을 외화 수입을 위한 전략산업으로 육성 중이기 때문에 나타나는 효과이다.

토착 피지인과 인도계 피지인으로 이원화된 경제구조

토착 피지인과 인도계 피지인은 피지 전체 인구의 95% 이상을 차지하는데 생활환경, 문화, 경제활동 등 많은 분야에서 뚜렷한 차이를 보인다. 이들은 경제적으로 상호경쟁-공생 관계를 형성하고 있으며, 인도계 피지인의 경제활동은 절약을 통해 재산을 형성한다는 점에서 분배에 초점을 맞춘 토착 피지인의 경제활동과 다소 차이가 있다.

토착 피지인(Fijian)의 경제활동

토착 피지인은 피지 전체 국민의 약 51%를 차지하며 해변가 및 강가에 50~400명을 기본 단위로 하는 촌락을 구성하여 생활한다. 이 중에는 아직 추장제에 의해 운영되는 마을이 많다. 토착 피지인은 대부분 농업, 임업, 수산업에 종사하며 대부분의 경제활동은 개인 중심으로 이루어진다.

토착 피지인은 상당수의 인구가 수바(Suva)로부터 유입되는 차(Tea), 설탕, 밀가루 등을 제외한 대부분의 주요 식료품을 자급자족하고 있다. 자급자족과 분배에 중점을 둔 문화적 전통 때문에 보통 토착 피지인의 경제적 경쟁력은 인도계 피지인에 비해 떨어진다고 분석된다.

인도계 피지인의 경제활동

19세기 말 영국 식민정부에 의해 유입된 인도계 피지인은 현재 피지 전체 인구의 약 44%를 차지하며 부분적으로 인도의 카스트(Caste) 제도를 유지하고 있다. 인도계 피지인은 다수가 소작농 형태로 사탕수수 재배에 종사하며, 토착 피지인과 달리 촌락을 구성하지 않고 개인주거 형태의 생활을 많이 한다. 현재 피지 토지법은 인도계 피지인의 토지 소유를 허가하지 않기 때문에, 인도계 피지인은 축적된 부를 직접 산업에 투자하거나 도시에서 소규모 상공업에 많이 종사하는 편이다.

피지의 인종별 경제활동 특징

분류	토착 피지인	인도계 피지인
인구	· 전체 인구의 약 51%	· 1879년에 첫 이주 · 전체 인구의약 44%
경제활동	· 농업, 임업, 수산업에 종사하는 인구가 상대적으로 많음 · 소매업과 서비스 제공자 역할 담당 · 인도계 피지인에 비해 경제활동 능력이 다소 낮음	· 사탕수수 재배에 참여하는 인구 많음 · 토착 피지인에 비해 경제활동 능력이 다소 우월함
문화	· 50~400명의 인구를 기본 단위로 강과 해변 등에 촌락을 구성 · 추장을 중심으로 공동체 운영	· 촌락을 구성하지 않고 개인주거 형태의 생활 · 부분적으로 카스트 제도 유지
라이프스타일	· 가족, 친지, 공동체간 분배 원칙 존중	· 근검절약을 통한 재산 축적
제도	· 피지법에 의해 독점적 토지소유권 등 여러 법적권한 보유 · 모든 천연자원의 소유권 보유	· 피지 내 토지소유, 구입 불가 · 토지소유법 관련 토착피지인과의 갈등 존재

불안한 정국으로 인한 불투명한 경제전망

1987년부터 시작된 네 차례의 쿠데타와 2006년의 군부집권 이후, 정치적 혼란이 피지의 경제 전반에 큰 영향을 미치고 있다. 2009년 9월에는 영연방에서 제외되고 서방 국가의 각종 경제 제재 조치 등으로 경제활동이 더욱 위축되었다.

그 외에 현재 피지 군부가 강한 시장 개입을 실행하고 있어 기업에 대한 현실적 데이터를 확보하기 어려우며, 특히 대부분의 기업이 재무관련 데이터를 공개하지 않고 있는 실정이다.

2012년 피지의 실업률은 7.6%를 기록했으며 장기실직자가 많아 큰 사회적 문제가 되고 있다. 또 전체 인구의 2/3가 전력공급을 받지 못하고 있으며, 전력공급이 차단되는 횟수 역시 월평균 1.73회로 전력인프라가 매우 취약하다.

2009년 기준 피지의 극빈층 인구 비율은 전체 인구의 31%이며, 도시와 지방으로 나누어 볼 때 각각 지방에서 18.6%, 도시에서 43.3%의 인구가 극빈층에 해당한다. 이는 도시와 지방의 삶의 격차가 큼을 시사하는 것이다.

피지의 장기 국가부채는 1996년 1억 4천만 달러에서 2011년 5억 5천만 달러로 무려 3.8배 가량 증가하였고 연간 11.6%의 비율로 증가하고 있다. 국가 부채는 특히 2006년 이후 빠른 속도로 증가하고 있는데 이는 최근 크게 늘어난 외국인직접투자와 함께 유입되는 부채와 세계은행 등 국제금융기관의 투자/융자가 크게 증가하였기 때문으로 해석된다.

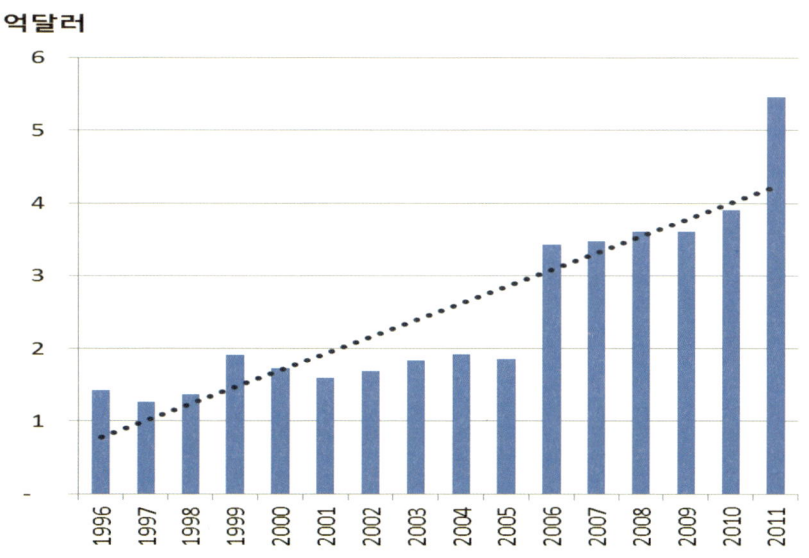

피지의 장기부채 증가추이 (출처: 아시아개발은행)

피지의 시장 규모

피지의 개략적인 시장 규모는 인구와 1인당 국민총소득(GNI)의 곱으로 환산하여 측정가능하며, 피지의 인구증가율과 국민총소득 증가율을 고려할 때 향후 피지의 시장 규모는 점진적으로 성장할 것으로 예측된다.

피지 시장 규모의 주요 척도인 인구수는 1960년도 이후 지속적으로 증가하고 있으며 2014년 9월 기준 피지의 총인구는 약 891,000명이다. 2010년 기준 총 인구 중 여성인구 비율은 49.0%, 남성인구 비율은 51%이며 연령별 구성비를 보면 14세 미만이 28.9%, 노동인구인 15-64세는 66.1%이다.[175]

산업별 시장규모

프랑스의 Insead 대학은 2011년 피지의 800여 소비품목과 30여 주요 소비품목 규모를 연간 1인당 소비금액 순으로 나타냈는데, 이를 통하여 산업별 규모 및 현 시장의 규모를 파악할 수 있다. 피지의 산업별 소비규모를 보면 서비스 산업, 비식품 소매산업, 비내구재 상품 제조업, 내구재 상품 제조업, 개인 건강 관련 제품업 등의 순으로 나타났다. 주요 30여 품목은 주변 도서국가의 주요 품목 순위와 유사한 반면, 소비량이 적은 비 주류품목의 순위는 다소 차이가 있는 것으로 조사되었다.

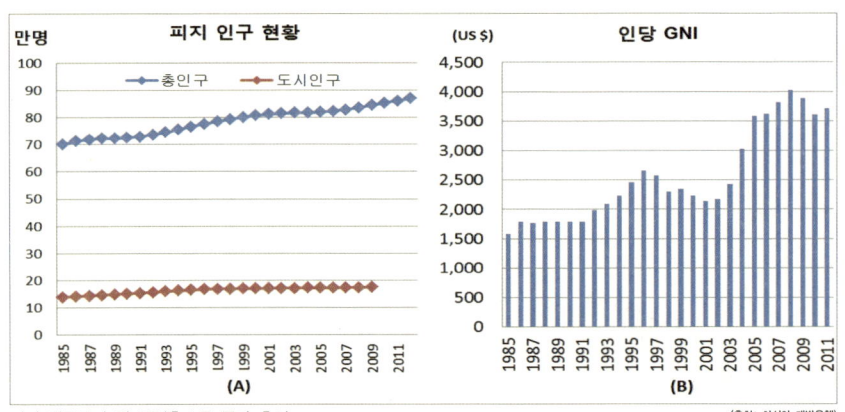

피지 인구증가 및 국민총소득 증가 추이 (출처: 아시아 개발은행)

---

175) Fiji Bureau of Statistics,
http://www.statsfiji.gov.fj/index.php/social/9-social-statistics/social-general/113-population-and-demography

2011년 피지 산업별 소비규모[176]

순위	산업	연간 1인당 소비량 ($)
1	일반 서비스 산업	959.54
2	비식품류 소매업	682.48
3	비내구재 제품 (Non-Durable Goods)	469.99
4	내구재 제품 (Durable Goods)	330.13
5	개인 의료 서비스 (Personal Health Care)	302.00
6	가맹업 (Franchising)	257.15
7	비 농장 서비스 (Non-Farm Housing Services)	244.13
8	레저 교육 (Leisure Education)	189.44
9	주택 건설 (Residential Construction)	188.24
10	교육 훈련 서비스 (Education and Training Services)	167.86
11	우주 항공 방위산업 장비 (Aerospace and Defense Equipment)	155.27
12	신용금고업 (Depository Credit Intermediation)	139.56
13	자동차 딜러	138.39
14	화학 약품	137.51
15	개인주택 건설 (Private Residential Construction)	128.94
16	운송장비	128.47
17	자산 및 재해 보험 (Property and Casualty Insurance)	124.30
18	전기, 에너지 등 공익 사업	122.11
19	병원 의료 서비스 (Hospital Care)	104.95
20	은퇴연금 플랜	101.70
21	건설 엔지니어링 서비스	96.21
22	무연 휘발유	89.64
23	할인 매장	85.51
24	음식점 및 술집 (Eating and Drinking Places)	74.98
25	경트럭/다용도 트럭	70.91
26	외과의료 서비스	66.06
27	여신업 (Non-Depository Credit Intermediation)	62.05
28	약국 (Drug Stores and Pharmacies)	61.60
29	외식업 (Dining Out)	58.64
30	백화점 (Department Stores)	53.39

---

176) Parker, P.M., "The 2011 Fiji Economic and Product Market Databook," ICON Group International, 2011

피지의 산업구조

피지는 태평양 도서국 중 경제적으로 가장 발전된 국가 중의 하나이나, 자급자족을 위한 농업이 국가 경제의 주요 부분을 차지하는 개발도상국이다. 피지의 7대 주요산업으로는 농업, 어업, 임업, 제조업, 관광업, 광산업, 에너지 산업등을 꼽을 수 있다. 일반적으로 태평양 도서국의 전기와 상수도 사업은 저수익사업으로 평가되어 민간 산업의 참여 유도가 어려우며, 따라서 지금까지는 주로 정부 또는 공영기관에 의해 운영되어 왔다.

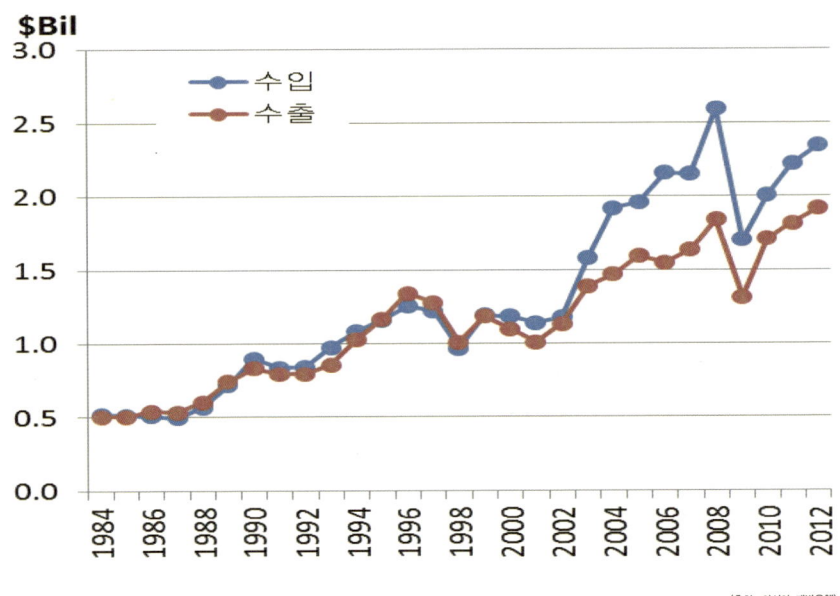

피지의 수출입 추이 (출처: 아시아 개발은행)

해외수출입 현황

피지 무역규모는 2001년 이후 빠르게 증가하고 있는데, 특히 수입량이 더 빠른 속도로 증가 중이다. 2000년대 초까지 무역수지의 균형을 이루어 왔으나 2003년 이후 수출에 비해 수입비중이 매우 높아져 지속적인 무역적자를 기록하고 있다. 2012년 기준 수출액 대비 수입액 비율은 122%이다. 이러한 수입의 급속한 증가로 인해 국가부채의 규모가 빠르게 증가하고 있는데, 1997~2011년 기준 연평균 11.6%의 속도로 증가하였다. 피지의 부채 규모는 약 5억 5천만 달러로 (2011년 기준) 이는 총 GNI의 약 13.6%에 해당하는 규모로 주변 태평양 도서국에 비해서는 비교적 양호한 편이다.

피지의 주요 수입 대상국은 호주, 뉴질랜드, 미국, 일본, 영국, 싱가폴, 대만, 중국, 홍콩 등이며 식료품(상품수입의 18.4%)과 에너지(상품수입의 31.7%) 수입의 비중이 높다.

한편 피지의 주요 수출 대상국은 호주(전체 수출량의 약 25%), 영국(전체 수출량의 약 24%), 뉴질랜드, 미국, 말레이시아, 통가, 사모아, 일본, 캐나다 등이다. 수출 물량의 가장 큰 비중을 차지하는 품목은 설탕과 의류이다. 2009년 기준 피지의 최대 수출품목은 설탕으로 전체수출액의 25%를 차지할 정도로 설탕이 국가경제에 차지하는 비중이 높다.

한국과의 무역

1970년대 초부터 시작된 피지-한국간 교역 활동은 70년대 후반부터 활성화되어 전체 교역량은 1986년 이후 연평균 10.3%의 비율로 증가하고 있다. 교역량으로 볼때 대 한국 수입이 수출에 비해 월등히 많으며, 2012년 기준 피지의 한국으로 부터의 수입액은 2천 4백만 달러이다. 아래의 표를 보면 피지의 총무역량은 빠르게 증가하고 있으나 한국-피지무역량 증가율은 이에 미치지 못함을 알 수 있다. 이는 한국이 피지의 주요 무역국가에 비해 무역경쟁력이 상대적으로 약함을 시사하는 것이다.

사업 및 창업여건

일반적으로 해외기업이 피지에서 사업 수행 시 어려움이 많은 것으로 평가되나 정부의 제도적 개혁과 투명성 제고를 위한 제반의 노력으로 점차적으로 개선되고 있다. 아래 표는 2012년 세계은행이 발표한 세계 183개국 사업 및 창업 여건에 대한 조사결과로, 통가는 사업하기 유리한 국가 138위로 평가되었다. 이는 2011년 120위에서 18단계 하락한 것으로 피지의 정치적 불안과 산업관련 제도 미비로 전체적인 사업 여건이 악화되었음을 시사한다.

한국-피지간 무역현황

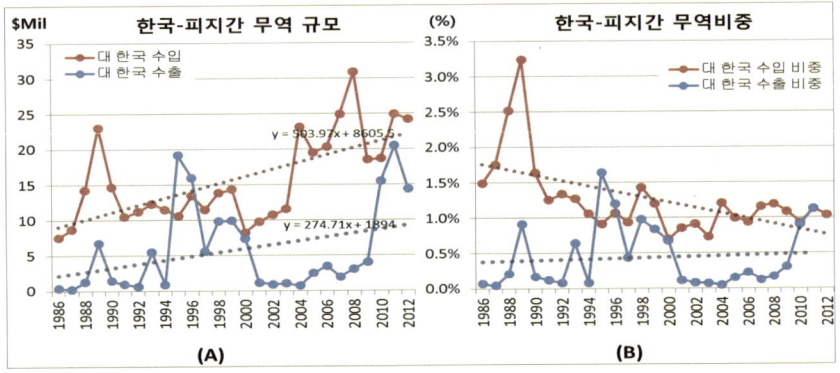

피지의 사업 여건 평가 [177]

창업편의성(순위)	138위	납세편의성(순위)	85위
절차(단계수)	11	연간납세횟수	34
소요시간(일)	58	납세소요시간(연간)	163
창업비용(인당 GNI 대비)	24.0%	세율(소득대비)	N/A%
최소창업자금(인당 GNI 대비)	0	무역편의성(순위)	111위
건설허가취득편의성(순위)	82위	수출관련문서(문서수)	10
절차(단계수)	17	수출소요기간(일)	22
소요시간(일)	148	수출비용(컨테이너당비용(US$))	$655
창업비용(인당 GNI 대비)	43.8%	수입관련문서(문서수)	10
전력공급편의성(순위)	79위	수입소요기간(일)	23
절차(단계수)	4	수입비용(컨테이너당비용(US$))	$635
소요시간(일)	81	계약위반시법률집행편의성(순위)	67위
비용(인당 GNI 대비)	1,904.7%	절차(단계수)	34
신용확보편의성(순위)	70위	소요시간(일)	397
신용제도수준(0-10)	7	비용(계약금액대비(%))	38.9%
신용정보수준(0-6)	3	파산처리편의성(순위)	48위
투자자보호제도우수성(순위)	49위	소요시간(년)	1.8
정보투명성(0-10)	3	비용(파산금액대비(%))	10%
사업책임자에대한책임정도(0-10)	8	손실복구금액($1당)	45.2¢
투자자법적대응편의성(0-10)	7	부동산등록편의성(순위)	58위
투자자보호수준(0-10)	6	절차(단계수)	4
		소요시간(일)	69
		비용(부동산가격기준(%))	2.0%

---

177) World Bank, "Economy Profile: Fiji, Doing Business," 2013

피지 산업 인프라

국가의 정책 인프라

피지 정부의 경제발전 방향과 중장기 발전전략은 다음과 같은 이니셔티브의 주요 내용과 취지를 통해 파악할 수 있다.

- 2008년 대통령이 언급한 피지 국민헌장(Fiji Peoples Charter)
- 피지 변화전략 프레임워크(Strategic Framework for Change) 및 수상의 성명서
- 민주화 로드맵(Roadmap for Democracy)
- 지속적 사회경제발전 5개년 계획 (Sustainable Socio-Economic Development 2009-2014)

"더 나은 피지건설" 프로그램 운영계획

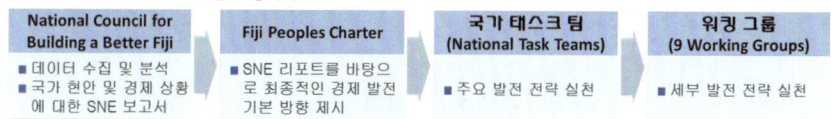

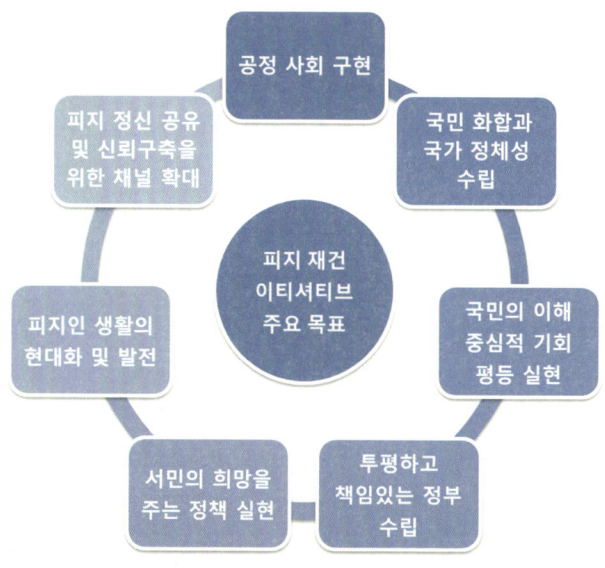

피지 경제발전 계획의 주요 목표

2007년 피지 정부는 경제발전을 위해 "더 나은 피지 건설(Build a Better Fiji for All)"이라는 계획을 제창하고 이의 실현을 위해 더 나은 피지건설 위원회(National Council for Building a Better Fiji), 피지국민헌장, 국가 태스크 팀(National Task Teams), 워킹그룹 등을 신설했다. 여기서 '더 나은 피지건설 위원회'의 주요 임무 중 하나는 데이터 수집 및 분석에 의해 국가현안 및 경제상황에 대한 보고서를 작성하는 것이다.

인적 자원 인프라

노동시장 통계

1987년 최초의 쿠데타 이후 상당수의 피지인들이 해외로 이주하였는데 특히 인도계 피지인의 이주가 많았다. 특히 고등교육을 받고 고급기술을 보유한 노동력의 이주가 많아 피지 노동력 시장의 질적 저하가 산업발전에 걸림돌이 된다는 분석이 있었다.

전체 노동인구 중 미취업율은 8.6%이며 여성과 남성의 미취업율은 각각 12.9%와 6.4%이다.(2007년기준) 2010년 기준 전체 노동인구는 약 36만 4천명인데, 이 중 여성과 남성 노동인구는 각각 32.3%와 67.7%이다.

인적 자원의 수준

피지는 영어를 공식언어로 사용하고 있으며 그 외에 토착 피지어와 힌디어를 사용하는 인구가 있다. 전체 인구의 93%가 글을 읽고 쓸 줄 알기 때문에 인적 자원이 일정 정도의 수준을 갖추고 있다고 평가할 수 있다.

채용기준

노동관련 법규를 보면 기간제 직원 채용이 가능하며 기간에 대한 제한 없이 자유롭게 채용계약이 가능하다. 최저 근무수당은 2012년 기준 월 304.2달러로 주변 도서국에 비해 낮은 편이다. 주 50시간 이상 근무 및 주 6일 근무가 허용되며, 야간 근무수당은 주간 근무수당의 103%를 지급하는 것을 법적으로 규정하고 있다. 휴일 근무수당은 시간 급여의 200%를 지급해야 하며, 연간 최소 10일의 유급휴가를 법적으로 규정하고 있다. 해고시 해당 직원에게 해고일 4주 전에 통보해야 하며, 5.3주에 해당하는 급여를 퇴직금으로 지급해야 한다.

피지의 운송-교통 인프라 현황

운송교통	특징
도로	전체 도로길이는 약 3440Km이며 이 중 포장도로의 길이는 49.2%에 해당하는 약 1692Km임. 100㎢당 도로의 비율을 나타내는 도로비중(Road Density)은 19.0Km임
항공	2개의 국제공항과 13개의 작은 공항이 있으며, 공항들은 Airport Fiji Limited(AFL)가 관리함. 항공사로는 Fiji Airways가 있음. 주요 공항인 난디 국제공항은 피지의 가장 큰 허브도시인 난디(Nadi)에서 북쪽으로 9Km 떨어져 있으며 나우소리(Nausori) 국제공항은 수바(Suva)에서 북동쪽으로 23Km떨어진 곳에 위치함 그 외에 람바사(Labasa) 공항이 피지에서 두 번째로 큰 섬인 바누아 레부(Vanua Levu)에 있음
버스	버스는 피지의 주요 교통수단으로 주요 섬에 버스회사가 정기적으로 버스를 운영함 버스 정류장이 있으나 승객이 어디서든 손을 흔들면 정차하여 태워주는 편임.
택시	도시와 외곽 지역의 비포장도로까지도 운행함 피지 토지교통국(Land Transportation Authority)가 택시와 관련된 사항을 주관함. 요금 체계는 최초 200m에 $1.80, 이후 200m마다 $0.11을 추가함 (2013년 기준)
선박	선박은 대형화물을 운송하는 피지의 주요 교통수단임 섬들 사이를 운항하는 대형페리는 버스와 택시를 싣고 운송할 수 있음
철도	없음

ⓒKIOST

운송-교통 인프라

피지 정부는 국가 운송-교통 인프라 확충을 위해 지속적으로 투자를 하고 있으며, 특히 새 운송시스템 건설과 기존 시스템의 복원을 위해 2억 2천 5백만 달러의 자금을 투자할 예정이다. 현재 항공, 선박, 버스, 택시 등의 화물운송 및 대중교통 수단이 존재하며 항공기 및 선박의 수와 이용자수는 해마다 증가하고 있다.

금융 인프라

해외 투자자들도 피지 내의 현지은행을 통해 사업운영 대출을 받을 수 있으며 대표적인 은행으로 피지준비은행(Reserve Bank of Fiji)이 외환관리 규정과 수출입송금 관리, 국내지사를 둔 해외금융법인에 대한 감리 감독, 소규모 대출 프로그램을 실행하며 해외은행과 함께 현지개발사업에 참여하고 있다.

정보 통신 인프라

정보통신 인프라는 피지와 같이 인구밀도가 낮고(47.1명/Km^2), 여러 개의 섬으로 이루어진 국가에서는 산업발전을 위해 매우 중요한 기초 인프라 역할을 한다. 현재 피지의 정보통신 인프라로는 크게 일반 전화, 무선 전화, 인터넷 등이 있다.

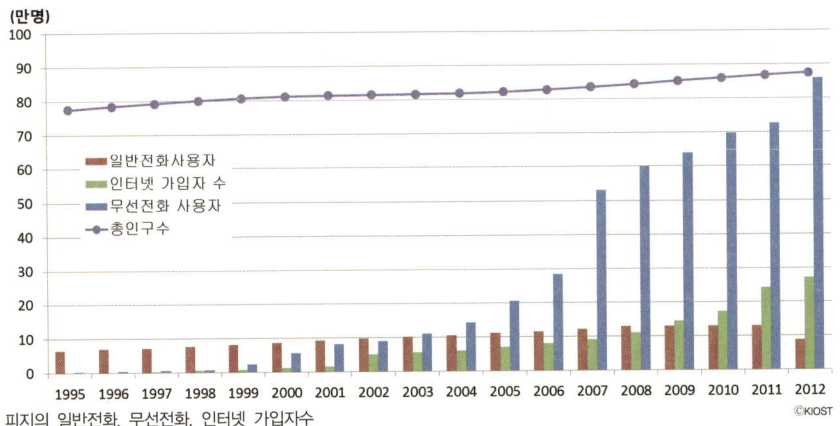
피지의 일반전화, 무선전화, 인터넷 가입자수

피지의 주요 산업[178]

농업

농업은 아직까지 피지 경제의 최대 기반이다. 농업은 현재 피지 국가 GDP의 10%가량을 차지하며, 세부적으로 제당업과 자급자족 농업이 가장 많은 비중을 차지한다. 현재 피지 농업의 문제점으로는 잦은 자연재해, 부족한 인프라 설비, 높은 운송교통 및 시장으로의 접근성 부족 등이 있다. 피지 정부는 현재 쌀, 감자, 과일, 야채 등과 같은 주요 수입작물을 자체 생산하여, 식량 자급률을 높이겠다는 계획[식량안전보장 프로그램(Food Security Programme)]을 발표한 바 있다.

1999년 기준, 농업은 피지 GDP의 16%를 차지했고 31만 명의 국가 노동력 중 2/3가 농업에 종사했다. 피지에서 가장 중요한 농산품인 설탕은 1998년 피지 농업 부문 GDP의 30%를 차지했다. 1998년 피지는 36만 4천 톤의 설탕을 생산하여 약 1억 2290만 달러(미화)를 벌어들였다.

피지 농업은 피지의 토지거래 시스템과도 큰 관련이 있다. 1909년 이후, 영국 식민정부는 피지인들의 토지를 보호하기 위해 관습적 토지 거래를 금했다. 그 결과 약 8% 정도의 토지만 사유지이며, 8%가 국영지, 약 83%가 원주민

---

178) http://www.nationsencyclopedia.com/economies/Asia-and-the-Pacific/Fiji-AGRICULTURE.html

토지로 남았다. 1993년 기준, 피지 전체 국토의 10% 정도만 경작 가능하다고 나왔으나, 이 토지 대부분이 원주민 소유로 인도계 피지인 농부들에게 임대되었다. 현재 인도계 피지인 농부들이 피지 사탕수수의 약 90%를 생산하고 있다.

이 외에 피지는 코프라·생강·야자기름·바나나·쌀·곡물·야채·파인애플·과일 등을 수출하고 있다. 한편, 카바(후추과의 뿌리를 말려 갈아서 음료로 마시는 것)의 의료효능과 약제로서의 가능성이 입증되면서 관련 산업이 성장 하고 있다.

또한 피지 토지의 약 65%는 숲과 삼림지대여서 목재 역시 중요한 자원이다. 특히 소나무와 마호가니 종류가 풍부하다. 피지 정부는 설탕업에 지나치게 의존하는 농업구조를 바꾸기 위해 1980년대 중반부터 임업 부흥을 추진하여 상당한 목재를 생산하고 있다. 1999년에는 약 2,760만 달러 규모의 목재를 수출했으나, 최근에는 삼림 파괴를 우려해 목재의 수출을 금하고 내수용으로만 사용하기로 했다.

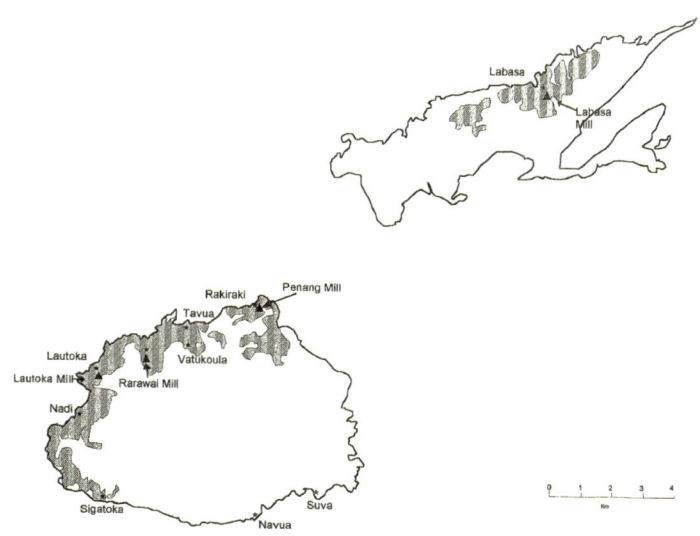

피지의 사탕수수 재배 지역.[179]
사탕수수 산업은 관광업과 더불어 피지의 최대 산업이다. 사탕수수 재배 지역은 대부분 무역풍이 산맥을 타고 넘어가 건조한 기후를 만드는 섬의 서부에 위치해 있다. 사탕수수 산업에는 상대적으로 인도계 피지인이 많이 무한다.

---

179) An Atlas of Fiji, Department of Geography, University of South Pacific, 1998, p.105 (지도 출처)
Republic of Fiji, Economic and Fiscal Update, Supplement to the 2013 Budget Address, 'Investing in our Future', Ministry of Finance, Fiji, 2012.

수산업

수산업은 피지 경제에서 아주 중요한 산업으로, 많은 사람이 수산업에 종사한다. 피지인 식단의 대부분은 수산물이 차지하며, 낚시는 여가 및 사회활동으로도 인기가 많다. 현재 수산업은 피지에서 세 번째로 규모가 큰 1차 산업으로, 설탕 및 기타 작물 다음으로 중요한 산업이다. 피지의 수산업은 다음과 같이 크게 6개의 범주로 나누어진다.

① 상업적 연안 어업
② 자급자족적 연안어업
③ 피지인들의 외해 어업
④ 외국인들의 외해 어업
⑤ 민물어업
⑥ 양식업

또 피지는 EU 국가 및 기타 국가로 많은 양의 수산물을 수출하고 있다. 그래서 조업과 관련된 각종 국제기준, 지역 기준을 엄히 준수하려고 하며, 피지 근해에서의 불법 어업 단속에도 주의를 기울이고 있다. 2013년에는 60만 달러 정도를 들여 라(Ra) 주에 양식장을 건립했고 새우 및 기타 해산물을 양식할 계획이다. 그 외에도 20만 달러를 생물다양성 보존 프로젝트에 투입했다.

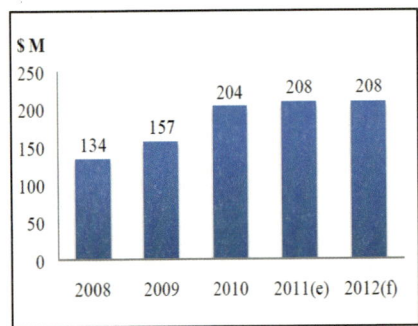 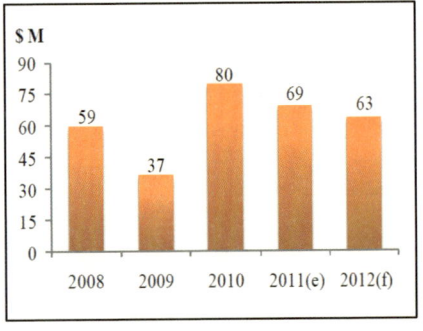

피지의 수산업(좌) 및 임업(우) 현황[180]

---

180) Asian Development Outlook 2013, Fiji. http://www.adb.org/sites/default/files/ado2013-fiji.pdf (그림 출처)

임업

피지의 임업은 국가 GDP의 1%, 총 수출액의 4% 정도를 차지한다. 주요 수출품으로는 소나무 칩, 베니어 목재, 합판 등이 있다. 목재는 현재 피지에서 여섯번째로 중요한 수출 품목이다. 2010년에 피지는 목재 수출로 약 8천만 달러를 벌어들였는데 이는 총 수출액의 약 5%이다. 그러나 국제적인 수요 감수 및 악천후 등으로 향후 목재 수출액은 약 3%대로 감소할 것으로 추정된다.

피지의 삼림은 국토의 60%를 덮고 있고 넓이는 약 1백만 ha 규모이다 대부분 천연림이며, 야자수나 마호가니 같은 상업적 목재를 인공조림한 지역은 면적의 15%가 이다. 2008년에는 목재 생산품이 피지의 세번째 수출품으로, 약 50만㎡ 규모의 목재가 수출되었다.

상당한 삼림이 있지만 임업이 GDP에 기여하는 바는 1%도 안 되며, 2008년에서 2009년 사이 목재 생산량은 9% 감소했다. 현재 피지는 목재 수출을 금지하고 있어서, 벌목이라든지 부가가치적 제품 생산 등의 행위는 모두 피지 내에서 이루어져야 한다. 2대 목재 회사로는 Fiji Hardwoods Corporation Limited(FHCL)가 있다. 피지의 임업 관할기관은 농림수산부 (Ministry of Agriculture, Fisheries and Forests)이다.

관광업

관광업은 현재 피지 경제의 핵심이다. 2011년에는 22억 4,400만 피지 달러의 수입을 올렸다. 관광 부문에는 약 10만 4천 명이 고용되어 있는데, 이는 피지 전체 취업인구의 약 32%에 달한다(세계관광협의회, 2011). 세계관광협의회 (WTTC)에 따르면, 피지는 181개국 중 13번째로 관광업의 국가 경제 기여도가 높은 국가로, 관광업이 GDP의 35%를 차지한다. 세계 평균은 14% 정도이다 (2011년 기준).

2010년에는 약 63만 명의 관광객이 방문했고, 50% 정도는 호주, 뉴질랜드인이다. 2011년 외국인 관광객 수출이익은 약 14억7,900만 달러로, 이는 피지 총 수출이익의 44.6%이다. 피지 관광청(Fiji Visitor's Bureau)은 정부의 관광 홍보 기관으로, 피지를 이국적 관광지로 홍보하고 있다.

---

181) Asian Development Outlook 2013, Fiji, http://www.adb.org/sites/default/files/ado2013-fiji.pdf (그림 출처)

2014년 현재 관광업은 피지 최대의 외화 수입원이다. 또 앞으로 가장 유망한 산업이기도 하다. 2009~2012년 피지 정부는 약 1억 달러를 들여 중국, 인도, 아랍에미리트 등 신흥 시장에서 관광지로서의 피지를 홍보했다. 피지가 관광업에서 벌어들인 수입은 2010년 9억 8천만 달러 규모이며, 2011년 이후에는 10억 달러를 초과할 것으로 예상된다.

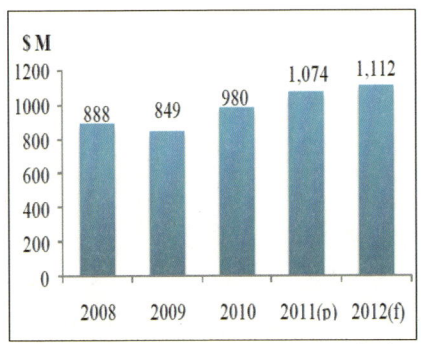

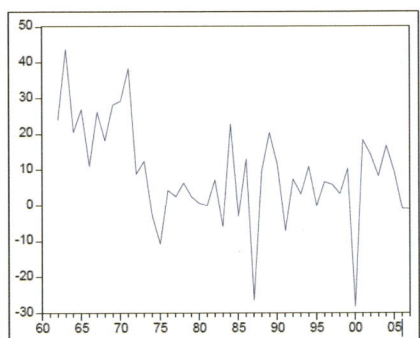

피지의 관광업 현황[182]
관광업은 현재 피지 최대의 외화 수입원이다. 피지 정부에서도 이를 인식하고 관광지로서의 피지 홍보에 상당한 예산을 투입하고 있다.

피지 관광객 추이.
1987년, 2000년 쿠데타 이후 방문객 수가 급감했다.

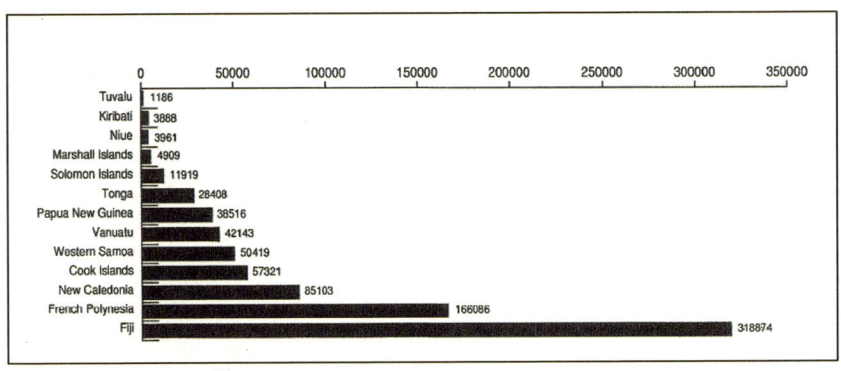

태평양 도서국별 관광객 숫자[183]
피지가 남태평양 지역 최대의 관광대국임을 보여 준다.

---

182) Asian Development Outlook 2013, Fiji, http://www.adb.org/sites/default/files/ado2013-fiji.pdf (그림 출처)
183) An Atlas of Fiji, Department of Geography, University of South Pacific, 1998 p.120 (그림출처)

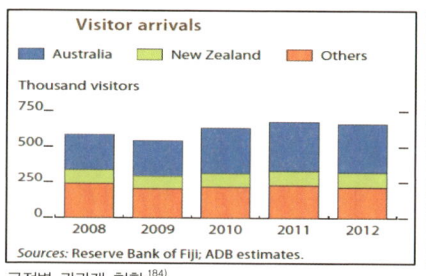
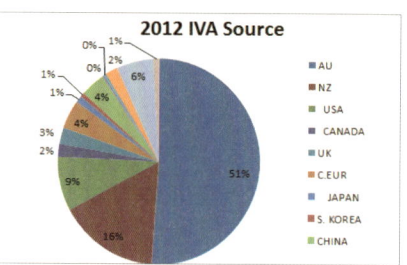

국적별 관광객 현황.[184]
현재 피지를 찾는 관광객은 호주, 뉴질랜드 출신이 많다. 그러나 최근 중국 및 아시아인들의 방문이 늘고 있는 추세이다.

1997년 관광업은 국가 GDP의 3%를 차지했으나 그 비중은 서서히 늘어나고 있다. 관광업은 정치적 불안 및 쿠데타로 가장 큰 피해를 본 산업으로, 1999년 피지 통계청 자료에 의하면 약 41만 명이 피지를 방문하여 2억 7,400만 달러의 국고 수입을 올렸다. 그러나 2000년 쿠데타 이후 관광객 숫자는 급감하여 한동안 어려움을 겪다가 2008년 이후 평균 50만 명의 관광객이 피지를 방문하고 있다.

광업
광업은 피지 경제에 기여하는 바가 많지 않다. 그러나 금 수출은 상당한 규모로, 금은 피지에서 두 번째로 부가가치가 높은 수출품(2009)이다. 피지는 현재 금, 은, 시멘트 등을 생산하며 아직 개발되지 않은 석유자원도 있을 것으로 추정된다. 현재 피지의 주요 금광은 Vatukoula 금광으로 2010년 6만 트로이 온스를 생산했다. 한편, 2007년에는 Nittetsu Mining, Mitsubishi Materials Corp, Newcrest Mining의 합자 사업으로 구리광산도 발견했다. 2011년에는 (주)노틸러스 미네랄사(Nautilus Minerals)에 피지 심해저 광물탐사 허가권이 발급되었다.

2012년 9월 30일 기준, 피지는 약 60개의 광물 탐사권을 세계 각국 정부 및 기관에 발급했다. 또한 36개의 추가 발급절차가 진행 중이다. 이 60개의 광물 탐사권은 육상 매장 광물만을 대상으로 하지 않고, 심해저광물, 심해저 석유, 지열자원 등에 대한 탐사권을 모두 포함하고 있다. 2013년에는 총 17개의

---

184) Ministry of Tourism, Republic of Fiji, Tourism Performance 2012.
http://dtxtq4w60xqpw.cloudfront.net/sites/all/files/pdf/fiji_tourism_performance_2012_report_0.pdf (그림 출처)

심해저 광물탐사권이 세계 각국 및 채굴 기업들에게 발급되었다. 그중 하나가 한국해양과학기술원(KIOST)으로 2013년 9월 KIOST는 피지 연안 해양과학조사권 발급을 신청했고 피지 정부에 관련 브리핑도 수행했다. 그 후 2013년 11월 피지로부터 해양과학조사권을 취득했다.

현재 피지 정부는 광업 부문의 발전을 계속 추진 중이며, 이해관계자들의 참여 및 대화를 희망하고 있다. 2013년에는 30만 달러를 광물조사 프로그램에 투자했다.

해운·물류

피지는 남태평양 지역의 중심부에 있어, 물자 및 인력수송의 거점 역할을 하는 매우 중요한 물류 허브국가이다. 피지의 주요 항구는 수도인 수바에 있으며, 더 작은 항구들이 라우토카, 렘부카(Levuka), 사부사부(Savusavu)에 위치해 있다. 수바항은 수심이 깊은 배도 정박 가능하며, 국제기준에 맞게 컨테이너 보관, 하역 등이 가능하다.

피지의 GDP 구성

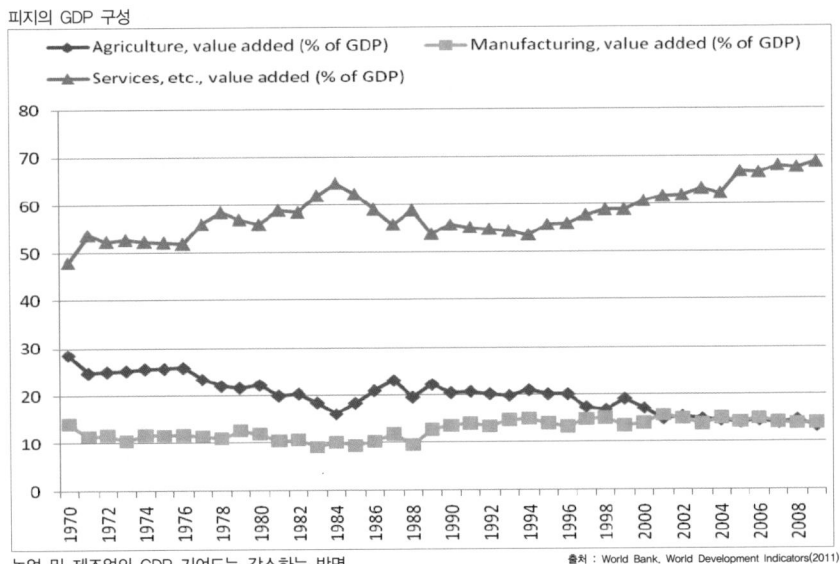

농업 및 제조업의 GDP 기여도는 감소하는 반면, 서비스업, 관광업 등의 GDP 기여도는 증가하고 있다.

출처 : World Bank, World Development Indicators(2011)

또한 피지는 환적 허브이기도 하다. 대형 컨테이너선들이 수바항이나 라우토카 (Lautoka)항에 화물을 하역하면, 작은 배들이 이 화물을 각 지역 하구로 운송한다. 피지 항만(FPCL : Fiji Ports Corporation Limited)에서 피지 전역의 항구를 관리하며, 포트 터미널(PTL : Ports Terminal Limited)사에서 하역을 담당한다.

피지의 항공 운송은 난디와 나우소리의 국제공항에서 처리한다. 여기서 수송되는 택배 및 화물의 양은 1억 ton-km에 달한다(2009). 주요 물류회사는 DHL Fiji, Carpenters Shipping, Air Pacific, Freight Services Fiji Limited 등이다.

피지 주요 대기업

남태평양 증권거래소(SPSE : South Pacific Stock Exchange)의 시가총액 기준 피지 최대 기업은 연합 텔레콤 홀딩스 주식회사(ATH : Amalgamated Telecom Holdings)로, 2010년 말 시장가치의 50%에 달한다. 현재 피지 유일의 증권거래소는 남태평양 증권거래소이다. 현재 여기 등록된 5대 대기업이 총 시장 가치의 80%를 차지하며, 주로 통신 및 제조업 분야의 기업들이다. 이 외에 대형 민간기업으로 복합기업 형태의 Carpenter Fiji Group이 있고, 국영 기관인 피지 전기공사(FEA)도 대기업이다. 현재 피지는 여러 국영 기업을 소유하고 있는데, 피지 정부는 2006년 기준 약 30여 개의 국영 및 민간 기업에 지분을 소유하고 있다. 피지 5대 대기업은 다음과 같다.

Amalgamated Telecom Holdings(ATH)	1998년 설립, 통신회사
Foster's Group Pacific	호주 Foster's Group 태평양 지역 자회사., 맥주, 음료수 생산
Flour Mills Fiji	1973년 설립, 밀가루 생산
RB Patel Group	1900년 설립, 피지 최대 슈퍼마켓 체인 운영
Fijian Holdings Ltd.	1984년 설립, 증권사

사회 기반시설 현황

피지는 기본적인 사회기반시설이 잘 갖추어진 나라로 도로, 다리, 고속도로 등이 잘 정비되어 있다. 피지에는 약 1만km 이상의 도로망이 구축되어 있으며 그중 20% 정도가 포장되고, 597km의 산업용 철로도 있다. 1998년 기준, 피지에는 약 2,300대의 자동차가 있으며 그중 1,500대 정도가 개인이 소유한 자가용이다. 피지에는 5개의 항구와 25개의 공항, 3개의 고속도로가 있다. 대부분의 항공서비스 및 환승서비스가 이루어지는 허브 공항은 나디 국제공항이다. 통신시설도 확장 중인데 섬들 간 전화, 팩스, 케이블 선이 잘 깔려 있고 국제전화도 가능하다. 또한 피지-영국 합자 회사가 휴대폰 시장에 약 710만 달러를 투자했다.

피지의 도로 및 기반시설 현황[185]

Classifications	Sealed	Unsealed	Total
National Main Roads	772km	914km	1,686km
Secondary and other roads	249km	3,126km	3,375km
Municipal Roads	tba	tba	200km
Other roads	Tba	tba	~5,000km
Bridges	n.a	n.a	809
Culverts	n.a	n.a	335
Jetties	n.a	n.a	15
Street Lights	n.a	n.a	tba

	피지의 기반산업 현황
전 기	피지의 전력원은 크게 두 가지, 수력발전과 석유를 통한 화력발전이다. 산이 많은 피지 지형은 수력발전에 적합하여 전기 생산의 약 60%를 수력 발전이 담당한다. 화력발전은 약 40%를 담당하며, 나머지는 풍력, 태양열, 바이오매스 에너지 등에서 공급된다. . 피지는 석유를 대부분 싱가포르에서 수입하는데, 전력 생산 및 전기 공급은 피지 전기공사(FEA : Fiji Electricity Authority)에서 담당한다. 2009년 기준 피지 전기공사는 740GWh의 전력을 생산했고 최대수요 전력은 약 140MW였다. 피지 최대의 발전시설은 Wailoa와 Monasavu에 있는 수력발전 댐이며, Kinoya와 Vuda의 지열발전소도 규모가 크다. 피지의 발전 및 전기담당 기관은 피지 전기공사이다.

---

185) Fiji Roads Authority, Proposed Road Maintenance Contracts Programme Invitation to Submit Statements of Interest and Ability, 2012. http://tenders.hellotrade.com/emailers/tzhellotrade/fra-issia-final-19may2012.pdf (표 출처)

의료서비스	피지 정부는 2개의 국립병원, 20개의 지역병원, 200개의 소규모 의료시설 등을 통해(2009) 모든 피지 국민들에게 무료 의료서비스를 제공한다. 또 수바에는 1개의 사립병원이 있다. 피지 유일의 제약회사는 Douglas Pharma로 난디에 위치해 있다. 암 예방을 위한 연구 수행, 시설 개발 등을 실시하며, 스테로이드, 레티노이드 계의 약을 제조한다. 이 외의 약은 외국에서 수입하여 피지에 있는 10개의 제약 도매업자가 공급, 판매한다. 2011년 피지 지적재산권 사무국이 창설될 때까지는 지적재산권 보호 법률이 거의 없었다. 이 때문에 제약회사들이 피지에서 활동하는 걸 꺼렸는데, 제약 특허가 적절히 보호받지 못했기 때문이다. 피지의 의료 및 위생담당 기관은 피지 보건부(Ministry of Health)이다.
언론&방송	현재 피지에는 3개의 일간지가 있다. The Daily Post The Fiji Sun The Fiji Times 이 중 1869년에 설립된 Fiji Times가 가장 크고 오래된 신문이며, 월~금요일까지 약 2만 부를 발행한다. 이 외에 주간지로는 Nai Lalakai, Shanti Dut, Na Tui, Sartag 등이 있는데, 이 중 Sartag는 힌디어로 되어있다. 방송을 보면 피지 정부가 라디오 방송국인 피지 방송(Fiji Broadcasting Corporation)과 Fiji TV를 운영하고 있다. Sky Fiji는 가입자별로 TV 서비스를 제공한다. 2006년 쿠데타 이후 피지의 언론환경은 그리 좋지 못한데, 2010년에 만들어진 언론법이 피지의 언론 및 방송을 심하게 규제하고 있다. 피지 매스컴의 90%가 피지인 소유여야 하며, 국가정책 및 공공질서에 반하는 보도 및 방송을 내보낼 경우 2년 상당의 징역형에 처하고 있어 사실상 정상적인 언론 기능이 정지된 상태이다.
출 판	피지의 출판산업은 규모가 작다. 피지 인구가 1백만도 안 되고 고가의 출판, 인쇄장비 도입이 어렵기 때문이다. 현재 소규모 피지 출판사들은 대형 영미권 출판기업과 경쟁하고 있다. 국영 출판사도 존재하지만 피지 정부는 이를 민영화 하려는 추세이다. Wiley-Blackwell 같은 다국적 출판기업이나 Max Marketing and Printing, Quality Print Ltd 같은 출판사가 피지에 들어와 있다.
부 동 산	2005~2010년 사이 부동산 시장은 피지 GDP의 1%가량을 차지했다. 그러나 전통적 토지소유 관습 때문에 부동산 개인 소유권이 충분히 발달하지 못했고, 외국인들이 부동산을 소유하는 것도 가능하나 대부분 임대를 주고 있다. 피지는 부동산 등록 관련 세계은행 기업환경 평가에서 183개국 중 52위를 차지했다. 피지 주택공사(Housing Authority of Fiji)는 피지 내 많은 주택의 판매 및 임대를 담당한다. 그러나 Ragglands & Fiji Estates 같은 부동산 업자들은 최상위 토지 등 고가의 땅을 거래하며, 부동산 시장을 규제하는 기구는 부동산 라이선스 위원회(REALB : Real Estate Agents Licensing Board)이다.
통신 및 인터넷 서비스	2007년 통신업계가 개방되기 전까지 피지 통신업계는 3개 기업이 독점했다. 일반전화는 Telecom Fiji가, 휴대전화는 Vodafone Fiji가, 국제전화는 Fintel이 독점했다. 그 뒤 다국적 기업인 Digicel이나 Inkkmobile 등이 피지에 진출했다. 인터넷 보급률은 2010년 기준 인구의 약 11% 정도이다. 피지는 호주와 미국을 잇는 Southern Cross Cable이 통과하기 때문에 고속 인터넷이 가능하다. 2007년 통신법이 개정되면서 여러 인터넷 서비스 공급 업체가 활동 중이다. IT 분야는 IT 자문위원회에서 규제하며, 통신 분야를 총괄하는 기관은 피지 통신공사(Telecommunications Authority of Fiji)이다.

별첨 1. 피지의 주요 경제지표 [186]

표 1. 피지의 주요 경제지표, 2005-2012 (Table A.1: Fiji Key Economic Indicators, 2005-2012)

	2005	2006	2007	2008	2009	2010	2011*	2012p
고정요소비용별 GDP (GDP at constant factor cost)	4,327.3	4,407.5	4,370.0	4,415.3	4,359.0	4,351.8	4,442.2	4,499.9
GDP 성장률 (GDP growth (% pa, constant factor costs))	(1.3)	1.9	(0.9)	1.0	(1.3)	(0.2)	1.9	—
1인당 GDP 성장률 (GDP per capita growth (% pa, constant prices))	(1.7)	1.5	(1.2)	0.4	(1.9)	(0.7)	1.6	—
산업별 GDP 성장률 (GDP sector growth (% pa, constant factor costs))	—	—	—	—	—	—	—	—
농업 (Agriculture)	1.0	5.0	(4.9)	4.9	(12.9)	(5.0)	8.3	—
GDP 중 비율 (Share to GDP (% of total))	14.1	14.5	13.9	14.4	12.7	12.1	12.9	—
산업(Industry)	(6.7)	0.7	(5.2)	(1.4)	(0.4)	8.1	0.3	—
GDP 중 비율 (Share to GDP (% of total))	19.2	18.9	18.1	17.7	17.8	19.3	19.0	—
서비스(Services)	1.8	1.5	1.3	0.9	1.0	(1.4)	1.5	—
GDP 중 비율 (Share to GDP (% of total))	66.8	66.6	68.0	67.9	69.4	68.6	68.2	—
고정시장가격별 GDP (GDP at constant market prices)	4,892.9	4,974.5	5,008.2	4,977.1	4,359.0	4,351.8	4,442.2	—
고정요소비용별 1인당 GDP (GDP per capita at constant factor cost)	5,235.1	5,312.1	5,248.6	5,269.5	5,168.4	5,131.2	5,210.8	5,255.7
GDP 성장률 (GDP growth (% pa, constant factor cost))	(1.3)	1.9	(0.9)	1.0	(1.3)	(0.2)	2.0	1.3
경상요소비용별 GDP (GDP at current factor cost)	4,327.3	4,539.8	4,648.6	4,901.6	5,768.4	5,394.9	5,746.7	—
경상시장가격별 GDP (GDP at current mp, million US$)	2,558.9	3,099.6	3,404.8	3,590.4	2,878.5	3,246.6	3,851.5	4,070.2

---

186) Asian Development Bank, Pacific Studies Series, Fiji 2012 Revitalizing the Fiji Economy, Appendixes, 2012

소비자물가지수 (Consumer price index (2005=100))	140.4	143.9	150.7	160.6	171.5	181.0	196.7	206.0
환율 (Exchange rate (F$ per US $))	1.7	1.7	1.6	1.6	2.0	1.9	1.8	1.8
실질실효환율 (Real effective exchange rate (Jan 1999=100; eop))	100.3	105.9	108.0	107.5	91.7	92.2	99.1	—
명목실효환율 (Nominal effective exchange rate (Jan 1999=100; eop))	101.5	101.6	101.6	103.3	83.8	84.3	86.7	—
광의 통화 (Broad Money (M2))	2,513.8	3,012.2	3,326.0	3,097.6	3,327.3	3,456.0	4,026.2	—
중앙은행 정책금리 (Central bank policy rate)	3.8	5.3	5.8	6.3	3.0	3.0	2.0	—
예금금리 (Deposit rate (time deposits))	2.0	9.1	4.5	3.0	5.8	4.7	3.8	—
대출금리 (Lending rate (wtd average of all loan types; eop))	6.6	7.9	8.5	7.7	7.5	7.4	7.5	—
총수령액 (Total receipts)	1,221.9	1,401.3	1,391.3	1,454.9	1,411.8	1,537.8	1,723.6	1,942.8
총지출 (Total expenditures)	1,588.8	1,749.5	1,726.2	1,680.5	1,911.4	1,668.7	1,961.7	2,077.9
종합경제잉여 (Overall surplus/deficit)	(366.9)	(348.2)	(334.9)	(225.6)	(499.6)	(130.9)	(238.1)	(135.1)
중앙정부지출 (Central government expenditure (% of GDP))	27.3	28.9	27.4	24.8	29.1	26.8	28.7	
중앙정부수입 (Central government revenue (% of GDP))	24.0	26.1	25.4	25.4	25.0	24.7	25.2	
종합재정수지 (Overall budget balance (net of total))	(3.3)	(2.8)	(2.0)	0.6	(4.1)	(2.1)	(3.5)	—
경상수지 (단위: 백만 달러) (Current Account Balance ($ million))	(294.9)	(600.6)	(482.1)	(648.5)	(219.1)	(358.2)	(429.7)	(391.3)
경상수지(GDP 중 비율) (Current Account Balance (% of GDP))	(11.5)	(19.4)	(14.2)	(18.1)	(7.6)	(11.0)	(11.2)	(798.5)
외국인직접투자 (Foreign Direct Investment, Net ($ million))	169.9	370.5	369.4	346.5	116.9	—	—	—

총외화보유고 (Gross International Reserves)	549.1	515.4	804.6	558.7	557.0	680.5	852.2	-
월별 수출 대 수입비 (Import cover (number of months))	4.5	3.8	5.9	3.4	5.4	5.3	5.7	-
외채(단위: 백만 달러) (External Debt ($ million))	97.2	240.7	246.5	298.6	269.4	285.9	421.6	-
외채(GDP 중 비율) (External Debt (% of GDP))	3.8	7.8	7.2	8.3	9.4	8.8	10.9	-
외채 서비스 (External Debt Service (% of X of goods & services))	1.2	1.8	1.5	1.1	1.8	1.3	9.2	-
환율(연평균, 미화 달러 기준 피지 달러) (Exchange Rate (annual average; F$ per $))	1.7	1.7	1.6	1.6	2.0	1.9	1.8	-
실질실효환율 (Real Effective Exchange Rate (Jan1999=100;EOP))	100.3	105.9	108.0	107.5	91.7	92.2	99.1	
명목실효환율 (Nominal Effective Exchange Rate (Jan1999=100;EOP))	101.5	101.6	101.6	103.3	83.8	84.3	86.7	

Source : Asian Development Outlook, Asian Development Bank 2012.

표 2. 피지 산업별 고용현황 (단위 : 명)
(Table A.2: Fiji Paid Employment by Sector (No.) Selected Years)

요소	1991	1995	2000	2005	2008
농업, 임업, 수산업	2,583	2,352	1,800	1,709	1,668
광업 및 채석	1,120	2,075	1,700	2,350	2,338
제조업	23,400	25,309	28,500	26,300	27,900
전기, 가스, 수자원	2,712	2,241	2,600	2,700	2,900
건설	7,031	7,430	2,800	6,200	6,775
도소매, 레스토랑 및 호텔	14,536	13,964	22,100	26,900	29,400
운송, 저장, 통신	8,952	10,103	11,300	10,535	10,750
금융, 보험, 부동산 및 기타 서비스	5,855	5,983	5,700	7,900	8,800
커뮤니티, 사회, 개인서비스	25,349	27,918	39,300	39,400	40,100
총합	91,538	97,375	115,800	123,994	130,631

Source : Fiji Islands Bureau of Statistics and Reserve Bank of Fiji. 2011. Chartbook Statistical Annex, Suva.

표 3. 피지 지역별 빈곤율
(Table A.3: Fiji Poverty Rate by Division and Rural-Urban Status, 2002-2003 and 2008-2009)

행정구역	지역별 빈곤율			지역별 빈곤층 분포			지역별 인구 분포		
	2002-03	2008-09	변화율	2002-03	2008-09	변화율	2002-03	2008-09	변화율
중부/동부 도시	29.5	20.5	(9.0)	20.6	17.2	(3.4)	27.8	29.6	1.7
중부 시골	29.7	32.5	2.8	13.6	10.5	(3.1)	18.2	11.4	(6.9)
동부 시골	28.5	31.2	2.8	0.4	3.8	3.4	0.6	4.3	3.7
북부 도시	51.1	51.5	0.4	5.7	6.8	1.1	4.4	4.6	0.2
북부 시골	59.8	54.2	(5.6)	17.9	19.5	1.6	11.9	12.7	0.8
서부 도시	38.6	29.6	(9.0)	15.4	12.8	(2.6)	15.8	15.2	(0.6)
서부 시골	49.5	46.6	(2.9)	26.4	29.4	3.0	21.2	22.3	1.0
총합	39.8	35.2	(4.5)	100.0	100.0	0.0	100.0	100.0	0.0

Source : World Bank, 2011. Poverty Trends, Profiles and Small Area Estimation (Poverty Maps) in Republic of Fiji (2003 ..2009). Washington, DC.

표 4. 피지 지역별 빈곤율 변화
(Table A.4: Fiji Overall Poverty Change by Urban and Rural Area, 2008-2009
(rate in %; change in percentage points))

지역	지역별 빈곤율			빈곤격차			빈곤격차(제곱)		
	2002-03	2008-09	변화율	2002-03	2008-09	변화율	2002-03	2008-09	변화율
도시	34.5	26.2	(8.2)	10.3	6.9	(3.4)	4.3	2.6	(1.7)
시골	44.6	44.0	(0.6)	14.0	12.8	(1.2)	6.0	5.3	(0.7)
총합	39.8	35.2	(4.5)	12.2	9.9	(2.3)	5.2	4.0	(1.2)

Source : World Bank, 2011. Poverty Trends, Profiles and Small Area Estimation (Poverty Maps) in Republic of Fiji (2003-2009). Washington, DC.

표 5. 피지 산업별 GDP 현황 (Table A.5 : Fiji GDP by Sector at Constant 2005 Prices(F$ million))

연도	농업 및 임업	수산업	광업 및 채석	제조업	전기 및 수자원	건설	도소매	호텔 및 레스토랑	운송, 저장, 통신
2005	503.6	105	16.6	615.7	59.1	137.8	548.1	184.3	648.4
2006	513.2	125.8	9.5	658.9	32	134.3	516.8	166	666.6
2007	494	113.7	-5.4	619.3	57.4	120.4	542.2	191.1	659.5
2008(r)	499.2	138.4	14.3	606.7	33.3	126.1	511.4	230.5	626.1
2009(r)	434.7	120.4	24.1	593.1	49.8	110.2	481.2	235.4	684.2
2010(p)	407.5	119.7	30.8	634.8	56.7	117.7	480.2	265.9	681.6

Source : Fiji Bureau of Statistics and the Macroeconomic Committee, Suva.

표 6. 주요 태평양 도서국 GDP 성장률
(Table A.6: GDP Growth Rate of Selected Pacific Island Countries, 2000~2011, (%))

연도	피지	파푸아뉴기니	사모아	솔로몬 제도	통가	바누아투
2000	(1.7)	(9.8)	3.3	(14.2)	5.4	2.7
2001	1.9	0.0	8.2	(8.0)	7.2	(2.6)
2002	3.2	2.0	3.2	(2.8)	1.4	(7.4)
2003	0.8	4.4	4.8	6.5	3.4	3.2
2004	5.4	0.6	4.8	8.0	2.6	5.5
2005	0.6	3.9	5.4	5.0	(3.0)	6.5
2006	1.9	2.3	1.0	6.1	3.0	7.4
2007	(0.5)	7.2	2.3	10.3	(1.2)	6.8
2008	(0.1)	6.6	5.0	7.3	2.0	6.3
2009	(2.5)	5.5	(4.9)	(1.2)	(0.4)	3.8
2010	(0.5)	7.1	0.0	4.0	(1.2)	3.0
2011	2.1	8.9	2.1	9.5	1.5	4.3

Source : ADB. 2012. Asian Development Outlook 2011. Manila; and United Nations Economic and Social Commission for Asia and the Pacific. (UNESCAP). 2011. Economic and Social Survey of Asia and the Pacific 2011. Bangkok.

표 7. 주요 태평양 도서국 물가상승률
(Table A.7: Inflation Rate of Selected Pacific Island Countries, 2000~2010, (%))

연도	피지	파푸아뉴기니	사모아	솔로몬 제도	통가	바누아투
2000	1.1	15.6	0.9	7.1	6.2	2.1
2001	4.3	9.3	4.7	7.7	6.7	3.5
2002	0.7	11.8	8.1	9.3	10.7	2.1
2003	4.2	14.7	0.1	10.0	6.8	1.1
2004	2.8	2.4	16.3	7.1	11.8	3.2
2005	2.7	1.5	1.9	7.2	9.9	1.2
2006	2.5	2.4	3.8	11.2	7.3	2.1
2007	4.8	0.9	4.5	7.7	5.1	4.1
2008	7.7	10.8	11.5	17.3	9.8	4.8
2009	6.8	7.0	6.6	7.1	5.0	4.5
2010	5.0	6.0	1.0	3.0	2.0	3.4
2011	8.7	8.7	2.9[a]	7.4	6.1	0.8
2012	5.1[p]	n/a	5.0[b]	5.5[b]	6.1[c]	3.0[p]

Source : ADB. 2011. Asian Development Outlook 2011. Manila; and UNESCAP. 2011. Economic and Social Survey of Asia and the Pacific 2011. Bangkok.

표 8. 피지 농·축·수산품 생산량
(Table A.8: Fiji Agricultural Production of Selected Commodities, 1977-2010(tonnes))

'연도	사탕수수	코프라 (단위: 천톤)	쌀	담배	코코아	쇠고기	돼지고기	염소	닭	달걀	생선	생강	양고나 (카바)
1977	2,674	30,644	17,966		97	2,327	335	n/a	1,634	998	4,775	2,656	n/a
1978	2,849	26,092	16,105		123	2,722	469	n/a	1,992	1,622	5,800	2,591	n/a
1979	4,058	21,948	18,712		144	3,616	645	n/a	2,505	1,642	6,959	2,479	n/a
1980	3,360	22,837	17,846	413	137	3,525	574	n/a	2,961	1,666	6,296	2,265	n/a
1981	3,931	20,651	16,972	315	185	3,394	628	n/a	3,054	1,703	10,665	2,701	n/a
1982	4,075	22,056	20,302	384	130	3,379	700	700	3,234	1,844	10,474	4,527	n/a
1983	2,203	23,588	16,160	322	235	3,456	719	565	4,137	1,876	12,627	3,832	n/a
1984	4,290	24,660	22,246	n/a	245	3,383	737	623	3,793	2,035	11,578	4,059	n/a
1985	3,043	21,172	27,574	377	221	3,357	574	641	3,612	1,908	10,202	3,939	n/a
1986	4,109	22,476	24,600	293	242	3,644	641	680	3,838	1,978	9,834	5,518	n/a
1987	2,960	13,095	23,477	208	465	3,762	610	690	3,690	1,849	12,324	4,865	n/a
1988	3,185	10,730	32,147	144	238	3,565	530	691	3,989	1,839	13,075	3,737	n/a
1989	4,099	13,362	31,827	224	375	3,136	558	679	5,030	2,018	13,571	4,457	n/a
1990	4,016	19,005	32,147	240	406	2,902	603	700	5,491	2,160	13,394	5,500	n/a
1991	3,380	15,193	29,038	295	363	2,847	715	660	5,888	2,191	13,796	6,427	n/a
1992	3,533	16,047	22,479	279	327	2,624	711	720	6,057	2,475	13,520	4,632	n/a
1993	3,704	10,232	22,284	367	152	2,430	765	637	5,742	2,448	13,979	2,906	n/a
1994	4,064	8,407	18,019	272	163	2,306	831	758	8,144	2,526	16,772	1,095	n/a
1995	4,110	10,724	18,496	136	100	2,217	754	801	8,763	2,576	17,375	2,220	2,619
1996	3,729	20,964	17,370	214	126	2,401	791	806	9,602	2,844	13,847	2,404	2,685
1997	3,384	11,551	17,385	215	72	3,279	737	833	9,156	2,629	13,230	2,683	3,310
1998	2,263	17,041	5,092	167	146	3,177	778	875	7,775	4,103	13,920	3,500	3,204
1999	3,747	16,511	17,301	233	148	2,984	750	905	8,261	3,137	20,515	2,608	3,216
2000	3,598	13,422	13,170	313	15	2,688	891	934	8,100	3,201	21,078	3,622	3,082
2001	3,077	16,553	14,612	390	5	2,874	673	971	8,237	2,668	18,598	1,437	4,575
2002	3,216	14,349	12,852	238	16	2,452	677	762	10,623	2,771	20,687	3,710	4,039
2003	2,817	9,506	15,504	385	15	2,452	780	810	12,165	2,839	15,654	3,290	2,691
2004	2,971	14,805	14,358	224	12	2,233	981	1,158	12,900	2,908	22,973	3,680	2,149
2005	2,826	11,291	15,189	333	15	2,252	1,117	930	12,090	3,791	29,609	3,652	2,259
2006	3,192	11,139	12,732	318	12	2,252	928	946	13,579	3,522	24,661	3,210	1,700
2007	2,513	10,079	14,870	266	14	1,958	973	969	14,413	3,438	9,841	3,111	3,350
2008	2,322	12,583	11,595	257	13	1,866	920	983	14,429	3,401	13,456	2,488	3,286
2009	2,089	10,096	11,637	439	5	1,719	1,128	238	11,866	3,471	13,252	2,787	2,603
2010	1,751	6,496	7,684	452	6	1,761	1,169	227	14,383	5,707	n/a	2,338	2,792

Source : Fiji Islands Bureau of Statistics, Annual Report (various issues), Suva.

표 9. 피지 가공 농산품 생산량
(Table A.9 : Fiji Production of Manufactured Agricultural Commodities, 1970-2010(tonnes))

연도	설탕	야자기름	향신료	밀가루	버터 (원재료 수입)	버터	담배	사료	판자 (단위:1,000m³)
1970	361	17,000	n/a	n/a	n/a	n/a	441	n/a	n/a
1971	322	18,000	n/a	n/a	n/a	1,112	459	7,000	110
1972	303	18,000	n/a	n/a	n/a	1,141	408	7,000	111
1973	301	16,000	n/a	n/a	534	982	461	8,640	123
1974	273	18,000	17,617	12,080	610	1,134	501	9,000	150
1975	272	15,000	17,113	12,205	692	1,162	535	11,454	180
1976	296	17,126	20,227	9,580	738	1,201	600	13,593	148
1977	362	18,502	21,011	11,162	814	1,316	610	16,755	181
1978	347	16,519	18,245	16,463	953	1,523	618	18,837	181
1979	473	14,947	21,318	18,730	1,104	1,698	636	19,721	180
1980	396	14,630	21,563	19,012	1,061	1,652	624	22,983	233
1981	470	13,936	21,886	19,874	1,010	1,406	643	20,326	205
1982	487	15,203	21,743	20,985	630	897	609	18,586	163
1983	276	16,026	23,540	22,987	57	264	606	22,243	159
1984	480	16,289	23,614	22,468	228	308	583	17,555	183
1985	341	12,951	24,961	23,876	727	1,124	583	18,115	193
1986	502	14,122	23,523	24,580	822	1,239	543	18,418	187
1987	401	8,417	23,267	25,720	826	1,261	530	16,145	214
1988	363	6,576	21,439	25,507	760	1,204	530	17,597	188
1989	461	7,619	19,455	28,331	853	1,363	506	18,943	162
1990	408	11,614	15,689	24,733	766	1,228	604	22,212	258
1991	389	8,775	14,625	26,933	947	1,477	585	25,377	248
1992	426	9,234	10,682	27,766	975	1,504	550	24,601	214
1993	443	6,231	7,902	33,314	983	1,480	574	22,601	248
1994	517	4,697	6,486	37,581	1,151	1,692	548	29,402	266
1995	454	7,787	5,282	41,266	1,244	1,712	497	28,120	256
1996	454	8,028	4,941	42,984	1,167	1,652	499	29,251	268
1997	347	8,796	3,485	45,774	1,193	1,678	511	29,215	250
1998	256	9,371	3,261	50,896	1,258	1,762	466	30,073	257
1999	364	10,354	2,408	51,420	1,285	1,809	507	29,814	190
2000	335	7,646	1,975	54,931	1,257	1,732	450	36,059	189
2001	310	9,955	1,662	59,569	1,290	1,747	442	31,731	184
2002	317	11,256	1,208	59,442	1,284	1,800	480	38,754	127
2003	308	7,523	1,083	63,559	1,299	1,839	473	41,095	129
2004	312	8,242	714	88,310	1,005	1,442	516	40,264	101
2005	292	9,533	547	88,330	1,313	1,757	477	40,216	100
2006	307	8,349	310	67,661	1,671	1,879	519	44,618	82
2007	261	9,657	246	52,677	1,609	1,854	456	37,820	91
2008	257	9,069	267	52,754	1,543	1,806	437	44,140	83
2009	162	4,977	248	89,113	1,555	1,814	367	42,336	92
2010	135	4,816	279	99,721	1,531	2,042	382	49,580	113

Source : Fiji Islands Bureau of Statistics. Annual Report (various issues). Suva.

표 10. 피지 설탕 생산량 및 가격 (Table A.10: Fiji Sugar Industry Production and Prices, 1975–2010)

연도	사탕수수 재배자 수	생산량 (단위 : 천 톤)	수확량 (톤/헥타르)	시장가격 (피지 달러/톤)	수출 (단위 : 천톤)	수출가격 (단위 : 백만 피지 달러)	수출단가 (피지 달러/톤)
1975	16,995	2,160	49.1	24.6	246	95	385
1980	19,567	3,360	52.5	26.2	461	175	379
1985	22,154	3,043	60.9	36.6	410	112	273
1990	21,334	4,016	57.4	50.9	394	224	568
1995	22,449	4,110	55.5	53.8	445	276	620
1996	22,304	4,380	59.2	44.8	500	302	603
2000	22,179	3,786	57.0	44.0	302	237	785
2001	21,882	2,805	42.5	60.8	247	225	912
2002	21,253	3,423	42.0	53.8	284	234	825
2003	20,693	2,610	42.8	60.1	270	226	836
2004	20,492	3,001	49.0	55.5	262	209	799
2005	20,290	2,789	47.6	58.1	303	224	738
2006	18,636	3,226	55.6	42.8	250	215	860
2007	18,691	2,478	45.9	56.0	250	185	841
2008	18,683	2,321	45.6	54.0	260	248	955
2009	17,762	2,247	45.9	56.6	153	147	960
2010	16,827	1,778	39.6	45.7	111	78	701

Source : Fiji Sugar Corporation, Suva.

별첨 2. 피지에 위치한 국제기구 및 지역기구

피지 수바에 위치한 주요 국제기구 및 지역기구

기구	위치 및 연락처
아시아 개발은행 (ADB)	MR KEITH LEONARD Regional Director Asian Development Bank South Pacific Subregional Office(SPSO) Level 5, Ramarama House 91 Gordon Street, Suva. Tel : 331-8102 Fax : 331-8074
국제적십자위원회	MS LIHN SCHROEDER Head of the Regional Delegation for the Pacific International Committee of the Red Cross Level 6, Pacific House Butt Street, P O Box 15565, Suva. Tel : 330-2156 Fax : 330-2919
국제적십자연맹	MS AURELIA BALPE Head of Regional Delegation International Federation of Red Cross and Red Crescent Societies Regional Delegation Head of Regional Delegation Office Fiji Red Cross Society Building 77 Cakobau Road, P O Box 2507, Suva. Tel : 331-1855 Fax : 331-1406
국제노동기구	MR WERNER KONRAD BLENK Director International Labour Organisation FNPF Plaza(8th Floor) PO Box 14500, Suva. Tel : 331-3866 Fax : 330-0248
세계자연보전연맹 (IUCN)	MR. TAHOLO KAMI Director World Conservation Union(Fiji) 5 Ma'afu Street Private Mail Bag Suva. Tel : 331-9084
태평양 금융기술지원센터 (PFTAC)	MR MATHEW DAVIES Project Coordinator Pacific Financial Technical Assistance Centre Reserve Bank Building(Tower 7) Pratt Street GPO Box 14877 Suva Tel : 330-4866 Fax : 330-4045

 태평양 도서국 포럼 사무국	MR. NERONI TUILOMA SLADE Secretary General Forum Secretariat GPO Box 856 Ratu Sukuna Road, Suva. Tel: 322-0230 Fax: 330-2204
 태평양지역 사무국	MS FEKITAMOELOA UTOIKAMANU Deputy Director General Secretariat of the Pacific Community Private Mail Bag, Suva. Tel: 337-0733 Fax: 337-0021
 남태평양응용지질위원회	MR RUSSEL HORWORTH Director South Pacific Applied Geoscience Commission Nabua Private Mail Bag, SUVA Tel: 338-1377 Fax: 337-0040
 남태평양교육검정위원회	MRS ANASEINI RAIVOCE Director Fax: 3302898 South Pacific Board for Education Assessment 26 MacGregor Road PO Box 2083 Government Buildings Suva. Tel: 331-5600 / 330-2141
 남태평양관광기구	MR ILISONI VUIDREKETI Chief Executive 3302781 South Pacific Tourism Organisation PO Box 13119 FNPF Plaza Suva. Ph. 330-4177 Fax : 330-1995
 유엔개발계획	Mr. Knut Ostby United Nations Resident Coordinator UNDP Resident Representative Kadavu House(8th Floor) Victoria Parade, Private Mail Bag, Suva. Tel: 331-2500 Fax: 330-1718
 아시아태평양 경제사회위원회	MR IOSEFA MAIAVA Head ESCAP Sub-regional Office of the Pacific Level 5, Kadavu House 414 Victoria Parade Private Mail Bag Suva. Tel : 331-9669 Fax : 331-9671

국제연합아동기금

DR ISIYE NDOMBI
Resident Representative
United Nations Children's Fund
Fiji Development Bank Buildings(3rd Floor)
Private Mail Bag
Victoria Parade, Suva.
Fax: 330-1667

유엔인구기금

MR DIRK JENA
UNFPA Representative
United Nations Population Fund
UNFPA for the Pacific
Private Mail Bag, Suva.
Tel : 330-8022
Fax : 331-2785

세계보건기구

MR CHEN KEN
WHO Representative in the South Pacific
Provident Plaza One
Downtown Boulevard
33 Ellery Street, P O Box 113, Suva.
Tel : 330-4600
Fax : 330-0462

1) 태평양도서국포럼(PIF)(PFD : Pacific Islands Forum, PIF/Post Forum Dialogue)

- 설치연도 : 1971년
- 사무국 : Suva, Fiji
- 인터넷 주소 : http://www.forumsec.org.fj/
- 소개 : 16개 남태평양 소재 회원국 정상이 참석하는 정례회의로서 정치·경제·안보 문제 등 모든 분야에 걸쳐 역내 공통 관심사항을 논의함. 호주, 뉴질랜드의 주도로 1971년 남태평양포럼(SPF)으로 시작되어 2011년 9월 제42차 지도자 회의(Leaders' Meeting)가 뉴질랜드에서 개최됨.
    ※ PFD (Post Forum Dialogue) : 1988년 회의 시 역외 관심국가와의 비공식 협의를 통한 상호정보교환과 PIF 지위 향상을 위해 Post Forum Dialogue 수립.
    - 대화상대국(14개국) : 미국, 영국, 프랑스, 캐나다, 일본(이상 1989), 중국(1990년), EU(1991), 한국(1995), 말레이시아(1997), 필리핀(2000), 인도네시아(2001), 인도(2003), 태국(2004), 이탈리아(2007)
    - 이스라엘 신규가입 추진 중 - PIF 대화상대국 전체 총회(브리핑 세션, 주제별 토론) 및 양자회의 형식으로 진행
- 회원국(16개국) : 호주, 뉴질랜드, 피지(사무국 소재), 파푸아뉴기니, 키리바스, 마셜제도, 솔로몬 제도, 바누아투, 나우루, 투발루, 통가, 사모아, 마이크로네시아, 팔라우, 니우에, 쿡 제도
- 주요 활동 : 매년 포럼보고서를 작성하고 소식망을 통해 매년 그해 확정한 주요 우선순위와 협의를 알릴 수 있는 성명 제공
- 최근 활동 : 2011년에는 다양한 해양 거버넌스 이슈를 매우 중요한 요소로 고려하고 있으며, 특히 수산자원은 아주 중요한 요소로 여김.
- 분석내용
    PIF는 태평양 도서국의 지역 기구들 중 가장 상위층 기구라고 할 수 있음.
    PIF 연차총회에서는 지역국가 정부의 정상들이 모여서 다음에 대해 토의하고 방향을

정하고 정책을 결정함.
- 무역과 경제 이슈
- 유익한 거버넌스(good governance)
- 안보
- 수산자원 및 기후변화 등 기타 주요 지역적 이슈
- 한국과의 협력 현황 : 우리나라는 1995년 제7차 PIF/PFD 회의부터 매년 참석하고 있음.
  ※ 우리나라의 대(對) PIF 지원 현황 : 우리나라는 PIF 사무국에 대하여 '무역정책자문관 사업(Trade Policy Adviser Project)'을 지원하고 있음(1999 : 3만5천 달러, 2000 : 110만 달러, 2001 : 10만5천 달러, 2002 : 9만6천 달러, 2003 : 10만1천 달러, 2005 : 5만 달러, 2006 : 10만 달러)
  ※ 주요 대화상대국의 PIF지원 현황
- 일본 : 일본-PIF 정상회의 개최(매 3년) 및 제3차 일-PIF 정상회의 시(2003.5, 오키나와) 남태평양 지역에 대한 종합지원 방안인 'Okinawa Initiative' 채택
- 중국 : 'Petroleum Advisory Service Project' 지원(30만 달러), 'PIF 국가 외교관 초청연수 사업' 실시
- 포럼 사무국은 피지의 수도인 수바(Suva)에 위치하고 있으며, 다양한 태평양 도서국 지역의 지역협력체의 집합인 태평양지역기구위원회(CROP : Council of Regional Organizations in the Pacific)의 의장을 맡고 있음. 나아가 이 국가들은 다른 지역의 도서국들과 함께 개발도상도서국(SIDS : Small Island Developing States) 그룹을 결성하여 유엔 차원에서 기후변화에 따른 해수면 상승 문제 등 공통의 이슈를 국제사회에 제기하고 문제해결을 촉구하는 움직임을 보이고 있음.

2) 태평양지역사무국 (SPC : Secretariat of the Pacific Community, SPC)

- 설치연도 : 1947
- 사무국 : 세곳에 존재
  - Suva, Fiji
  - Pohnpei, FSM
  - Noumea, French territory of New Caledonia

> - SPC Headquarters(Address : BP D5, 98848 Noumea, New Caledonia, Email : spc@spc.int; Phone : +687 26 20 00; Fax : +687 26 38 18)
> - SPC Suva Regional Office(Address: Private Mail Bag, Suva, Fiji, Email : eileenw@spc.int; Phone : +679 337 0733; Fax : +679 337 0021)
> - SPC Regional Office North Pacific(Address : PO Box Q, Kolonia, Pohnpei 96941, Federated States of Micronesia, Email : amenay@spc.int; Phone : +691 320 7523; Fax : +691 320 2725)
> - SPC Country Office - Solomon Islands(Address : 3rd Floor Anthony Saru Building, PO Box 1468, Honiara, Solomon Islands, Email : miar@spc.int; Phone: +677 25543 or +677 25574; Fax : +677 25547)

- 인터넷 주소 : http://www.spc.int/
- 비교육 CROP 기관으로는 가장 큰 지역 기구임.
- 직원 : 350명
- 회원국 : 22개의 태평양 도서국 및 영토를 포함하여 26개의 회원으로 구성되어 있음.

American Samoa, Cook Islands, Federated States of Micronesia, Fiji, French Polynesia, Guam, Kiribati, Marshall Islands, Nauru, New Caledonia, Niue, Northern Mariana Islands, Palau, Papua New Guinea, Pitcairn Islands, Samoa, Solomon Islands, Tokelau, Tonga, Tuvalu, Vanuatu, and Wallis and Futuna plus Australia, France, New Zealand and the United States of America (four of the founding countries.

- 철학 : 보다 안전하고 부유한 태평양 공동체로서 교육을 더 받고, 건강하게 그들의 자원을 경제적·환경적·사회적으로 지속 가능한 방법으로 관리할 수 있게 함.
- 소개 : 태평양지역 사무국(SPC)은 태평양 도서국들에게 기술 및 정책적인 조언과 지원, 그리고 교육, 연구지원 사업을 수행하는 국제기구로서 22개 태평양 도서국 및 속령에 대한 기술지원, 정책자문, 훈련 및 연구활동 제공 등을 목적으로 1947년에 설립된 국제기구이며 뉴칼레도니아 뉴메아에 본부가 있음.
  - ※ 남태평양위원회(南太平洋委員會, South Pacific Commission) : 남태평양위원회는 남태평양에 식민지를 가지고 있거나 가지고 있었던 영국, 미국, 프랑스, 네덜란드, 호주, 뉴질랜드의 6개 국가(이후 네덜란드는 탈퇴)가 1947년에 역내의 사회적·경제적·문화적 향상을 목적으로 하여 창설한 기관임. 매년 남태평양 회의를 개최하는데, 후에 구식민지로부터 독립한 정부·자치 정부(사모아, 나우루, 피지, 파푸아뉴기니, 솔로몬 제도, 투발루, 쿡 제도, 니우에)가 참가함. 1998년에 태평양지역 사무국으로 발전, 확대됨.
- 임무 : 태평양 도서국 주민들이 당면하고 있는 도전에 대해서 효율적으로 대응할 수 있도록, 그들의 미래에 대해 정보기반을 결정할 수 있도록, 그리고 그들의 다음 세대를 위한 미래를 물려줄 수 있도록 지원함(to help Pacific Island people respond effectively to the challenges they face and make informed decisions about their future and the future they wish to leave for the generations that follow.). 또한 SPC는 지속 가능한 경제발전(sustainable economic development), 지속 가능한 천연자원관리와 발전(sustainable natural resource management and development), 그리고 지속 가능한 인간 및 사회발전(sustainable human and social development)이라는 세 가지 주요 목적의 달성을 목표로 하고 있음. 남태평양위원회의 활동 프로그램은 구성원들에 의해 이루어지며, 개별 구성원 국가들의 정책이나 계획의 입안에 도움이 되는 방향으로 지역적 조치들이 확정됨.
- 조직 : 남태평양위원회는 6개의 기술부(Technical Divisions), 한 개의 통계프로그램(Statistical Programme), 1개의 전략적 개입과 계획시설(strategic engagement and

planning facility), 그리고 실행 및 관리이사회(directorate of operations and management)로 구성되어 있음.
- 6개의 기술부(Technical Divisions)
    • Education, Training and Human Development(교육, 훈련, 인적자원 개발)
    • Public Health(공중보건)
    • Land Resources(육상자원)
    • Fisheries, Aquaculture and Marine Ecosystem Division(FAME, 수산자원, 양식, 및 해양생태계)
- 22개 회원 국가rk 어족 자원을 관리, 개발할 수 있는 능력을 강화할 수 있도록 하는 역할을 수행함. FAME는 해양수산 프로그램(Oceanic Fisheries Programme)과 연안수산 프로그램(Coastal Fisheries Programme)으로 구성되어 있으며, 태평양 산호초 구상(Coral Reef Initiatives for the Pacific) 프로그램도 운영하고 있음. 해양수산 프로그램에서 중서부태평양수산위원회의 참치자원평가 업무를 대행하고 있음.
- 기술적 자문과 훈련 및 교육 등을 통해서 회원국들이 연안, 양식 및 대양(참치) 수산자원을 지속적으로 개발하고 관리하는 것을 지원함.
- 연구활동 및 모니터링을 수행함.
- 관련 정보를 제공하고 배포함.
    • Economic Development Division(경제개발)
- 남태평양위원회의 주요 기업 전술 방향과 연결되어 있으며, 교통, 에너지, 그리고 태평양 정보통신기술(ICT : Information and Communication Technology) 지원 활동을 포함하고 있음.
- 경제성장을 유도하는 주요 원동력에 대해 자문과 기술지원을 제공하며 지역적 협력을 제공함.
    • Applied Geoscience and Technology Divison(응용지구과학기술, SOPAC)
- 태평양 도서국의 응용지구과학위원회(Pacific Islands Applied Geoscience Commission)와 합쳐서 일원화하였으며, 2011년 1월에 주요 기능을 남태평양위원회로 이관함. 이관된 기능을 물 및 위생 분야에서의 활동, 재해관리 활동, 해저자원 활동, 해양경계획정 활동, 해양프로세스 모니터링 활동 등이 포함됨.
- Strategic Engagement, Policy and Planning Facility(전략활동, 정책 및 계획시설)
    • 회원국들이 국가개발 전략을 구상할 수 있도록 지원함.

- • 국가적 수준에서 정보기반의 정책 결정을 할 수 있도록 분야별 분석을 준비함.
- • 남태평양 위원회의 기술적 프로그램을 지원하기 위한 정책 및 계획시설을 제공함.
- • 기후변화와 식량안보 관련 이슈들에 대해서 남태평양 위원회의 지역적 활동에서의 역할을 지원함.
- • 남태평양 위원회 활동 사례 : 심해저광물 관련 활동(SPC Project - Deep Sea Minerals)
- 재원 : 유럽연합
- 프로젝트 목적 : 태평양 도서회사(PIC) 기반 경제적 자원 확대를 위해서 해양광물산업의 지속 가능하고 실용적인 개발을 촉진함.
- 프로젝트 목표 : 거번넌스 시스템을 강화하고 PIC의 심해광물관리 역량을 강화하기 위해서 확실하고 견고한 지역적인 통합 법률체제를 개발하고 집행하며, 인적 및 기술적 역량을 향상시키고 효과적인 모니터링 시스템을 수행함.
- 주요결과
  - • 외해광물탐사 및 채광을 위한 국가정책 및 규제체제의 구상
  - • 심해광물과 관련한 외해탐사 및 채광활동에 대한 효율적 관리, 모니터링을 포함하여 모든 부분에서 국가기술 역량개발
- 분석 내용
  - • 남태평양 위원회와 PIC는 이 프로그램에서 많은 파트너가 있으며 이들 중에는 심해저기구(ISA : International Seabed Authority)와 한국해양연구원(KORDI)도 포함됨.
  - • 마이크로네시아 연방국(FSM) 등에서도 현재 심해저광물 관련 규제와 관련된 환경관리규정을 개발하고자 함.

별첨 3. 피지의 대학

1. 남태평양 대학(USP : The University of the South Pacific)

주요 내용
- 세계적으로 2개 지역대학(regional university) 중 하나로서 태평양 도서국에서는 대학교육을 제공하는 국제적 수준의 교육기관임.
- USP 직원들은 다음 6개 연구클러스터에 중에 1~2개 정도에 참여하고 기여하는 것을 권함.
  - Governance and Public Sector Management(공공분야 관리 및 거번넌스)
  - Human Security(인류안보)
  - Pacific Cultures and Societies(태평양문화 및 사회)
  - Climate Change Adaptation and Mitigation(기후변화 적응 및 완화)
  - Pacific Ocean and Fisheries Management(태평양과 수산자원 관리)
  - Economic Growth, Trade and Integration(경제성장, 무역 및 통합)
- UPS는 해양과 수산자원관리에 명백한 초점을 맞추고 있으며, 연구클러스터도 지정하고 있음. 그러나 지역의 98%가 해양으로서 6개 중 어느 클러스터이든 지속 가능한 해양 거번넌스 이슈와 직접적으로 관련 되어 있음.

주요 내용
- 설립연도 : 1968년 설립(43년)
- 본원 위치 : Suva, Fiji(main campus)
- 인터넷 홈페이지 주소 : www.usp.ac.fj
- 대학교 내에 3개의 학부(3 Faculties)가 존재함.
  - Arts, Law and Education(교양, 법, 교육)
  - Business and Economics(비즈니스, 경제)
  - Science, Technology and Environment(과학, 기술, 환경)

- 해양 관련
  - School of Marine Studies, Institute of Marine Affairs도 있음.
  - School of Law는 석사과정에 환경법도 포함하고 있는데, 해양관련법, 해양법, 국제환경법, 지역환경법도 포함됨.
- 교육 형태 : 식민지 시기의 영향을 받아 영연방 시스템으로 진행되며 호주와 뉴질랜드 외에 국제적으로 인정되는 오세아니아 지역의 유일한 대학이라고 할 수 있음.
- 설치국가 : 모든 회원국에 캠퍼스가 있으며, 대부분의 수업은 피지의 수도인 수바의 라우칼라(Laucala) 캠퍼스에서 진행됨. 다른 주요 핵심 캠퍼스는 바누아투와 사모아에 있음.
- 소유국가 : USP는 12개 태평양 도서국의 정부소유라고 할 수 있음

Cook Islands	Fiji	Kiribati
Marshall Islands	Nauru	Niue
Samoa	Solomon Islands	Tokelau
Tonga	Tuvalu	Vanuatu

- 총 학생 수는 2010년도 기준 2만437명이었으며 이를 EFTS로 전환하면 1만672명임.

2010년 기준 캠퍼스별 총 학생 수(명)		2010년 기준 캠퍼스별 상근상당(FTE) 학생 수(명)	
Cook Islands	340	Cook Islands	107
Fiji – Labasa	781	Fiji – Labasa	258
Fiji – Laucala	10,942	Fiji – Laucala	7,170
Fiji – Lautoka	1,275	Fiji – Lautoka	406
Kiribati	668	Kiribati	328
Marshall Islands	183	Marshall Islands	66
Nauru	110	Nauru	24
Niue	60	Niue	10
Samoa – Alafua	354	Samoa – Alafua	184
Solomon Islands	2,253	Solomon Islands	875
Tokelau	58	Tokelau	26
Tonga	717	Tonga	273
Tuvalu	335	Tuvalu	123
Vanuatu – Emalus	2,361	Vanuatu – Emalus	822
총계	20,437	총계	10,672

2010년 기준 과별 학생 수(명)	
Arts & Law	2,626
Business & Economics	3,177
Science, Technology & Environment	2,519
University (student learning support, CCCE, Pre-degree units, etc)	2,349
총 계	10,672

2010년 기준 캠퍼스별 직원 분포(명)	
Laucala	1,126
Emalus	106
Alafua	96
Solomon Islands	26
Marshall Islands	17
Tonga	17
Lautoka	14
Kiribati	12
Labasa	10
Nauru	8
Tuvalu	8
Cook Islands	5
Niue	4
Tokelau	1
총계	1,450

연 도	2005	2006	2007	2008	2009	2010
총 학생 수(명)	20,964	21,066	19,992	19,146	18,662	20,437
상근상당 학생 수(명)	11,195	11,398	10,891	10,463	10,245	10,672
졸업생	1,768	2,087	2,250	2,444	2,502	NA

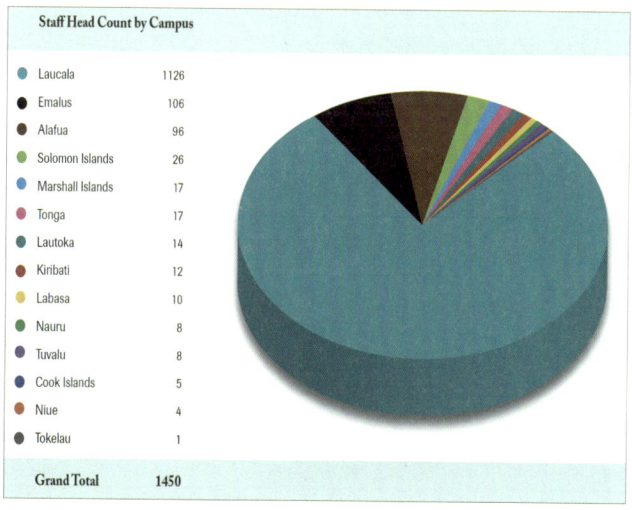

2010년 기준 직원(명)	
시간제 직원(hourly paid)	367
중하급 직원(Intermediate & junior)	540
상급 직원(Senior)	543
총 계	1,450

- 연간 총 예산은 2010년 기준 1억3,900만 피지달러(약 7,500만 미국달러/ 약 856억원)임.

2010년 기준 예산 수입 및 지출(F$)(총자산 246,132,791) (F$ 1 = K₩ 616, K₩ 1,000 = F$ 1.62) (F$ 1 = U$ 0.53, U$ 1.00 = F$ 1.85)			
정부기금 (Government grants)	48,924,962	급여 (staff costs)	64,604,367
등록금 (Tuition fees)	33,472,981	일반운용비용 (operating costs)	57,906,853
개발지원 (Development Assistance)	27,540,216	가치하락/절하 (depreciation)	5,732,796
무역활동 (Trading activities)	14,863,350	의심스러운 부채를 위한 지불 (provision for doubtful debts)	4,027,298
자문수입 (Consultancy income)	924,726	write down in value of inventories	383,691
기타 수입 (Other income)	7,629,718	환전차액 (foreign currency loss)	1,694,012
이월수입원 (Release of deferred revenue)	3,922,051	기타 재무적 차용에 따른 이자 (interest on finance lease)	–
이자수입 (Interest income)	1,848,629		
총 계	139,126,633	총 계	134,349,017

2009년, 2010년 기준 기타 외부 지원액 (F$)		
구 분	2009	2010
호주		
정기지원	4,340,566	5,113,087
프로젝트지원	5,087,488	8,683,812
뉴질랜드		
정기지원	3,129,789	5,648,669
프로젝트 지원	1,841,109	980,463
유럽연합 지원	2,607,265	1,638,092
IAS(institute of applied science) 및 기타 기관 프로젝트	2,260,579	1,975,798
유엔	633,688	(592,519)
기타	2,177,227	4,092,814
총 계	22,077,711	27,540,216

2009년, 2010년기준 각 참여 정부별 지원액 (F$)

	2009	2010
Cook Islands	361,112	353,890
Fiji	38,364,492	37,597,202
Kiribati	1,436,131	1,407,408
Marshall Islands	166,411	163,083
Nauru	103,175	101,112
Niue	93,190	91,327
Samoa – Alafua	1,694,068	1,660187
Solomon Islands	3,885,708	3,807,994
Tokelau	23,298	22,832
Tonga	1,149,903	1,126,905
Tuvalu	522,532	512,081
Vanuatu – Emalus	2,123,410	2,080,941
총 계	49,923,430	48,924,962

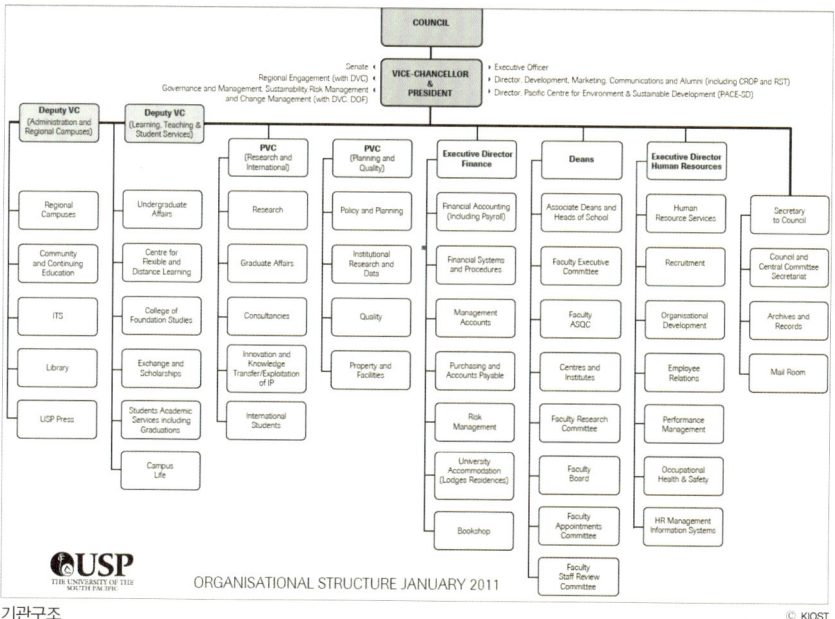

기관구조

- 공공대학(public university)으로서 오세아니아 태평양 지역에 위치한 도서지역에 캠퍼스들을 두고 있으며 태평양 문화와 환경에 대해 배우고 연구하는 국제적 센터라고도 할 수 있음.
- 수업 및 프로그램은 다음과 같음.

Arts and Law	Business and Economics	Science, Technology and Environment	Other Disciplines (기타 분야)
Pacific Studies Education Food & Textiles Library/Information Studies History Journalism Law Literature & Language Media Studies Pacific Policing Psychology Sociology Social Work Theatre Arts Technology Education Youth Development	Accounting Agriculture Banking Business Studies Development Studies and Governance Economics Finance Master of Business Administration Management & Public Administration Politics Population & Demography Official Statistics Tourism	Biology Chemistry Interdisciplinary (CIMS) Computing Science Electrical & Electronics Engineering Engineering Technology Earth Science Geography Geomatics Geospatial Science Information Systems Land Use Planning Marine Studies Mathematics Mechanical & Manufacturing Engineering Physics Real Estate Statistics	Continuing & Community Education English Language Interdisciplinary/Generic (University) Pre-Degree

- 학사학위 내용

프로그램	School
Bachelor of Agriculture	School of Agriculture & Food Technology
Bachelor of Arts	Faculty of Arts & Law
BA in Environmental Studies	Faculty of Science, Technology & Environment
BA in Tourism & Hospitality	School of Tourism & Hospitality Management
Bachelor of Commerce	Faculty of Business & Economics
BCom in Business Studies	Faculty of Business & Economics
BCom in Public Sector Management	Faculty of Business & Economics
BCom in Professional Accounting	Faculty of Business & Economics
BCom in Hotel Management	Faculty of Business & Economics
Bachelor of Education	School of Education
Early Childhood	School of Education
Primary	School of Education

Secondary	School of Education
Special Education	School of Education
Bachelor of Engineering Technology	School of Engineering and Physics
Bachelor of Laws	School of Law
Bachelor of Science	Faculty of Science, Technology & Environment
BSc in Environmental Science	Faculty of Science, Technology & Environment
BSc in Marine Science	School of Marine Studies
BSc in Sports Science	Faculty of Science, Technology & Environment
Combined Programmes	
BA/LLB	Faculty of Arts & Law
BCom/LLB	Faculty of Arts & Law
BA/GCED	Faculty of Arts & Law
BSc/GCED	Faculty of Arts & Law

• 석사학위 내용

프로그램		School
Master of Agriculture		School of Agriculture & Food Technology
Master of Arts		Faculty of Arts & Law and Faculty of Science, Technology & Environment
Master of Business Administration		Graduate School of Business
Master of Commerce		Faculty of Business and Economics
Master of Computing & Information Systems		School of Computing, Info. & Mathematical Sciences
Master of Education		School of Education
Master of Information Systems		School of Computing, Info. & Mathematical Sciences
Master of Environmental Law		School of Law
Master of Laws		School of Law
Master of Science		Faculty of Science & Technology
	Agriculture	School of Agriculture & Food Technology
	Biology	School of biological & Chemical Sciences
	Chemistry	School of biological & Chemical Sciences
	Computing Science	School of computing, info & mathematical sciences
	Earth Science	School of biological & Chemical Sciences
	Engineering	School of Engineering & Physics
	Environmental Science	School of biological & Chemical Sciences

Information Systems	School of computing, info & mathematical sciences
Marine Science	School of Islands & Oceans
Mathmatics	School of computing, info & mathematical sciences
Physics	School of engineering & physics

- 박사학위 내용

  모든 학부에서 박사학위가 가능함.

USP의 최근 주요 현황
- 2011년 11월 3~4일까지 새로 건축된 Japan-Pacific ICT Centre에서 제73차 USP위원회 회의가 개최되었는데, 양자 간 협력활동의 사례로 일본이 지어 준 Japan-Pacific ICT Centre와 한국 정부의 재생에너지 지원을 들었음.
- USP와 태평양공동체사무국(SPC) 간의 양해각서(MOU)가 체결되었는데 두 기관 간의 공통된 도서국 12개 국가들에게 상호 이익이 미칠 수 있는 활동협력 양해각서라고 할 수 있음. 두 기관의 공통된 분야는 정보통신기술, 재생에너지 및 에너지효율성, 기후변화 및 기후 관련 재해감소활동, 해양 및 연안 자원관리, 환경쓰레기 및 수계오염, 문화 및 예술, 교육, 개발, 거버넌스 및 지도력 등의 7개 분야를 들 수 있음. 특히 관심을 가지고 있는 부분은 Regional Framework on Technical and vocational Education and Training (TVET, 직업훈련교육)와 Regional Framework on ICT in Education(정보통신기술교육) 부분임.
- 일본은 새로 건축한 Japan-Pacific ICE Centre의 기술을 활용하여 일본 JICA, 일본항공탐사국(JAXA : Japan Aerospace Exploraiton Agency) 그리고 일본해외협력지원활동 (JOCV : Japan Overseas Cooperation Volunteers)와 협력하여 현재 국제우주스테이션 (ISS : International Space Statio)에 거주하고 있는 일본 우주인인 Dr. Satoshi Furukawa 와 USP 학생/ SUVA Sangam College 학생들과의 우주교육 세션을 운영함. 이번 세션은 새로 건축된 Japan-Pacific ICT Centre, USPNet 업그레이드, 그리고 USP-JICA ICT for Human Development and Human Securitiy 기술협력 프로젝트에 대한 지원금 8,000만 피지달러로 진행되고 있는 사업 중 하나임. USP 부총장 등은 일본과의 협력을

통해서 무엇이 가능한지를 보여 준 좋은 사례라고 하였으며, Dr. Furukawa의 성공담이 학생들에게 좋은 영감이 되었다고 함. 이번 JICA가 수행한 ISS와의 통신활동은 처음 수행하는 것으로 피지의 USP가 그 대상으로 선택됨.

- 호주지원금(AusAID) 80만 피지달러와 USP 기금 367만 피지달러를 투자하여 USP 대학 최첨단 기숙사를 건축하여 2011월11월24일에 공식개소식을 가짐. 약 144명의 학생이 거주할 수 있음.
- JAPAN-Pacific ICT Centre 및 Multi purpose Lecture Theatre
  일본이 피지 정부 간의 협력사업의 하나로 수바에 위치한 USP 라우칼라(Laucala) 캠퍼스에 Japan-Pacific ICT Centre(2개 빌딩)와 Multi-purpose Lecture Theatre 빌딩을 건축하여 USP에 인도함. 일본이 여기에 투자한 비용은 총 2,150만 미국달러(약 258억원)로서 2003년도에 협의가 진행되어 최근에 완료된 것임. 일본의 JICA는 이 두 시설을 한 활용하기 위하여 3년간 일본기술협력을 지원하고 있는데 Japanese Technical Cooperation for the ICT for Human Development and Human Security라는 명칭으로 진행됨. 이를 통해 USPNet의 최적화 운용, 교육훈련, 원거리 교육의 전문성 지원, 새로운 학사학위인 컴퓨터과학 및 정보시스템에 대한 2개의 프로그램 수업을 디자인하는 데 총괄적으로 지원함. 일본의 이번 정보기술(시설건축 및 인적지원) 지원을 피지 정부가 12개의 USP 소유국을 대표해서 1999년도에 요청하여 시작됨.

1. JAPAN-Pacific ICT Centre

JAPAN-Pacific ICT Centre는 22억 엔(2,900만 피지달러)을 지원하여 최첨단 다목적 활용 정보통신기술(Information and Communication Technologies) 강의빌딩을 건축하여 USP에 이양함. 2009년 10월에 일본 해외지원기관인 Japan International Cooperation Agency(JICA)와 USP 간의 "ICT for Human Development and Human Security

Project"를 공식적으로 서명하면서 인도절차를 시작하였으며, 2010년 4월에 USP에 넘겨졌고 2010년 7월6일에 공식적으로 문을 열었다. 이 빌딩은 일본과 USP의 강력한 관계의 결과이며 일본과 USP 간의 관계를 더더욱 강력하게 할 것이라고 함.

이 빌딩은 IT 서비스, 수학, 컴퓨터과학, 정보시스템공학 분야 등에 종사하는 ICT 직원, Pacific Computer Emergency Response Team(PacCERT), Pacific Islands Regional Resource Centre(PRRC), 그리고 태평양 도서통신위원회(PITA : Pacific Islands Telecommunications Associaton) 등의 직원들에게도 공간을 제공함. 또한 ICT 관련 실업가들이 ICT 사업을 시작할 수 있도록 ICT 인큐베이터 공간을 제공함. ICT 센터 빌딩은 총 360대의 컴퓨터와 20대의 고성능 서버와 기타 ICT 관련 공학수업을 위한 장비들 그리고 최첨단 비디오 및 오디오 회의를 위한 ICT 장비들을 보유하고 있음.

특히 USP 총장은 일본과의 가장 우호적이고 활발한 협력 분야를 해양연구(Marine Studies), 정보통신기술(ICT), 원거리 교육(Distance and Flexible Learning) 분야라고 말하면서 최근에 수행되었던 Lower Campus에 건축된 Marine Studies Complex, USPNet Enhancement, ICT Human Capacity 프로젝트 등을 예로 들었음.

ICT 센터는 2개의 빌딩으로 구성되어 있으며 컴퓨터 실험실, 회의실들, 특수 장비들이 갖추어진 시설을 보유하고 있음.

2. Multi-purpose Lecture Theatre

Multi-purpose Lecture Theatre는 일본의 USP 신축건물사업의 2단계 사업으로 8억 5,700엔의 지원을 통해 ICT Centre에 추가하여 건축되었으며, 2011년 10월 12일에 USP로 이양함. 이 '대강당'은 약 300명이 들어갈 수 있으며 무대장비가 잘 갖추어진 시설임.

주요 캠퍼스 위치

① Alafua Campus

The Campus Director, University of the South Pacific, Private Bag, Apia, Samoa.
Tel : (685)21671
Fax : (685)22933
Email : enquiries@samoa.usp.ac.fj
Website : http://www.usp.ac.fj/alafua

현황 : 사모아의 주요 섬인 우폴루 섬(Upolu Island)에 있으며 사모아 수도인 아피아(Apia)에서 5km 남서쪽에 위치해 있음. 1960년에 뉴질랜드의 지원을 통해 콜롬보 계획(Colombo Plan)에 따라 열대농업대학(South Pacific Regional College of Tropical Agriculture)으로 설립되었으나 1977년에 USP에 캠퍼스를 임대하면서 USP 캠퍼스 중 하나가 됨. 농업 분야를 전담하고 있음. 도서관, ITS를 보유하고 있음.

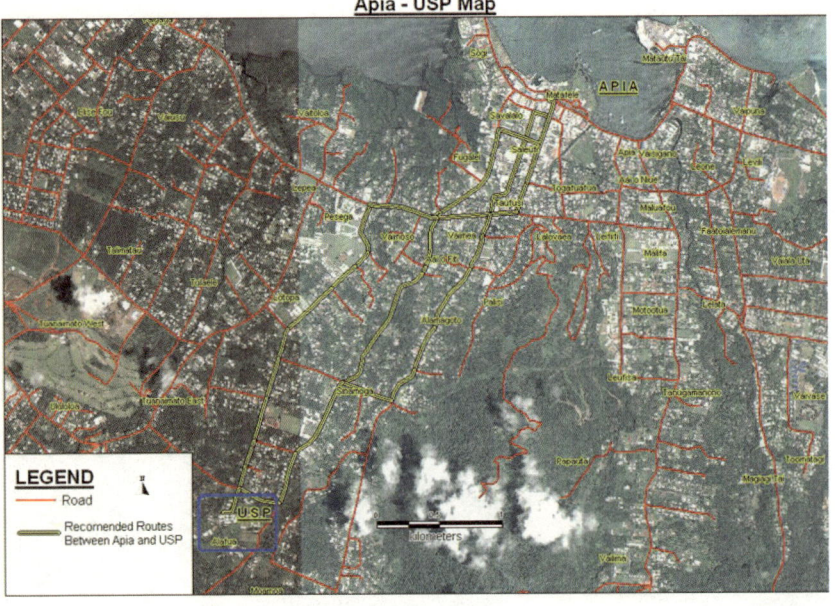

피지

② Emalus Campus

The Senior Assistant, Registrar,
The University of the South Pacific, Private Mail Bag 9072, Port Vila, Vanuatu.
Tel : (678)22748
Fax : (678)22633
Email : kausiama_a@vanuatu.usp.ac.fj
Website : http://www.vanuatu.usp.ac.fj/

현황 : 바누아투의 수도인 포트빌라(Port-Vila)의 외곽에 위치해 있으며 Erakor 부족이 소유하고 있는 부지에 설치되어 있음. 'Emalus'는 비가 항상 오는 곳(the place where it always rains)이란 뜻임. 약 700~1,000명의 학생이 있으며 먼 섬에 거주하는 학생을 위한 시청각 위성기술을 통한 교육도 수행하고 있음. 특히 법, 태평양 방언, 조기교육 등 USP의 3개 프로그램이 이 캠퍼스에서 교육되고 있음. 이 외에도 평생교육 프로그램 및 지역사회 교육으로서 영어, 컴퓨터 및 정보기술 관련 수업도 진행하고 있음. USP는 바누아투에서 포트빌라 외에 산토(Santo), 타페아(Tafea) 그리고 암바에(Ambae)지역에도 브랜치 센터를 운영하고 있음. USP 바누아투 캠퍼스의 주요 교육 프로그램은 School of Law이며, 12명의 교수와 200명의 학생이 있음. 도서관(Emalus Campus Library), IT 서비스부 등 다양한 지원서비스도 있음. USP의 법률도서관도 에말루스(Emalus) 캠퍼스에 있으며 book shop도 있음. 대부분의 법대 학생들은 기숙사에서 거주하고 있음. 특히 USP의 법대는 이 지역을 지배한 호주, 뉴질랜드, 영국 그리고 프랑스법에 대한 이해를 우선적으로 하고 있음. 태평양의 20개 도서국의 법률 관련 자료도 인터넷(http://www.paclii.org/)을 통해 제공하고 있음.

피지

③ Laucala Campus(Main Campus)

Student Academic Services, The University of the South Pacific, Suva, Fiji Islands.
Tel : (679)323-1444
Fax : (679)323-1516
Email : helpdesk@student.usp.ac.fj
Website : http://www.usp.ac.fj/

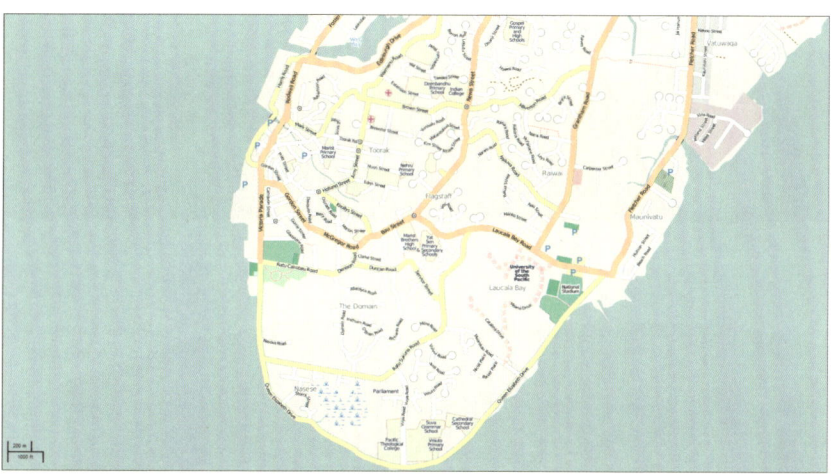

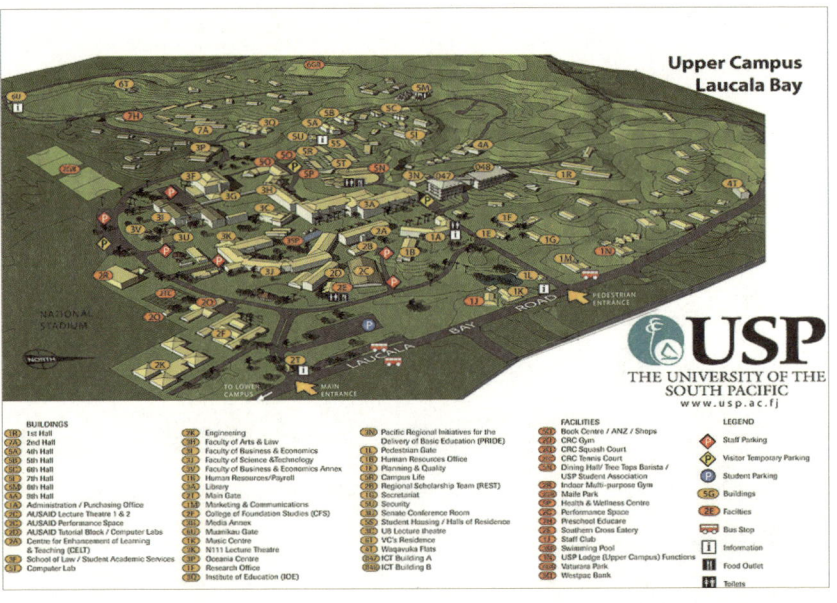

피지

USP 지역협력 캠퍼스(USP regional campuses)

① USP Cook Islands Campus

PO Box 130, Rarotonga, Cook Islands.
Tel : (682) 29415
Fax : (682) 21315
Email : dixon_r@usp.ac.fj
Website : http://www.usp.ac.fj/index.php?id=3645

② USP Labasa Campus

Private Mail Bag, Labasa, Fiji.
(Island of Vanua Levu)
Tel : (679) 881-7707
Fax : (679) 881-5570
Email : bogitini_s@usp.ac.fj
Website : http://www.usp.ac.fj/?3428

③ USP Lautoka Campus

USP Lautoka Campus
Private Mail Bag, Lautoka, Fiji.
Tel : (679) 666-6800
Fax : (679) 666-7133
Email :devi_p@usp.ac.fj
Website : http://www.usp.ac.fj/index.php?id=ltkahome

④ USP Kiribati Campus

PO Box 59, Bairiki, Tarawa, Kiribati.
Tel : (686) 21085
Fax : (686) 21419
Email :mackenzie_u@usp.ac.fj
Website : http://www.usp.ac.fj/index.php?id=3646
http://www.usp.ac.fj/index.php?id=3646

⑤ USP Marshall Islands Campus

PO Box 3537, Majuro, Marshall Islands.
Tel : (692) 625-7279
Fax : (692) 625-7282
Email :taafaki_i@usp.ac.fj
Website: http://www.usp.ac.fj/index.php?id=marshall_centre

⑥ USP Nauru Campus

Private Bag, Post Office. Republic of Nauru.
Tel : (674) 444-3774
Fax : (674) 444-3774
Email : lauti_a@usp.ac.fj
Website: http://www.usp.ac.fj/index.php?id=usp_
nauru_home

⑦ USP Niue Campus

PO Box 31, Alofi, Niue.
Tel : (683) 4356
Fax : (683) 4315
Email : talagi_ma@usp.ac.fj
Website : http://www.usp.ac.fj/index.php?id=3650

⑧ USP Solomon Islands Campus

PO Box 460, Honiara, Solomon Islands.
Tel : (677) 21307/21308
Fax : (677) 24024
Email : usuramo_j@usp.ac.fj
Website : http://www.usp.ac.fj/index.php?id=3649(in construction)

⑨ USP Tokelau Campus(Samoa)

c/- Student Academic Services,
Alafua Campus, Samoa.

Tel : (690) 2178
Fax : (690) 2177
Email : kirifi_t@usp.ac.fj
Website : http://www.usp.ac.fj/index.php?id=3648(in constructuion)

⑩ USP Tonga Campus

PO Box 278, Nuku'alofa, Tonga
Tel : (676) 29055/29240
Fax : (676) 29249
Email : koloto_a@usp.ac.fj
Website : http://www.usp.ac.fj/index.php?id=usp_
　　　　　tonga_campus

⑪ USP Tuvalu Campus

PO Box 21, Funafuti, Tuvalu.
Tel : (688) 20811
Fax : (688) 20704
Email : manuella_d@usp.ac.fj
Website : http://www.usp.ac.fj/index.php?id=3647(in construction)

해양 관련 프로그램

- USP의 해양 관련 대부분의 수업 등은 USP의 피지 메인 캠퍼스인 라우칼라 캠퍼스(Laucala Campus)에서 진행되는데, Faculty of Science, Tech & Environment에서 School of Marine Studies에서 진행됨.
- School of Marine Studies 내에는 Institute of Marine Resources (IMR)가 라우칼라 캠퍼스에 위치해 있음. IMR은 양식, 해양자원평가, 해양조사, 산호초 모니터링, 데이터 정보관리 및 유지, 양식 및 수산업에 대한 사회경제학적 과학 및 기술적 역량을 제공하고 역량구축을 수행함. 현재는 양식활동과 산호초 모니터링, 해양생물종 다양성 평가 부분에 많은 관심을 두고 있음. IMR은 현재 지구적 산호초 모니터링 네트워크(GCRMN : Global Coral Reef Monitoring Network)의 서남태평양 노드로서 역할을 수행함. 현재는 열대해양환경과 연안수산업 및 양식 수업 2개를 호주의 맥쿼리(Macquarie) 대학과 미국의 위스콘신 대학을 통해 조정하고 있음. IMR은 Division of Marine Studies와 협력하여 수업, 프로젝트 등을 수행하고 있는데, 장소는 Marine Studies Centre 옆에 위치해

있음. 이 장소는 일본 정부가 1998년에 건축해 준 것으로 USP 과학자들이 해양 관련 연구 및 활동을 가능하게 한 우수한 시설임.
- 그 외에도 Institute of Applied Sciences(IAS) 내에는 Marine Natural Products Unit 및 Environmental Unit이 있는데(그 외에도 Food Unit, Herbarium Unit, Analytical Unit도 있음), Environment Unit 내에서는 통합연안관리 (ICM)를 수행함. Analytical Unit(http://ias.fste.usp.ac.fj/index.php?id=2783)은 다양한 분석활동을 수행하는데, 수은 및 포함한 미량금속 분석 등 화학적 분석에서부터 미생물학적 분석을 수행함. 물 분석, 식품·사료·식물 분석, 퇴적물·토지, 기타 등 총 약 120여 가지를 분석함. Quality Control Unit은 Analytical Unit의 품질을 유지할 수 있도록 하는 부서라고 할 수 있음.
- Marine Natural Products Unit은 Drug Discovery Unit (http://ias.fste.usp.ac.fj/index.php?id=2781)이라고도 함. 주요 외부 협력자로는 미국, 뉴질랜드, 스페인, 영국, 뉴칼레도니아, 일본 등인데 일본의 경우에는 일본 Showa Pharmaceutical Institute of Science에서 2003년부터 협력하여 항당뇨, 항말레리아, 피지식물 분석 등에 대해서 협력하고 있음.
- School of Islands and Oceans 학과 (http://www.usp.ac.fj/index.php?id=2615)도 있는데, 2005년에 새롭게 만들어진 세계에서 하나뿐인 태평양통합학과라고도 할 수 있는 학부임. 태평양환경 연구를 위한 학제 간 융합학과라고 할 수 있음. 특히 농업 및 식품기술학과, 해양연구학과, 지리학과의 영향이 크다고 할 수 있음. 대부분은 라우칼라 (Laucala) 캠퍼스에서 이루어짐. 이 학과의 비전은 태평양 도서, 해양, 인적자원개발 및 지속적 관리의 우수전문기관으로 성장하는 것으로, 태평양 도서사회에 필요한 것들을 만족시켜 줄 수 있도록 하는 것임.

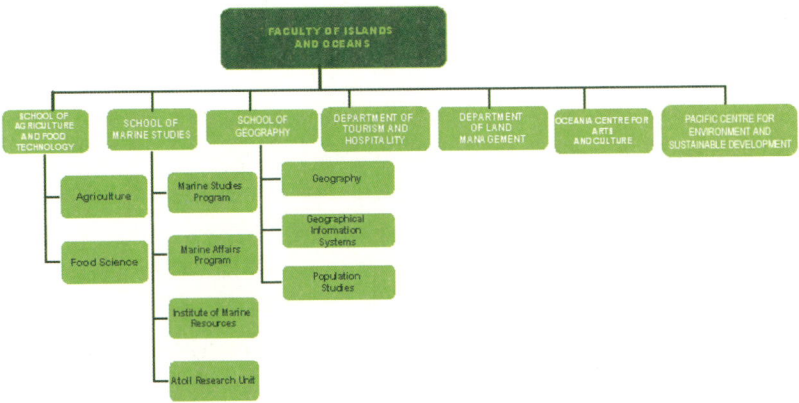

연구 및 제공 서비스 활동은 네가지 분야에서 이루어짐.

도서 및 해양의 통합자원관리	태평양 사회를 위한 보전 및 개발	기후변화와 변동	생명공학 및 식량안보
a. Atoll and Small Island Sustainability 1. Sustainable development of atolls and small islands(SMS) 2. Agriculture(GEO, Alafua) 3. Tarawa Lagoon Project (IMR) 4. Kiribati inventory(SMS) b. Policy 1. Oceans governance (SMS) 2. Ecotourism and indigenous participation (DTH) c. Coral Reef Research 1. Coral reef ecology, issues and management(SMS) 2. Marine Protected Area Effectiveness(IAS, IMR, SMS) 3. Regional Coral Reef Monitoring Network(IMR) d. Coastal Management 1. Sediments and rivers (GEO) 2. Coastal processes (SMS, IAS) 3. Coastal/inshore inventories(SMS) 4. Integrated planning (IAS, SMS) e. Tools/Other Topics 1. Early human–environment relationships (GEO) 2. Mapping and Sensing (GEO) 3. Waste Management (PACE, IAS) 4. Sustainable tourism (DTH) 5. Vermicomposting (PACE, LM)	1. Geospatial Info Systems (GEO) 2. Population Issues(GEO) 3. Gender Issues(GEO, SMS) 4. Participatory Research in Tourism(DTH) 5. Community–based Adaptive Management (IAS) 6. Indigenous business'd evelopment in tourism (DTH) 7. Information Services for Agriculture(IRETA) Organic Farming (IRETA) 8. Ethnobotany(GEO) Ecotourism(DTH) 9. Marine resource economics(SMS) 10. Maritime Law(SMS) 11. Locally–Managed Marine Areas(IAS, SMS) 12. Taxonomy(IAS, SMS) 13. Invasive Species(IAS) 14. Marine Turtle Conservation(IMR) 15. Sustainable Fisheries Management(IMR, SMS) 16. Sustainable aquaculture (IMR, SMS) 17. Maritime transport(SMS)	a. Climate change 1. Impacts, sectoral assesment, monitoring and models, adaptation, policy(PACE–SD) 2. Climate and extreme events(PACE, GEO) 3. Oceanography(SMS) 4. Ocean temperature and coral bleaching(SMS) 5. Sea–level Change, VuInerability and Variability(GEO) 6. Tourism impacts(DTH, SMS) 7. Coastline Changes (GEO, IAS, SMS) b. Energy 1. Climate change effects, clean energy(PACE) 2. "Food miles" in tourism (DTH) 3. solar power, desalination(LM)	1. Food safety in T/H(DTH) 2. SMEs in T/H(DTH) Food processing(IRETA, IAS) 3. Postharvest fisheries, marine products(SMS) 4. Natural products(IAS) 5. Ethanol from sugar cane (LM, IAS) 6. Ciguatera Fish Poisoning(IMR, IAS) 7. Food systems(GEO) 8. Indigenous business development in tourism (DTH) 9. Information Services for Agriculture(IRETA) 10. Organic Farming(IRETA)

2. 피지국립대학(Fiji National University(FNU))

- 설립연도 : 2010년
- 설립배경 : 피지의 첫 국립대학

  FNU는 2010년 6개의 고등교육 공공기관(state-funded tertiary)을 합쳐서 만듦.(Fiji Institute of Technology, Fiji School of Medicine, Fiji School of Nursing, Fiji College of Advanced Education, Llautoka Teachers College, Fiji College Agriculture). 1년 후에는 Training and Productivity Authority of Fiji도 합해지면서 National Training and Productivity Centre로 재명되고, 1600명의 직원이 활동하는 피지에서 가장 큰 대학이 됨. 특히 실질적인 기술적 및 직업훈련에 중점을 두고 있음.

- 캠퍼스 장소
  - College of Agriculture, Fisheries and Forestry : Koronivia
  - College of Engineering, Science and Technology : Samabula Campus
  - College of Medicine, Nursing and Health Science : Hoodless House Campus(Suva), Pasiifika Campus
  - College of Business, Hospitality and Tourism Studies : Nasinu central campus
  - College of Humanities and Education : Nasinu Campus, Teacher training campus at Lautoka
  - School of social Science : Raiwai Campus
  - School of communication and Creative Arts : Raiwai Campus

Head Office	
Nasinu Campus Phone : (679) 339-4000 Fax : (679) 3370-915 Postal Address : PO Box 7222, Nasinu, Fiji.	Student Academic Services Phone : (679) 3394000 Ext 272 / 3393241 Email : enquiry.academic@fnu.ac.fj
Campus Locations	
College of Medicine, Nursing & Health Sciences	College of Engineering, Science & Technology
Head Office : Brown Street, Suva Postal Address : PO Box 7222, Nasinu, Fiji. Phone : (679) 331-1700 Fax : (679) 330-3469 Email : enquiry-medicine@fnu.ac.fj enquiry-nursing@fnu.ac.fj	Head Office : Samabula, Suva. Postal Address : PO Box 7222, Nasinu, Fiji. Phone : (679) 338-1044 Fax : (679) 337-0375 Email : enquiry-science@fnu.ac.fj enquiry-engineering@fnu.ac.fj
College of Agriculture, Fisheries & Forestry	College of Business, Hospitality & Tourism Studies
Head Office : Koronivia, Nausori. Postal Address : PO Box 7222, Nasinu, Fiji. Phone : (679) 347-9200 Fax : (679) 340-0275 Email : enquiry-forestry@fnu.ac.fj enquiry-fisheries@fnu.ac.fj enquiry-agriculture@fnu.ac.fj	Head Office : Samabula, Suva Postal Address : PO Box 7222, Nasinu, Fiji. Phone : (679) 338-1044 Fax : (679) 337-0375 Email : enquiry-business@fnu.ac.fj enquiry-toursim@fnu.ac.fj
College of Humanities & Education	
Head Office : Nasinu Postal Address : PO Box 7222, Nasinu, Fiji. Phone : (679) 339-3177 Fax : (679) 334-0210 Email : enquiry-che@fnu.ac.fj	

• 시설위치

Samabula Campus
Address : Samabula, Suva. Postal Address : P O Box 7222, Nasinu, Fiji. Phone : (679) 338-1044 Fax : (679) 337-0375

Ba Campus
Address : Natuyabia Road, Ba. Postal Address : P O Box 737, Ba, Fiji. Phone : (679) 667-4699 Fax : (679) 667-1347 Email : coordinatorba@fnu.ac.fj

Raiwai Campus
Address : Carpenter Street, Raiwai. Postal Address : P O Box 7222, Nasinu, Fiji. Phone : (679) 338-7980 Fax : (679) 338-7946 Email : enquiry-che@fnu.ac.fj

Lautoka Campus
Address : Natabua, Lautoka. Postal Address : P O Box 5529, Lautoka, Fiji. Phone : (679) 666-7533/ 666-2833 Fax : (679) 666-6937 Email : coordinatorlautoka@fnu.ac.fj

Nadi Campus
Address : Queens Road, Namaka. Postal Address : Private Mail Bag, Namaka, Nadi Airport. Phone : (679) 672-4889 Fax : (679) 338-7946 Email : coordinatornadi@fnu.ac.fj

Labasa Campus
Address : Sangam Avenue, Labasa. Postal Address : P O Box 1309, Labasa, Fiji. Phone : (679) 881-4111 Fax : (679) 881-4648 Email : coordinatorlabasa@fnu.ac.fj

Public Health and Primary Care
dress : Princess RD, Tamavua, Suva. Postal Address : P O Box 7222, Suva, Fiji. Phone : (679) 323-3221 Fax : (679) 332-1107

Hoodless House
Address : Brown St, Suva. Postal Address : P O Box 7222, Suva, Fiji. Phone : (679) 323-3200 Fax : (679) 330-7581 Email : enquiry-medicine@fnu.ac.fj

Pasifika Campus
Address : Extention Street, Suva. Postal Address : P O Box 7222, Suva, Fiji. Phone : (679) 323-3036 Fax : (679) 323-3036 Email : enquiry-medicine@fnu.ac.fj

School of Nursing
Address : Brown St, Suva. Postal Address : P O Box 7222, Suva, Fiji. Phone : (679) 332-1499 Fax : (679) 332-1013 Email : enquiry-nursing@fnu.ac.fj

Sigatoka Centre
Address : Main Street, Sigatoka. Postal Address : P O Box 7222, Suva, Fiji. Phone : (679) 650-0042 Fax : (679) 332-1107

Rakiraki Centre
Address : Kalawati Building, Rakiraki. Postal Address : P O Box 7222, Suva, Fiji. Phone : (679) 669-4009 Fax : (679) 669-4008

- National Training and Productivity Centre

Director NTPC : Mr. Kamelesh Prakash	Director TVET : Mr. Jone Usamate
Phone : (679) 334-9305 Email : dntpc@fnu.ac.fj	Phone : (679) 334-9300 Email : dtvet@fnu.ac.fj
Headquarters	Nabua Centre
Address : Lot 1, Beaumont Road, Narere, Nasinu. Postal Address : PO Box 6890, Nasinu, Fiji. Phone : (679) 339-2000 Fax : (679) 334-0184	Address : Jerusalem Road, Nabua. Postal Address : GPO Box 15676, Suva, Fiji. Phone : (679) 338-4777 Fax : (679) 337-0446
Suva Centre	Namaka Centre
Address : 11 Cumming St, Suva, Fiji. Postal Address : P O Box 7222, Suva, Fiji. Phone : (679) 330-6377 Fax : (679) 330-6340	Address : Queens Road, Namaka. Postal Address : Private Mail Bag, Nadi Airport, Fiji. Phone : (679) 672-5730 Fax : (679) 672-5722
Lautoka Centre	
Address : Off Naceva St, Lautoka. Postal Address : Private Mail Bag, Lautoka, Fiji. Phone : (679) 666-7000 Fax : (679) 664 0436	

- 해양 관련 프로그램은 3개 정도를 들 수 있음.
  - 수산업 분야 : College of Agriculture, Fisheries & Forestry에 Fisheries 분야가 있음. 수산 관련 사업을 살 수 있도록 교육훈련함(2년제).
  - 해사 분야 : College of Engineering, Science and Technology의 School of Maritime Studies 부분으로, 항해사, 선박공학사, 선원 등과 관련한 교육훈련을 함(프로그램).
  - 응용과학 분야 : College of Engineering, Science and Technology의 School of Applied Science 부분에 4년제 졸업을 위한 프로그램으로 환경과학 프로그램(Bachelor of applied Science in Environmental Science) 을 운용함. 이 프로그램을 수료하기 위해 택해야 하는 수업 중에는 해양 관련 영역이 포함되어 있음(해양생물학, 해양생태학, 연안관리 등).

3. 피지대학(The University of Fiji(http://www.unifiji.ac.fj/))
주요 내용
- 설립연도 : 2004
- 설립배경 : Unifiji는 Arya Pratinidhi Sabha(교육에 중점을 둔 힌두 종교기관)가 고등교육을 제공하기 위해 설립한 사립대학으로 피지 정부로부터 인정을 받음. 호주의 캔버라 대학, 인디라 간디 국립개방대학(Indira Gandhi National Open University)등과 협력 교육도 수행하고 있음. 또한 Unifiji 설립시 Fiji Institute of Applied Studies와도 협력함. 2006년 피지의 Native Lands Trust Board가 99년 기간으로 5ha 부지를 10만 피지 달러에 임대하였고 Unifiji는 매년 대상부지 소유자의 자녀 2명에게 장학금을 주기로 함. 2008년에 첫 졸업자를 배출함. Unifiji의 총장은 피지 대통령이기도 함. 이 대학의 필수의무는 기초교육 수업은 피지언어와 힌디어로 들어야 하는 것임.
- 장소 : Saweni, Fiji
- 부여학과 : 회계, 경제, 경영, 컴퓨터과학, 정보기술, 수학, 언어, 문학, 피지 언어와 문화, 의학, 법, 힌디어와 문화임.

별첨 4. 피지 방문정보 및 주의사항[187)

치안	• 피지는 2006년 12월 군부에 의한 쿠데타 발생 이후 현재까지 민정으로 이양하기 위한 선거가 실시되지 않은 채 잠정정부 체제로 운영되고 있음. 또한 2009년 4월부터는 공공비상조치(Public Emergency Regulations)가 발령되어 언론, 집회·결사의 자유 등이 제한되고 있음. 이러한 정치 불안에도 불구하고, 현재까지 특별한 테러, 인질, 소요사태 등은 발생하지 않았으며, 시민의 일상생활은 큰 변화 없이 평온한 편. 단, 향후 정세 변화로 인해 불안 요소가 발생할 가능성을 배제할 수 없으므로 항시 유의하고 관련 동향에 관심을 갖는 것이 좋음. • 최근 범죄 발생 건수 및 강력범죄가 대체로 증가하는 경향을 보임. 금품 등을 노린 생계형 범죄 및 우발적 범죄의 비율이 높은 편이나, 우리나라 국민을 포함한 외국인을 노려 계획된 범죄도 많이 발생하고 있음. 또한 이러한 범죄 발생 시 범죄 피해자가 신고하여도 현지 경찰 인력 및 장비 부족 등으로 즉시 출동하지 않거나, 범인의 검거 및 처벌, 보상 등과 같은 피해 구제가 지연되는 경우도 많으므로 범죄의 대상이 되지 않도록 예방하는 것이 최선임. • 피지를 방문하는 경우 특히 다음 사항에 유의할 것 　- 절도, 강도, 주택침입이 빈번하게 발생하므로, 높은 담장, 자동출입문, 경비원, 경보장치, 문과 창문의 창살 설치 등 보안기준을 충족하는 주거를 안전한 지역에 마련하고, 야간은 물론 주간에도 항상 문단속을 철저히 하여야 함. 　- 일몰 후에는 외출을 삼가고, 일출 후에도 위험한 지역은 도보로 다니지 말 것. 길거리에서 폭행을 당하고 금품을 빼앗기는 사례가 빈번함. 또한 시내 등지에서 카메라 등 귀중품을 소지하고 다니면 쉽게 눈에 띄어 범죄의 표적이 될 수 있음. 　- 차량 안에는 가방 등의 물건을 두고 내리지 말고, 트렁크 속에 보관하는 것이 좋음. 차량 유리를 깨고 물건이나 카스테레오 등의 부품을 가져가는 경우가 있음. 　- 항공편으로 수하물을 부칠 경우에도 트렁크의 자물쇠를 잠그거나, 귀중품은 별도로 핸드캐리하는 것이 좋음.
교통사고	• 피지에서 항공, 선박, 차량 등 모든 교통수단을 이용할 경우 신뢰 있는 회사를 선택하고, 악천후 시에는 이용을 자제하는 등 안전 사고 위험에 항상 주의를 기울일 필요가 있음. 2008년 피지를 방문한 우리나라 관광객들이 여행사에서 준비한 차량을 타고 내륙으로 이동하던 중 급경사에서 교통사고가 발생하여 3명이 사망하고 3명이 중상을 입는 사고가 발생했음. 이곳은 노후한 차량이 많고 도로가 정비되지 않은 곳도 많으므로 차량의 안전성, 차량 운행 시 안전기준 준수 여부, 이동 경로의 안전성 등을 꼭 확인 해야 함. • 난디 국제공항과 수바 간 도로에는 가로등이 전혀 없으므로 야간 이동을 피해야 함. 또한 방목되는 소, 말 등의 가축이 갑자기 출현하여 이를 피하려다 사고가 발생하기도 함. 미니밴의 경우 불법영업하는 차량이 많고 운전자와 승객이 공모하여 강도로 돌변하는 등의 사례도 있으므로 차량 선택시 주의를 기울여야 함. • 관광지에서 스노클링 등 해양스포츠 활동을 하는 경우에도 장비의 안전성 등 안전기준에 주의를 기울여야 함. 2009년 외국 관광객이 스노클링을 하던 중 지나던 선박과 부딪혀 사망한 사건이 있음.
질병	• 피지에는 말라리아 등 풍토성 열병은 발생하지 않으나 모기를 통하여 전염되는 열병인 뎅기열(Dengue Fever)이 발생하므로 모기에 물리지 않도록 주의하여야 함. 또한 장티푸스 등과 같은 전염병 및 설사병, 식중독 등이 빈번히 발생하고 있으므로 개인 위생에 각별히 유의해야 함. 아울러 시장에서 파는 조리된 음식이나 노점상이 판매하는 생선 등 해산물은 부패로 인한 식중독 위험이 있으므로 먹지 않는 것이 좋음. • 신형인플루엔자(H1N1) 환자는 2009년 6월21일 이래 97명까지 발생한 바 있으나 사망자는 없었으며, 2009년 7월 이후에는 발병사례가 보고되지 않음.
주의해야 할 지역	• 일반적으로 대형 리조트 호텔은 투숙객 이외에는 경내 출입을 통제하는 경우가 많으므로 비교적 안전하다고 하겠으나 수바, 난디, 라우토카 등 도시 지역 및 마을 지역 방문 시에는 특히 주의할 필요가 있음. • 시내 지역은 지역을 막론하고 야간에는 도보로 다니지 말아야 함. 특히 수바에서는 나이트클럽과 술집 주변 도로 및 시장 등지에서 범죄가 자주 발생함. 수바 외곽의 Colo-I-Suva 국립공원에서 강도를 당하는 사례도 있다고 알려져 있으므로 단독으로 방문하지 않도록 하고, 방문 시에는 호텔에서 주선하는 단체관광을 이용하는 방법 등 안전한 방안을 강구하는 것이 좋음.

---

187) 주 피지 대한민국 대사관, 피지 여행안전 정보.
　　http://fji.mofa.go.kr/korean/as/fji/information/travel/index.jsp

대중교통	• 난디 국제공항에서 수바까지 이동할 경우의 교통수단 　1. Air Pacific의 자회사인 Pacific Sun이 운영하는 국내선 항공편 이용(편도 약 200 – 300달러) 　2. Coral Sun 등의 회사가 운영하는 장거리 버스 탑승(2 – 30달러) 　3. 개인이 운영하는 미니밴 합승(1인당 약 30불) 　4. 택시를 이용하는 방법(약 150불) 　　단, 국내선 항공편의 경우에는 연발착이 잦으므로 출발 전에 일정을 재차 확인할 필요가 있음. 여타 장거리 지역으로 택시를 이용하여 이동할 경우에는 탑승 전에 기사와 흥정하여 요금을 결정함. 　　예) 공항 – 난디 시내 : 약 10피지 달러 　　　 공항 – 데나라우 리조트 : 약 20~25피지 달러 • 수바 시내에는 시내버스도 운영되고 있으나 차량이 노후하고 현지인으로 붐비므로 관광객이 이용하기는 어려움. 택시는 쉽게 볼 수 있으나 낡은 차량이 많고 범죄 가능성도 없지 않으므로 호텔을 통해서 예약한 콜택시 등을 이용하는 것이 권장됨. 택시의 기본요금은 1.5피지 달러이며 시내에서는 미터제를 적용함.
도로교통	• 피지는 우리나라와는 반대로 좌측 주행 국가임. 시내 일부를 제외하고는 1차선 도로가 대부분이며, 도로 포장상태가 좋지 않아 비가 내린 후에는 패인 곳이 많이 생김. 자동차의 제한속도는 구역에 따라 60km 또는 80km임. 시내에는 일방통행로가 있으며, round – about에서는 우측 차량 우선임. 도심 일부를 제외하고는 보행자용 보도가 도로와 구분되지 않는 경우가 대부분임. • 우리나라와 비교 시 여유 있게 운전하는 사람이 많은 편이나 택시 등이 과속, 끼어들기 등 난폭한 운전을 하기도 하며, 무단횡단을 하는 보행자도 많음. 외국운전면허증 소지자는 피지 도착 후 6개월간 운전할 수 있음.
기후 및 자연재해	• 피지는 계절에 따른 변화는 있으나 연중 따뜻한 열대해양성 기후이며, 남반구에 위치하여 계절이 우리나라와는 반대임. 매년 4~10월은 겨울로서 우리나라의 5~6월 정도의 날씨인 반면, 11~3월은 여름으로 비가 많으며 우리나라의 7~8월 날씨와 같은 무더위가 이어지지만 극단적인 고고으며 서늘한 반면, 난디 국제공항 및 다수의 리조트가 위치한 서부지역은 비가 잘 내리지 않고 기온이 더 높음. • 일상생활에서는 1년 내내 반팔옷과 샌들을 착용하는 경우가 많으나 7~8월전후 및 비가 올 때에는 선선하므로 긴팔옷과 겉옷을 준비하는 것이 좋음. 아울러 피지는 적도 부근에 위치하고 있어 햇볕이 매우 강하므로, 야외 활동 시에는 모자를 착용하고 자외선 차단 로션을 바르는 것이 좋음. • 11~4월중에는 사이클론이 발생하며, 이 가운데 일부가 피지에 영향을 줌. 사이클론 내습시에는 이로 인한 폭우, 강풍, 홍수, 산사태, 낙하물로 인한 부상, 정전 및 단수 등의 피해가 발생할 가능성이 있음. 따라서 이 시기에는 항공 또는 선박여행, 해상스포츠 활동 등을 자제하는 것은 물론 안전한 장소에 머물며 관계기관의 지시에 따라 예방조치를 취해야 함. • 피지에서 최근 대규모 지진이 발생한 적은 없으나 지진 발생 가능성을 배제할 수는 없음. 또한 태평양상에서 지진 발생 시 이로 인한 해일 피해를 입을 가능성이 있음. 특히 수바 시내 및 리조트 호텔은 해안가에 위치하여 해일로 인해 큰 피해를 입을 수 있으므로 관련 정보에 주의를 기울여야 하며, 해일 경보 발령 시에는 관계기관의 지시에 따라 미리 높은 지대로 대피하는 등 예방조치를 취하여야 함.
기본 에티켓	• 피지인들은 대체로 느긋하고 여유가 있으며 외국인에게 친절한 편임. 인사를 할 때는 보통 악수를 함. • 전통적으로 모자 착용은 결례로 여겨지므로 원주민 마을(Village)을 방문하거나 현지인을 만날 때에는 모자 착용을 삼가는 것이 좋음. 아울러 원주민 마을 방문 시에는 지나친 노출을 피하고 단정한 복장을 하고, 추장(Chief)에게 줄 작은 선물을 준비하는 것이 좋음. 또한 집 안에 들어갈 때에는 신을 벗어야 함. 전통생활 모습을 유지하며 살아가고 있는 원주민 마을 방문 시에는 사진을 찍도록 허용되는 곳에서만 사진을 촬영하여 사생활을 보호해 주어야 함. • 원주민 마을에 손님이 방문한 경우 피지 전통음료인 양고나(Yagona) 권주 의식이 행해지기도 하는데, 이를 마시기 전에 박수를 한 번 치고 단숨에 마신 후 다시 박수를 세 번 치면 행운이 따른다고 함. 양고나로 만든 음료인 카바는 약간의 마취성분이 있어 마시면 몸이 나른해짐. • 전통적으로 피지 원주민은 머리를 만지면 영혼이 사라진다는 속설이 있으므로, 어린아이라도 머리를 쓰다듬지 않는 것이 좋음.
주 피지 한국대사관 연락처	• 대사관 주소 : 8th Floor Vanua House, Victoria Parade, Suva 　– 전화 : (679)330 – 0977

	- 팩스 : (679)330-8059 - E-mail : korembfj@mofat.go.kr - 홈페이지 : http://fji.mofat.go.kr • 근무시간 외 비상연락처 - 오진희 참사관 : 992-5978(정무, 문화홍보) - 박중석 서기관 : 992-1086(경제, 영사) - 김경운 서기관 : 992-1098(사고사고 및 영사, 총무) • 근무시간 - 월~목 : 08:30~16:30(점심시간 : 12:30~14:00) - 금 : 08:30~16:00(점심시간 : 12:30~14:00) - 토~일 : 휴무

비자	• 왕복항공권을 소지하고 관광 목적으로 피지를 방문하는 우리나라 국민은 피지 도착 시 공항에서 4개월 유효한 방문비자를 받을 수 있음.
	• 4개월을 초과하여 체류하여야 할 경우에는 피지 입국 후 피지 이민국에 비자 연장을 신청하면 1회에 한하여 추가로 2개월 연장이 가능(비자 연장 수수료는 93피지 달러).
	• 한편, 어학연수, 거주 등의 목적으로 6개월 이상 장기체류를 희망하는 경우에는 사전에 피지 이민국을 접촉하여 체류 목적에 맞는 비자를 발급받은 후 입국하여야 함.
	• 비자 신청 서류는 피지 이민국 홈페이지(www.immigration.gov.fj)에서 다운로드받을 수 있으며, 이민국 주소 및 연락처는 아래와 같음.
	  * 주소 : PO Box 2224 Government Buildings
	            Ground Floor, Civic Tower, Suva, Fiji.
	  * 전화 : 331-2672, 2622(수바), 672-2263, 2916(난디), 666-1706, 666-2283(라우토카), 347-8785(나우소리)

응급상황
의료시설
	• 피지의 의료 수준은 낮으므로 장기간 방문 시에는 가급적 건강진단을 받고 오도록 하고, 수술 등과 같은 전문적인 치료는 현지보다는 국내에서 받는 것이 좋음. 공립병원의 경우 내국인은 물론 외국인도 무료로 진료하고 있으나 대기자가 많고 시설이 노후하므로, 경미한 질병 또는 긴급상황 발생 시에는 사립병원을 이용하는 것이 좋음. 사립병원은 유료이며 통상 초진 시 약 30피지 달러(약 15미국 달러)의 진찰료를 청구. 외국인들이 많이 이용하는 사립병원의 연락처는 아래와 같음.
	  1. 수바 지역
	    * 병원명 : Suva Private Hospital
	      주소 : 120 Amy Street, Toorak, Suva, Fiji
	      전화 : (679)330-3404(24시간 운영)
	      홈페이지 : www.sph.com.fj
	  2. 난디 지역
	    * 병원명 : Zen's Medical Centre
	      주소 : 30 Lodhia Street, Nadi, Fiji.
	      전화 : 670-3533 (24시간 운영, 앰뷸런스 있음)
	• 치과 진료는 유료이며, 의료 수준이 우리나라에 비해 떨어지므로 가급적 국내에서 치료한 후 방문하는 것이 바람직함.
	• 장기간 체류할 경우에는 가정용 일반 상비약을 준비해 오는 것이 바람직함. 의사의 진료 처방 없이도 해열제, 감기약, 소화제 등 간단한 의약품은 약국에서 구입할 수 있으나, 외국에서 수입하기 때문에 가격이 비싼 편임.
	• 피지의 수질은 좋은 편이나, 수돗물의 경우 수도관이 노후하여 이물질이 녹아 있는 등의 문제가 있을 수 있으므로 음료수는 시중 상점에서 생수를 구입하여 음용하는 것이 바람직함.

긴급 상황시 연락처	• 경찰 : 917, 919 • 구급차, 소방차 : 911 • 전기고장 : 913

293

참고자료

전기	
	• 기시스템은 240V 50Hz임. 꽂는 곳이 3개(three pin)인 플러그를 사용하며, 국내 전자제품을 가져올 경우 코드 어댑터를 연결하여 사용할 수는 있지만 전류가 불안정하여 전압차에 민감한 정밀제품은 손상될 우려가 있음. 따라서 전기제품 보호를 위해서는 정압기(Stabilizer)를 사용하는 것이 좋음.
환전	• 피지 도착 시 난디 국제공항 내에 위치한 환전소 또는 시내의 은행 및 환전소 등에서 환전 가능. 단, 한국 원화의 환전은 불가능하므로 국내에서 미리 미국 달러화 등으로 환전하여야 함. 적용되는 환율은 대체로 큰 차이는 없는 편이나, 호텔 내에서 환전하는 경우에는 환율이 많이 불리한 편임. 2014년 8월 기준 환율은 1FJD = 0.54USD(한화 약 610원)임.
통신	• 피지에서는 유럽과 같은 GSM 방식의 휴대폰을 사용하고 있으나 인천공항 등에서 로밍해 올 경우 국내 휴대폰을 사용할 수 있음. • 인터넷은 호텔의 비즈니스 센터를 이용하거나, 노트북 컴퓨터 등을 지참한 경우 호텔 객실 또는 로비 등에서 무선 인터넷에 접속하여 사용할 수 있음. 그러나 우리나라와 비교 시 인터넷 속도는 많이 느린 편임. 또한 시내의 인터넷 카페에서 사용요금을 지불하고 인터넷을 사용할 수도 있음.

별첨 5. 피지 주요 정부기관 홈페이지

피지 주요 사이트 현황(정부 부처)

Anti-Corruption www.ficac.org.fj
Attorney-Generals Office www.ag.gov.fj
Auditor Generals Office www.oag.gov.fj
Bureau of Statistics www.statsfiji.gov.fj
Civil Aviation www.caafi.org.fj
Consumer Council www.consumersfiji.org
Culture and Heritage www.women.fiji.gov.fj
Defence & National Security http://old.fiji.gov.fj/publish/m_home_imm.shtml
Education www.education.gov.fj
Elections Office www.elections.gov.fj
Electoral Reform www.lawreform.gov.fj
Environment http://old.fiji.gov.fj/publish/page_8262.shtml
Fiji Audio Visual Commission http://old.fiji.gov.fj/publish/page_8262.shtml
Fiji Islands Trade & Investment Bureau www.ftib.org.fj
Fiji Ports www.fijiports.com.fj
Fiji Development Bank www.fdb.com.fj
Fiji Institute of Technology www.fit.ac.fj
Fiji Revenue and Customs Authority (FRCA) www.frca.org.fj
Fiji Law Society www.fls.org.fj
Fiji Museum www.fijimuseum.org.fj
Fiji National Provident Fund www.myfnpf.com.fj
Fiji TV www.fijitv.info/
Fiji Visitors Bureau www.fijime.com
Finance and National Planning and Sugar www.mfnp.gov.fj
Fisheries and Forests www.fisheries.gov.fj
Foreign Affairs & International Co-operation http://www.foreignaffairs.gov.fj/
Health www.health.gov.fj
Housing www.housingfiji.com
Immigration www.immigration.gov.fj
Industry, Trade and Communications www.commerce.gov.fj
Information and Archives www.info.gov.fj/archives.html
Indigenous Affairs www.fijianaffairs.gov.fj
Justice, Electoral Reform and Anti-Corruption http://old.fiji.gov.fj/publish/attorney_general.shtml
Labour, Industrial Relations, Employment www.labour.gov.fj
Land Transport Authority www.ltafiji.com
Lands www.lands.gov.fj
Local Government and Urban Development http://old.fiji.gov.fj/publish/m_labour.shtml
Meteorological Services www.met.gov.fj
Military Force www.rfmf.mil.fj
Mineral Resources www.mrd.gov.fj/fiji
Ministers and Permanent Secretaries http://old.fiji.gov.fj/publish/page_10907.shtml
Multi-Ethnic Affairs www.multiethnicaffairs.gov.fj
National Disaster Management www.dismac.org
National Fire Authority www.nfa.gov.fj
National Road Safety Council www.roadsafetyfiji.com
National Trust www.nationaltrust.org.fj
Native Land Trust Board www.nltb.com.fj
Parliment www.parliament.gov.fj
People's Charter for Change www.fijipeoplescharter.com.fj

Police Force www.police.gov.fj
Primary Industries www.agriculture.org.fj
Prime Minister's Office http://old.fiji.gov.fj/publish/pm_office.shtml
Prison www.corrections.org.fj
Provincial Development http://old.fiji.gov.fj/publish/m_fijian_affairs.shtml
Public Enterprises www.publicenterprises.gov.fj
Public Service www.psc.gov.fj
Public Utilities http://old.fiji.gov.fj/publish/m_transport.shtml
Reserve Bank of Fiji www.reservebank.gov.fj
Social Welfare www.women.fiji.gov.fj/social.shtml
Solicitor – General www.ag.gov.fj/?page=solicitorGeneral
Tourism www.tourism.gov.fj/general/files/onthiswebsite.html
University of Fiji www.unifiji.ac.fj
Women www.women.fiji.gov.fj/women.shtml
Works and Transport www.transport.gov.fj
Youth and Sports www.youth.gov.fj

별첨 6. 주 피지 대한민국 대사관 정보

1. 근무시간

08:30~16:30(월~금)

12:30~13:30(점심시간)

* 피지는 한국보다 3시간 빠르며, 서머타임 기간(11월-3월경)중에는 4시간 빠름.

2. 주소 및 연락처

주소 : 8th Floor Vanua House, Victoria Parade, Suva, Fiji

전화 : (679) 330-0977, 330-0683, 330-0709

팩스 : (679) 330-8059

이메일 : korembfj@mofa.go.kr

기업지원담당관 : 박상태 1등서기관 (679) 992-1098(휴대폰)

허성호 2등 서기관겸 영사 : (679) 992-1086 (휴대폰)

이상동 실장 : (679) 992-1088 (휴대폰)

3. 대사관 업무

여권관련 : 당관은 여권발급 비위임공관이므로, 여권발급신청,유효기간연장 등은 본부에 의뢰하여 처리하며, 긴급한 경우에 한하여 여행증명서를 발급

비자업무 : 본부조치 등 필요한 경우를 제외하고는 접수일로부터 1주일이내 발급 (필요한 경우 본국 조회를 거쳐 발급)

4. 겸임국 정보

주 피지 대한민국 대사관은 마샬 제도, 마이크로네시아 연방국, 키리바시, 투발루, 나우루 공관 업무를 겸임하고 있음.

5. 대사관 약사

1980. 12. 17	주피지대사관 설치
1981. 04. 07	장기안 초대대사 부임
1983. 07. 12	김성구 대사(2대) 부임
1986. 12. 17	김진현 대사(3대) 부임
1990. 03	백영기 대사(4대) 부임
1993. 03	강근택 대사(5대) 부임
1996. 03	문병록 대사(6대) 부임
1999. 03	임대택 대사(7대) 부임
2002. 03	박병연 대사(8대) 부임
2005. 03	김봉주 대사(9대) 부임
2007. 09	전남진 대사(10대) 부임
2011. 04	정해욱 대사(11대) 부임
2013. 10	*김성인 대사(12대) 부임 (*2014년 11월 기준 주 피지 대한민국 대사)

6. 대사관 휴무일

주재국 공휴일		국내 공휴일	
1.1	New Year's Day	3.1	3.1절
1.13	Prophet Mohammed's Birthday	8.15	광복절
4.18	Good Friday	10.3	개천절
4.21	Easter day	10.9	한글날
10.10	Fiji Day		
10.23	Diwali		
12.25	Christmas Day		
12.26	Boxing Day		

참 고 문 헌

Andrew Pawley, Explaining the Aberrant Austronesian Languages of Southeast Melanesia: 150 Years of Debate, Journal of the Polynesian Society, Vol. 115, No. 3, 2006, pp. 215~257.

_____, Why do polynesian island groups have one language and Melanesian island groups have many? Patterns of interaction and diversification in the Austronesian colonization of Remote Oceania, Workshop on Migration, Ile de Porquerolles, France, Sept. 5~7, 2007.

Andrew Pawley, Malcolm Ross, The Austronesians: Historical and Comparative Perspectives, Chapter 3: The prehistory of Oceanic languages : A current view, Australian National University, 2006.

Anne E. Becker, Body, Self, and Society: The View from Fiji, University of Pennsylvania Press, 1995.

Brij V. Lal, Kate Fortune, The Pacific Islands : an encyclopedia, University of Hawai'i Press, 2000.

Catherine Nongkas and Alfred Tivinarlik, Melanesian Indigenous Knowledge and Spirituality, Contemporary PNG Studies, DWU Research Journal, Vol. 1, 2004.

Christophe Sand, Melanesian Tribes vs. Polynesian Chiefdoms: Recent Archaeological Assessment of a Classic Model of Sociopolitical Types in Oceania, Asian Perspectives 41(2), pp. 284~296.

Geoffrey Irwin, The Prehistoric Exploration and Colonisation of the Pacific, Cambridge University Press, 1992.

Gordon Leua Nanau, The Wantok system as a socio-economic and political network in Melanesia, The Journal of Multicultural Society, Vol. 2, No. 1, 2011, pp. 31~55.

Jocelyn Linnekin, Lin Poyer, Cultural Identity and Ethnicity in the Pacific, University of Hawai'i Press, 1990.

Jon Fraenkel, Stewart Firth and Brij V. Lal, The 2006 Military Takeover in FIJI : A Coup to End All Coups?, ANU E Press, 2009.

Manfred Kayser et al., Melanesian origin of Polynesian Y Chromosomes, Current Biology, Vol. 10, 2000, pp. 1237~1246.

Marshall D. Sahlins, Poor man, Rich man, Big-man, Chief: Political Types in Melanesia and Polynesia, Comparative Studies in Society and History, Vol. 5, No. 3, Apr. 1963, pp. 285~303.

Michael C. Howard, Fiji: Race and Politics in an Island State, University of British Columbia Press, 1991.

Moshe Rapaport(Editor), The Pacific Islands, Bess Press, 1999.

Narendra Reddy, General Managers in the South Pacific, Aalborg University Press, 2001.

Paul Sillitoe, An Introduction to the Anthropology of Melanesia : Culture and Tradition, Cambridge University Press, 1998.

_____, Social Change in Melanesia : Development and History, Cambridge University Press, 2000.
P. V. Kirch, W. I. Weisler, Archaeology in the Pacific Islanders: An Appraisal of Recent Research, Journal of Archaeological Research, Vol. 2, No. 4, 1994.

Rowan McKinnon, South Pacific, Lonely Planet, 2009.

Stephanie Lawson, The Failure of Democratic Politics in Fiji, Oxford: Oxford University Press, 1991.

Stephen Oppenheimer, Martin Richards, Fast Trains, slow boats, and the ancestry of the Polynesian islanders, Science Progress, 84(3), 2001, pp. 157~181.

Tim Flannery, Among the Islands, Atlantic Monthly Press, 2011.

김웅진, 「피지 : 정적과 혼돈의 섬」, 이담북스, 2009a.

_____, 「피지의 쿠데타 정치: 다인종민주주의-인종국수주의의 진자」, 『국제지역연구』 12(4), 2009b.

_____, 「남태평양에 있어서 식민 후 권력배열 재편성 : 피지의 '종족정치'와 바누아투의 '언어정치'」, 『세계지역연구논총』 28(3), 2010a.

_____, 「토착 헤게모니 질서의 기제적 변용: 피지(FIJI)의 "족장 민주주의"와 인종정치」, 『비교민주주의연구』 5(2), 2010b, 5쪽.

이태주, 「멜라네시아의 토지 공동체주의와 전통의 정치 : 피지 마을의 토지 분쟁 사례를 중심으로」, 『한국문화인류학』 33(1), 2000.

_____, 「휘지의 마탕갈리와 야부사」, 한국문화인류학회 심포지엄, 2001.

_____, 「피지의 양고나(yaqona) 마시기 일상의례와 정치과정: 마을과 국가 수준의 정치담론과 의례정치」, 『한국문화인류학』 35(2), 2002.

_____, 「남태평양의 원주민 민족주의와 종족정치 : 인도계 피지인과 원주민 들 간의 종족갈등 사례를 중심으로」, 『제지역연구』 7(3), 2003a.

_____, 「서로 다른 발전의 길-피지 인도인들과 원주민들 간의 종족갈등과 발전담론」, 한국학술진흥재단 지원연구(KRF-2003-003-A00028), 2003b.

한국문화인류학회, 『낯선 곳에서 나를 만나다』, 일조각, 2002.

색 인

가까운 오세아니아(Near Oceania) 17
간접 통치 98, 122, 124, 125, 166, 167, 216
나우루 36, 134, 257, 260
난디(Nadi) 44, 55, 68, 77, 233
남동 멜라네시아 17, 26, 27
남태평양 대학(University of South Pacific) 71, 158
남태평양위원회 36, 127, 128, 260, 261
남태평양포럼(SPF) 37, 257
노틸러스 미네랄사(Nautilus Minerals) 53, 239
뉴질랜드 36, 81, 95, 102, 103, 109, 111, 128, 133, 134, 137, 138, 139, 143, 144, 145, 147, 148, 149, 151, 155, 160, 163, 164, 175, 176, 212, 219, 222, 229, 237, 257, 266, 275, 284
니우에(Niue) 23, 36, 161, 162, 257, 260
다콤바우 11, 96, 166, 178
대추장위원회 99, 100, 101, 106, 107, 109, 115, 121, 124, 125, 126, 140, 167, 169, 171, 175, 176, 217
라우토카 48, 68, 73, 74, 75, 76, 94, 101, 113, 200, 215, 240, 241, 291, 293
라피타 도기 34, 35, 205
라피타 문화 24, 25, 26, 34, 35, 160
람부카 중령 171, 172
레오니다스호 (Leonidas) 167, 168
렘부카 64, 70, 76, 96, 165, 206, 215, 240
로열티 제도(Loyalty islands) 19
로저 그린(Roger C. Green) 16, 17
로투마 46, 60, 64, 89, 90, 91, 92, 93, 94, 99, 106, 113, 115, 125, 182, 205, 214
마나 37
마라(Ratu Mara) 94, 124, 131, 169, 172
마리아나 제도 36, 37
마셜 살린즈 18
마셜 제도 15, 37, 134
마시(Masi) 190, 191, 195
마이크로네시아 14, 15, 22, 36, 37, 127, 134, 182, 191, 257, 262
마이크로네시아 연방국(FSM) 37, 262
마이크로네시아 정상위원회 37
마탕갈리 123, 177, 185, 187, 188, 205, 217, 301

마헨드라 초드리 138, 143, 173, 174, 176
먼 오세아니아(Remote oceania) 17, 26
멜라네시아 1, 8, 13, 14, 15, 16, 17, 18, 19, 21, 22, 23, 24, 25, 26, 27, 28, 29, 31, 32, 33, 34, 36, 37, 41, 96, 121, 127, 130, 131, 137, 150, 159, 160, 177, 178, 196, 198, 204, 205, 215, 300
멜라네시아 선진그룹(MSG) 37, 118, 137
몽골 인종(Mongoloid) 34
바누아 레부 44, 46, 47, 49, 50, 51, 55, 59, 60, 61, 64, 76, 79, 80, 81, 82, 83, 84, 207, 211, 233
바누아투 15, 16, 17, 18, 23, 26, 35, 36, 37, 128, 130, 131, 150, 156, 160, 164, 215, 250, 257, 264, 277, 300
바이니마라마 41, 42, 71, 94, 99, 102, 107, 110, 125, 126, 138, 142, 144, 147, 148, 149, 150, 173, 174, 175, 176, 199
비티 레부 44, 45, 46, 47, 48, 50, 51, 55, 60, 61, 64, 66, 68, 69, 70, 73, 76, 79, 83, 95, 97, 180, 197, 200, 207, 214, 221
사모아 15, 23, 24, 35, 36, 37, 90, 91, 127, 152, 160, 161, 162, 191, 205, 229, 250, 257, 260, 264, 275
사회정치적 교환 28
사훌(Sahul) 32, 33
솔로몬 제도 14, 15, 16, 17, 23, 36, 37, 74, 131, 134, 150, 160, 250, 257
수바 40, 41, 44, 45, 46, 48, 55, 61, 62, 64, 68, 69, 70, 71, 72, 74, 76, 77, 94, 96, 113, 135, 140, 141, 142, 143, 150, 152, 155, 156, 165, 173, 208, 215, 218, 219, 220, 224, 233, 240, 241, 243, 254, 258, 264, 271, 291, 292, 293
수쿠나 경 131
순다(Sunda) 32, 33
술루(Sulu) 199
아벨 타스만 41, 80, 163, 164
아서 고든 124, 165
앤드루 파울리(Andrew Pawley) 17, 26, 27
얍 37
양고나 178, 185, 190, 191, 192, 193, 194, 219, 220, 251, 292, 301

에번스 프리처드(Evans Pritchard) 30
오스트랄로이드 32, 33
오스트로네시아 어족 22, 23, 24, 25
이스터 섬 160, 164
제임스 쿡 41, 95, 164
조지 스페이트 173, 174
주술(Sorcery) 18, 19, 29, 30, 37
쥘 뒤몽 뒤르빌 14
추장제 37
케레케레(Kerekere) 177, 185, 186
쿠데타 42, 64, 74, 92, 94, 98, 99, 101, 102, 103, 107,
　　108, 109, 110, 117, 124, 125, 134, 135, 137, 139, 142,
　　143, 145, 146, 147, 155, 156, 158, 167, 170, 171, 172,
　　173, 174, 175, 176, 208, 210, 215, 216, 219, 220,
　　224, 232, 238, 239, 243, 291, 300
쿡 제도 23, 160, 257
쿡 초기 농경지 유적 20
쿨라 교환 28
키리바시 82, 91, 103, 129, 130, 134, 156, 177, 211
타베우니 46, 48, 50, 58, 81, 85, 86, 87, 88, 163
타히티 18, 160, 164
탐부아 185, 186, 190, 194, 195, 199
태평양 방식(Pacific Way) 131, 132, 141
태평양 정체성 35, 36
태평양도서국포럼 36, 42, 127, 134, 135, 136, 137, 138,
　　139, 140, 144, 147, 148, 150, 257
토켈라우 23
통가 15, 23, 24, 35, 36, 37, 46, 49, 50, 58, 87, 90,
　　91, 92, 96, 97, 103, 127, 138, 147, 148, 149, 156,
　　160, 161, 162, 163, 164, 177, 182, 184, 191, 200, 205,
　　229
투랑아 113, 183, 187
투발루 23, 103, 134, 178, 182, 257, 260
파푸아 14, 15, 16, 17, 18, 19, 20, 22, 31
파푸아뉴기니 14, 15, 16, 17, 37
팔라우 37
폴리네시아 14, 15, 16, 18, 19, 21, 22, 23, 24, 35, 36,
　　37, 41, 46, 90, 91, 96, 127, 129, 130, 131, 159, 160,
　　177, 178, 179, 180, 182, 196, 198, 199, 204, 205

프랑스령 폴리네시아 15
피지 내무청 113, 119, 121, 125
하와이 15, 18, 37, 160, 164, 191
한국해양과학기술원 11, 152, 240

태평양 도서국 총서 ③
피지

2014년 11월 5일 초판 1쇄 인쇄
2014년 11월 7일 초판 1쇄 발행

저 자	권문상, 이미진, 강대훈
발 행 처	한국해양과학기술원
	426-744 경기도 안산시 상록구 해안로 787
제 작	㈜ 비전테크시스템즈
	서울특별시 강남구 봉은사로 84길 9
	02-3432-7132
	admin@visionts.co.kr
출판등록	제2009-000300호

ⓒ 한국해양과학기술원
ISBN 979-11-950279-5-8 04960
ISBN 979-11-950279-2-7 (세트)

값 20,000원

이 책은 저작권법에 의해 보호받는 저작물이므로 무단 전재 및 복제를 금합니다.
이 도서의 국립중앙도서관 출판예정도서목록(CIP)은 서지정보유통지원시스템 홈페이지(http://seoji.nl.go.kr)와 국가자료공동목록시스템(http://www.nl.go.kr/kolisnet)에서 이용하실 수 있습니다.(CIP제어번호: CIP2014031682)